U0855815

南门太守 著

星漢燦爛 三國史

卷三

建安：官渡大决战

196—200

生活·讀書·新知 三联书店 生活書店 出版有限公司

Copyright © 2024 by Life Bookstore Publishing Co., Ltd.
All Rights Reserved.
本作品版权由生活书店出版有限公司所有。
未经许可，不得翻印。

图书在版编目（CIP）数据

建安：官渡大决战：196—200 / 南门太守著 . --
北京：生活书店出版有限公司，2023.12
ISBN 978-7-80768-427-5

Ⅰ . ①建… Ⅱ . ①南… Ⅲ . ①中国历史—东汉时代—通俗读物 Ⅳ . ① K234.209

中国国家版本馆 CIP 数据核字 (2023) 第 168033 号

责任编辑　张　健
特邀编辑　王历炫
装帧设计　赵　欣
责任印制　孙　明
出版发行　生活書店出版有限公司
　　　　　（北京市东城区美术馆东街 22 号）
邮　　编　100010
印　　刷　北京启航东方印刷有限公司
版　　次　2024 年 10 月北京第 1 版
　　　　　2024 年 10 月北京第 1 次印刷
开　　本　880 毫米 × 1230 毫米　1/32　印张 12
字　　数　246 千字　图 13 幅
印　　数　0,001–5,000 册
定　　价　49.00 元
（印装查询：010–64004884；邮购查询：010–84010542）

目次

历史地图简目

李青淼　绘

序言
历史的逻辑性与淘汰法则

建安，是汉献帝刘协使用的第五个年号，始于196年，止于220年，长达25个年头。这也是汉末历史中最精彩的时期，一些著名战役都发生于这个阶段，如官渡之战、赤壁之战、潼关之战、汉中之战等。建安时期的前五年（196—200年）仍处在群雄混战的阶段，但与前一阶段不同的是，这时的争锋节奏突然加快了。短短几年中，曹操消灭了吕布、袁术，袁绍消灭了公孙瓒，孙策死于刺杀。少数人留了下来，多数人成为历史的过客与配角。

留下来的人，有留下来的理由；被提前淘汰出局的，也有被淘汰的原因。被淘汰的，有的因为智谋不够、不会用人，比如公孙瓒；有的因为野心太大，能力与实力无法匹配，比如袁术；有的则是因为缺乏长期战略，信誉太差，比如吕布。还有一些人，如李傕、郭汜、杨奉、韩暹、李乐、胡才之流，只是凭着运气闯进了历史的舞台，但自身的才德根本无法支撑起他们曾经得到的高位，注定只能成为配角中的配角，如昙花般消逝在历史的天幕中。如果加上之前退出历史舞台的何进、董卓、陶谦等人，就更能看出一些规律性的东西，那就是在大浪淘沙、优胜劣汰的竞争中，只有德、才、智、信等方面更突出的人才能在历史的舞台上坚持得更久。这样的历史逻辑在东汉末年仍然发挥着作用，说明历史的车轮无论多么踉跄，其基本的方向仍然没有偏差，任何想凭空改变历史规律的尝试都是徒劳的。

从纷乱到整合，从“粗放式发展”迅速进入“兼并重组”，北方很快形成了曹操和袁绍两大军事集团对峙的局面，一场决战不可避免。与袁绍相比，曹操处处居于下乘：袁绍仪表堂堂，曹操容貌平平；袁绍出身于清流名门，曹操出身于宦官家庭，在当时被称为浊流；同样是讨伐董卓，曹操起兵很早，也最为积极，却只能屈居袁绍甚至张邈之下；从实力上说，袁绍的地盘更加广大，兵马数量也远多于曹操。所以，袁绍对打赢这场决战很有信心，而曹操则明显信心不足。

然而人算不如天算，在建安五年（200）的官渡之战中，袁绍被曹操打败了，败得很彻底。有人认为曹操运气实在太好了，眼看就要被消灭，却突然有许攸这样的“贵人”相助，一举扭转了乾坤。有人假设，如果时光倒流，让袁绍、曹操重新打一仗，失败的一定是曹操。只可惜历史不容假设，袁绍没有机会了。

其实，战前已经有一些人不看好袁绍了，除曹操阵营中荀彧和贾诩的“四胜论”、郭嘉的“十胜论”外，割据南阳的张绣、割据关中的马腾、活跃在徐州的臧霸以及凉州刺史韦端等人都以实际行动站在了曹操的一边，割据荆州的刘表虽然选择坐山观虎斗，但他手下的主要人物也几乎都支持曹操。实力更强大的袁绍为何不被众人看好？曹操“奉天子”是一个方面，更重要的恐怕是因为袁绍的性格缺陷以及在群雄争霸中的所作所为。荀彧将袁绍评价为“布衣之雄”，一针见血地指出其“凭世资，从容饰智，以收名誉”，认为他“能聚人而不能用”；郭嘉评价袁绍“多端寡要，好谋无决”，认为“徒欲效周公之下士，而未知用人之机”；程昱认为袁绍虽有“并天下之心”，但“智不能济也”；韦端的下属杨阜认为袁绍“宽而不断，好谋而少决”，断言袁绍虽强却“终不能成大业”。

回顾袁绍的发家史，以上评价并没有冤枉他。引外兵入京、挑起关东联军内斗、以欺骗手段夺取冀州等尽人皆知。在驾驭属下方面袁绍也难以做到公平、公信，喜欢搞权术，纵容属下内斗，这些短线操作不仅有损于袁绍的形象，而且为他的失败埋下了隐患。袁绍败给曹操，说明天时、地利、人和之外还有一些因素在历史发展中起作用，比如品德、毅力与努力。袁绍外表宽容，内心猜忌，器量狭小，喜好谋略而不能决断；手下能人不少，却无法凝聚成合力，由于内斗严重，正确的主张在关键时刻得不到支持，错误的战略却屡屡被通过。曹操的胜利、袁绍的失败其实仍在情理之中，没有跳出历史的淘汰法则，历史也没有因此失去其逻辑性。

本书是“星汉灿烂三国史”系列的第三卷，讲述的是建安元年到建安五年间发生的大小事件，在考察历史主流事件的同时不放过历史细节，在此基础上探究兴衰的原因，总结成败的规律。本书仍延续之前以时间为顺序的写法，为使书中的时间线索不发生混乱，凡涉及的月份如无特别注明均依据史书原文呈现。为更好地还原历史，书中使用了一些汉末三国时期通用的度量衡单位，如“斤”“里”“石”等，并在必要处进行了古今换算。特此说明。

南门太守

2024年4月

第一章

迁都许县

196年

一、袁绍的“观察团”

汉献帝兴平二年（195）十二月底，位于司隶校尉部境内黄河北岸的小城安邑（今山西省夏县西北）准备迎来一个非同寻常的新年。虽然是战乱年代，物资极为匮乏，但这个新年仍显得与往年大为不同，不仅过年的气氛更浓，而且处处透露出神秘与紧张的气氛。安邑出过一位名人，就是主持编写《资治通鉴》的司马光，不过那是很久以后的事了。现在，因为一群人的到来，安邑这座普通的县城成为天下瞩目的地方。几天前，汉献帝刘协率众多朝廷大臣坐着牛车来到了这里。

汉献帝一行是从长安逃出来的，准备返回洛阳，一路上历经千难万险，在当月里摆脱了凉州军的追击，侥幸渡过了黄河，来到黄河北岸的大阳（今山西省平陆县境内），暂时栖身于白波军首领李乐的一座军营中。汉献帝本打算在大阳过年，但情况有变，南岸的追兵据说要退回长安，但迟迟不撤，终究让人提心吊胆。汉献帝于是率朝臣继续向北，来到安邑。安邑也是河东郡郡治所在地，河东郡太守王邑是前太尉刘宽的学生，忠于朝廷，被汉献帝封为侯爵。

自西汉初年司马迁创立太初历以正月初一日为正旦起，这一天便被定为正旦节，成为一年中最盛大的节日。这一天，皇帝将在太极殿主持大型朝会，在京的重要官员都要参加。公卿百官和外国使节依次上殿为天子拜贺，郡国的上计吏上殿拜贺天子并呈上过去一年地方上的收支文书。这些仪式结束后皇帝赐下酒宴，场面十分盛大。在这一天，不仅皇宫里有隆重的庆贺活动，各级地方官府以及民间也都有内容丰富的活动，十分热闹。

可是，汉献帝却没有心情过年。汉室凌夷，朝廷多灾多难，远的不说，就是这一路浴血东行，死于乱兵中的朝廷重臣就有不少，宫女、侍从更死伤殆尽，怎不让汉献帝痛心！放眼天下，各地都处在失控的状态，强者拥兵自立，各自为政，互相攻伐，朝廷虽在，但已形同虚设。汉献帝渴望重返洛阳，但据说洛阳早已支离破碎，不知道还能找到多少旧都的模样。而且，现在想回到洛阳也不是一件容易的事，董承、杨奉、李乐、胡才、韩暹等人一路护驾，王邑、张杨也有雪中送炭之功，但他们各怀心事，互相之间矛盾重重，他们能否继续齐心协力来护驾？汉献帝心中没有把握。

过了年，正月初七，汉献帝下诏改年号为建安，同时大赦天下。汉献帝现在能做到的大概就是更改年号这样的事情了，做这件事只需要一份诏书，至于大赦，只成了一种形式，执行与不执行取决于各地的实力派，他们才是各自地盘上的土皇帝。建安，寓意着天下皆安。从中平、初平、兴平到建安，人们都渴望平安，渴望未来有一个新的景象，结束战乱，回到太平时节，但这个目标似乎又遥不可及。

汉献帝不愿在安邑多待，想尽早回到洛阳。他不便直接提出来，命尚书上官洪先提出此议，看看众人的反应。哪知众人反应不一：董承、张杨赞同回洛阳，杨奉、李乐则坚决反对，韩暹、胡才态度模糊。一番争吵下来，大家竟闹翻了，韩暹率部去了闻喜（今山西省闻喜县），胡才、杨奉率部去了坞乡（今山西省平陆县西），董承率部去了野王（今河南省沁阳市）。胡才、杨奉跟韩暹本就有矛盾，二人打算进攻韩暹，汉献帝得知消息，命人前去调解，暂时没有打起来。袁宏《后汉纪·孝献皇帝纪》记载：

是时董承、张杨欲天子还洛阳，杨奉、李乐不欲。尚书上官洪言还洛之议，李乐辅洪。由是诸将错乱，更相疑贰。董承奔野王，韩暹屯闻喜。胡才、杨奉之坞乡，欲攻韩暹，上使人喻止之。

汉献帝现在能做的就是继续给各地有实力的人写诏书，让他们来迎驾。收到诏书后，最先来到安邑的是袁绍派来的郭图。袁绍离河东郡最近，冀州刺史部是他的主要控制区，大本营邺县（治所在今河北省临漳县境内）距安邑也不算远。按理说，张杨之前能主动派人给朝廷送来粮食，袁绍也应该有所表示，但他却没有，这是因为袁绍现在正处在南北两线同时作战的艰难局面中，无心他顾。

就在兴平二年十二月，曹操围住雍丘（今河南省杞县），城破后把张超杀了，袁绍不理会臧洪发兵相救的请求，激起臧洪严重不满。臧洪于是在兖州刺史部东郡的东武阳（故城在今山东省莘县境内）起兵反抗袁绍，袁绍亲自率兵去攻打，他此时就在东武阳前线。不仅如此，北线的公孙瓒也频频给袁绍制造麻烦，他在易水河畔大修城堡，做出长期对抗的架势，袁绍不敢等闲视之。袁绍命部将麹义配合刘虞的儿子刘和、刘虞的旧部鲜于辅等攻击公孙瓒。袁绍的主力全部压在上述两条战线上，没有富余的人手去迎驾。同时，袁绍一向对当今天子有所不恭，不仅多次试图另立他人，而且暗示刘协不是合法继承人，对汉献帝东归一事自然反应不那么热烈。

郭图来到安邑，看到了汉献帝和朝廷的真实处境，回到东武阳后向袁绍报告了有关情况，建议将汉献帝和朝廷迎往邺县，但这个建议被袁绍否决了。《三国志·袁绍传》记载："初，天子之立非绍意，及在河东，绍遣颍川郭图使焉。图还说绍迎天子都邺，绍不从。"袁绍手下的重要谋士沮授赞同郭图的建议，认为应当将汉献帝迎接到邺县。沮授认为：

将军累叶台辅，世济忠义。今朝廷播越，宗庙残毁，观诸州郡，虽外托义兵，内实相图，未有忧存社稷恤人之意。且今州城粗定，兵强士附，西迎大驾，即宫邺都，挟天子而令诸侯，蓄士马以讨不庭，谁能御之？（《后汉书·袁绍传》）

沮授认为袁绍一家几代人辅弼朝廷，一贯倡导忠义，现在朝廷遇到困难，各州郡嘴上说起兵为了行仁义，而内心里真实的打算是如何消灭别人，没有人考虑天子的安危与百姓的死活，现在冀州初定，可以迎请圣驾来邺临时安都，到那个时候就能以天子为旗帜号令各地的实力派，再积蓄兵马，谁不服就讨伐谁。但是，沮授的这个想法遭到了更多人的反对，将军淳于琼就是其中一位。除此之外，《三国志·袁绍传》裴松之注引《献帝传》说郭图也是反对迎请汉献帝的人之一，他们反对的理由是：

汉室陵迟，为日久矣，今欲兴之，不亦难乎！且今英雄据有州郡，众动万计，所谓秦失其鹿，先得者王。若迎天子以自近，动辄表闻，从之则权轻，违之则拒命，非计之善者也。

反对者认为汉室式微已久，要重新振兴是非常困难的事，现在各路英雄据有州郡，个个人多势众，正所谓秦失其鹿，先得者为王，迎接天子到自己身边来，以后干什么事都要先请示报告，如果听天子的就削弱了自身的权力，不听天子的就是违命，这实在不是什么好主意。沮授还想分辩，对袁绍说："今迎朝廷，至义也，又于时宜大计也，若不早图，必有先人者也。夫权不失机，功在速捷，将军其图之。"沮授仍然认为"挟天子"是机会，如果不抓住，它就会被别人抓住，到那时就被动了。郭图到底属于支持派还是反对派？《三国志·袁绍传》与《献帝传》有着相反的记载。有人认为袁绍派去河东郡的不是郭图，而是沮授，沮授是一贯主张"挟天子"的，这样的解释倒是合理的。袁绍手下形成了两派尖锐的对立意见，这让袁绍犹豫起来。袁绍自己也不愿意把汉献帝接到身边来，与自己一向排斥的人朝夕相处，一时还真的适应不了，所以袁绍最终支持了反对派的意见。

以往论者多认为淳于琼等人反对迎请汉献帝属目光短浅，只看到眼前的一点，没有着眼于长远，结果让袁绍错失了一次战略上的好机会。比如，宋元之际史学家胡三省就认为："绍不能从授之言，果为曹操所先。帝既都许，乃欲移以自近，不亦晚乎！"但是，如果真的从更长远的发展去看，淳于琼等人的观点也并非全无道理，"挟天子而令诸侯"固然风光，但也会带来严重的副作用。大家都看到天子是一个"奇货"，掌握天子就拥有了发号施令的权力，谁反对自己等同于反对朝廷，可问题在于当今天子已不是三岁孩童，已经举行过加冕礼，按道理应该亲政而不是当摆设。

当今天子聪明英智，经历了很多坎坷曲折，得到了历练，面对凶残的董卓和强悍的"凉州军"都能无所畏惧，有勇有谋，这样的天子不是能轻易玩弄于股掌之上的。郭图、淳于琼的话没有错，有事你向天子汇报不汇报？不汇报，说你专权；汇报了，天子一高兴，来个指示什么的，执行不执行？不执行，就会跟天子发生冲突，那奸臣的罪名就背定了。如果敢加以谋害，就更惨了，不管以前多么英名盖世，也不管确实做过多少好事，只要有加害天子这一条就将登上历史的"恶人榜"。所以，看着是妙手，却很容易下成臭棋。

要避免这种结果的出现，就要在将天子接来之前做好充分的思想准备，要么脚踏实地拥立天子，当一名汉室忠臣，要么横下心去，甘背历史的骂名，否则天子这个“烫手山芋”还是不碰为好。袁绍大概想到了这些，他没有做好思想准备，也没有去跟天子周旋的耐心，加上潜意识里不太接受刘协，又有当前南北两线战事的困扰，所以放弃了迎接天子的打算。不仅袁绍，刘表、袁术等人的想法也大致相同，他们都接到了汉献帝的诏书，要么找个借口拖着，要么干脆装聋作哑。

相对而言，吕布对汉献帝的感情较深些，他也接到了诏书，如果有实力，倒是会去的。但吕布刚刚打了败仗，自身难保，无力前往河东郡迎接汉献帝一行。《三国志·吕布传》裴松之注引《英雄记》记载，吕布向汉献帝上疏，如实讲了自己的处境，表示“军无畜积，不能自致”。汉献帝理解吕布，虽然没有来，仍然晋升他为平东将军，爵位晋封为平陶侯。但吕布运气不好，汉献帝的使臣路过山阳国境内时把任命书弄丢了。这不能都怨使臣，吕布这段时间东奔西走，一会儿在兖州，一会儿又到了徐州，要找到他不那么容易。

二、汉献帝重返洛阳

汉献帝一行在安邑一直待到了建安元年六月，这时天气已经很热了。在张杨的调停下，杨奉、韩暹重新和好，董承也回到了汉献帝的身边，以上四人手里都有一定兵力。在董承坚持下，众人总算达成了一致，同意护送汉献帝和朝廷去洛阳。李乐等过去反对去洛阳，他们之所以改变态度，主要原因是缺衣少食。在河东郡实在耗不下去了，本着“人挪活，树挪死”的精神，走一步看一步吧。

建安元年七月一日，汉献帝和朝臣终于回到了洛阳，距上次离开共五年四个月零十五天。五年多来朝廷一直被凉州军控制或威胁着，至此才算真正摆脱了他们。曾经作为临时国都的长安，这时则形同人间炼狱。汉献帝初到长安时关中的人口仍有几十万，经过多次兵乱，人口锐减。汉献帝东归后凉州军主力在后面穷追不舍，长安成了“无政府状态”，人们四散逃离，长安城竟然在四十多天里成为一座空城。其后兵乱未息，加上自然灾害，历史上第一个拥有“天府之国”美称的关中竟然到了罕有人迹的程度。《后汉书·董卓传》记载：

初，帝入关，三辅户口尚数十万，自傕、汜相攻，天子东归后，长安城空四十余日，强者四散，羸者相食，二三年间，关中无复人迹。

李傕等凉州军将领的结局也做以简单交代：汉献帝东归后，长安城重新陷入各派势力的争斗中，三年后曹操经营关中，派裴茂到长安，联络当地将领把李傕杀了，夷三族；郭汜退守郿坞，短暂实现了董卓当年踞守郿坞以观天下的夙愿，但他的部将伍习背叛了他，把他杀死；张济率所部辗转到了南阳郡，在转战途中被杀，所部由侄子张绣率领，张绣在贾诩的建议下南投刘表，刘表让张绣驻防在南阳郡一带，成为自己的北部屏障。此外，李乐、胡才没有随汉献帝去洛阳，他们不习惯做朝臣，更喜欢无拘无束的生活，于是留在了河东郡，胡才后来被仇家杀死，李乐病死。

现在，汉献帝终于回到了朝思暮想的洛阳。然而，呈现在眼前的却是满目疮痍。洛阳，这个当年世界上首屈一指的大都市到处是废墟，南北二宫多成瓦砾，城中难寻人迹，只有已故宦官头目赵忠的住宅可以住人，众人便将这里作为汉献帝的临时行宫。赵忠似乎特别热衷于投资房地产，当初韩馥让位于袁绍，搬离位于邺县的州政府后住的也是赵忠的旧宅。

建安元年七月十四日，汉献帝下诏大赦天下，这是本年内第二次大赦。随后，汉献帝到太庙拜谒，向历代先祖报告朝廷又回来了。此时的太庙也遭到严重破坏，也许以“太庙旧址”相称更合适。张杨等人在南、北二宫里寻找相对完整的宫殿，最后在南宫找到了一处，经过一番修整，将汉献帝安置进去。张杨认为自己在迎接朝廷重返洛阳一事上功劳最大，便将这座宫殿命名为杨安殿。说是修整，其实也只是因陋就简，凑合着能使用就行，因为仓促之间既找不到合适的工匠也找不到好一些的建筑材料。《后汉书·献帝纪》李贤等注引《献帝起居注》记载：

旧时宫殿悉坏，仓卒之际，拾摭故瓦材木，工匠无法度之制，所作并无足观也。

根据制度，除了北军、中央禁卫军、守护皇城的卫尉、执金吾等部队外，其余武装力量不得常驻京师，张杨带头执行这个制度，主动撤退到他的大本营河内郡。杨奉无奈，只好跟着撤了出去，驻扎在洛阳以南的梁县（县治在今河南省汝州市），洛阳的守卫工作主要由董承、韩暹负责。杨奉没有高风亮节，他的兵马最多，但吃饭问题也最棘手，手下没有吃的，快要散伙了。

众人各自就位后，汉献帝下诏擢升张杨为大司马，这是一个很崇高的职务，地位超过三公；擢升韩暹为大将军，同时兼任司隶校尉；擢升杨奉为车骑将军。以上三个人都享受“假节钺”的殊荣，可以代表天子视察工作、处罚一定级别的官员。此时的洛阳，除了天子、百官及守卫部队外已经没有什么百姓了，也找不到吃的东西。汉献帝不得不下令，让尚书郎以下的官员都到洛阳郊外挖野菜来充饥。有些人就这么饿死了，有的死于同样四处觅食的乱兵之手。袁宏《后汉纪·孝献皇帝纪》记载：“百官穷困，朝不及夕，尚书已下，自出采樵，或饿死墙壁间，或为吏兵所杀。”如果没人伸出援手，汉献帝和百官都将困死在洛阳。就在这时，终于有一个人率兵前来护驾了，不仅带来了军队，还带来了最急需的粮食，这个人就是曹操。

三、“奉天子以令不臣”

兴平二年年底，曹操结束了雍丘之战，将张邈、张超的势力彻底消灭。此前吕布已被赶出兖州，长达一年多的兖州之叛平息了。曹操花了一些时间清除叛乱的影响，恢复在兖州的统治秩序。与此同时，曹操也敏锐地注意到汉献帝东归的事，并在汉献帝还没有返回洛阳时已经开始了行动。

对于要不要迎接汉献帝，曹操的智囊团其实也存在着很大分歧。史书没有记载持反对意见的有哪些人，但想必他们的理由跟郭图、淳于琼差不多，认为把天子接过来得不到什么实质性好处，还会招来许多麻烦。朝廷已然是个包袱，仅后勤保障就是一个大问题，现在粮食比什么都紧缺，已经有价无市，这也是必须考虑的问题。此外，曹操还面临着其他一些问题，兖州的周边还有吕布、袁术这些敌人，而洛阳及周围的韩暹、杨奉、董承、张杨等拥兵自重，哪一个都不好对付，在这种情况下实在没有多大把握去插手洛阳的事务。但荀彧赞成去迎接天子，他的理由是：

昔晋文纳周襄王而诸侯景从，高祖东伐为义帝缟素而天下归心。自天子播越，将军首唱义兵，徒以山东扰乱，未能远赴关右，然犹分遣将帅，蒙险通使，虽御难于外，乃心无不在王室，是将军匡天下之素志也。今车驾旋轸，东京榛芜，义士有存本之思，百姓感旧而增哀。诚因此时，奉主上以从民望，大顺也；秉至公以服雄杰，大略也；扶弘义以致英俊，大德也。天下虽有逆节，必不能为累，明矣。韩暹、杨奉其敢为害！若不时定，四方生心，后虽虑之，无及。

荀彧认为，当年晋文公因为接纳周襄王而得到诸侯的拥护，汉高祖东讨项羽时因为给义帝服丧而深得人心，这说明天子具有很大的号召力，现在天子蒙难，百姓忧愁，奉主上以从民望是大顺，秉至公以服天下英雄是大略，扶持大义以招引天下俊杰是大德，天下虽然也会有不服的人，但必然成不了大气候，而如果不能早做决断，一旦其他人抢先一步，后悔就来不及了。应该说，荀彧与沮授英雄所见略同，都认识到迎接天子是一个难得的机遇，不应放弃，只是与沮授“挟天子”不同的是，荀彧对汉室感情更深，他确实是想借曹操之手兴复汉室，因而他更多的是从德、义以及顺应人心的角度看待这件事。

关于荀彧赞成迎接天子的动机，清代学者赵翼认为：

彧劝操迎天子，引晋文、汉高，是早以帝王创业之事劝操，似不得谓之尽忠于汉。不知献帝遭董卓大乱之后，四海鼎沸，彧计诸臣中非操不能削群雄，以匡汉室，则不得不归心于操，而为之尽力。为操，即所以为汉也。其劝操迎天子之论，可知彧欲借操匡汉之本怀。

荀彧在劝曹操时引用了汉高祖的故事，有人或许认为荀彧是想劝曹操取代汉室自立的，当然这是误解，从荀彧以后对汉室的态度看，他从来没有过那样的念头。赵翼认为，荀彧之所以提到汉高祖，是想引用他早期创业的故事，而不是强调他开创了自己的基业，荀彧想“借操匡汉”，这才是他的态度。

早在荀彧说这番话之前，曹操手下的谋士毛玠也有过类似主张。毛玠是曹操在兖州主事后招募的人才，很有见地，此时担任兖州治中从事一职。毛玠认为现今国家分裂，君主流离，民众饥饿流亡，朝廷缺乏储备，百姓没有安定的生活，这种状况是难以长久的，袁绍、刘表虽然人多兵强，但都没有长远的考虑，用兵之事合乎正义才能取胜，所以应当拥戴天子以命令那些不肯臣服的人，再大力发展农业，积蓄军资，如此一来霸业可成。《三国志·毛玠传》记载：

太祖临兖州，辟为治中从事。玠语太祖曰：“今天下分崩，国主迁移，生民废业，饥馑流亡，公家无经岁之储，百姓无安固之志，难以持久。今袁绍、刘表，虽士民众强，皆无经远之虑，未有树基建本者也。夫兵义者胜，守位以财，宜奉天子以令不臣，修耕植，畜军资，如此则霸王之业可成也。”

同样是把汉献帝接来，沮授的说法是“挟天子而令诸侯”，毛玠的说法则是“奉天子以令不臣”。同样的意思，不同的表达，立场、感情鲜明立见。此外，程昱也劝曹操迎接天子。《三国志·武帝纪》记载：“太祖将迎天子，诸将或疑，荀彧、程昱劝之。”总体而言，在是否迎接天子这件事情上，曹操手下的武将普遍持反对意见，而谋士多赞同。经历了一年多的兖州内乱，将士都十分疲惫，需要好好休整，所以将领在战略上倾向于保守。而谋士看得更远一些，知道机不可失，失不再来的道理。曹操是一位政治家，他认为荀彧、毛玠、程昱的看法更符合自己的心意，决定去迎接天子。

建安元年正月，汉献帝一行还困在安邑的时候，曹操便亲率主力由兖州向西移动，进入豫州刺史部陈国境内的武平县（县治在今河南省鹿邑县西北），为迎接天子做准备。陈国是袁术的地盘，袁术任命的陈国国相袁嗣不敌，投降曹操。

二月，曹操继续挥师西进，进入汝南郡和颍川郡，这两个郡都是天下闻名的大郡，以何仪、刘辟、黄邵、何曼等为首的自称黄巾军的人在此势力很大，他们曾先后依附过袁术和孙坚，算是袁术的盟友。曹操命于禁等人与这部分黄巾军作战。黄邵夜袭曹操的大营，于禁率麾下人马将其击破，之后斩杀了刘辟和黄邵，何仪等人率众投降，曹操提拔于禁为平虏校尉。曹操命人将此战的捷报呈报给还在安邑的朝廷，汉献帝任命曹操为建德将军。

三个月前，兖州还没有完全平定的时候，曹操也将打败吕布等人的消息上报给朝廷，汉献帝正式拜曹操为兖州牧，那时还没有军职。从名号上看建德将军属杂号将军，低于授予吕布的平西将军，更远低于稍早前授予袁术的右将军和公孙瓒的前将军。这说明，直到这时汉献帝对曹操还缺乏全面认识，还没有将曹操与吕布等人放在一个档次上看待。

四、曹操迎驾受阻

曹操随后指派曹洪所部充当先头部队，向洛阳进发。但是，有人并不欢迎曹操的到来，曹洪所部遭到董承、杨奉等人的武力抵抗，不能前进。董承是汉献帝的岳父，他的女儿是汉献帝的贵人，他不欢迎曹操，可以看作是汉献帝的态度，至少是一种疑虑。董承曾在凉州军中任职，是董卓的女婿牛辅的部将，有一定作战经验和实力。董承还联合杨奉一起作战，实力更不容小觑。杨奉的手下有一个名叫徐晃的部将，早年曾为河东郡郡吏，在战场上十分勇猛，因战功逐步升至骑都尉。

进军不利，曹军的粮食供应也成了问题。中原地区刚刚遭受灾荒，百姓多饥穷。新郑县长杨沛让民众大量储蓄干桑椹、野豆等，积蓄了千余斛，藏起来不敢轻易动用，以备度荒。曹军路过杨沛所在的新郑县，杨沛主动进献干桑椹，曹操很高兴。杨沛进入曹营后担任长社县令等职，曹操对他印象深刻，后来曹操将大本营定在邺县时需要物色一位能干的县令，首先想到的就是杨沛。《三国志·贾逵传》裴松之注引《魏略》记载：

兴平末，人多饥穷，沛课民益畜干椹，收豋豆，阅其有余以补不足，如此积得千余斛，藏在小仓。会太祖为兖州刺史，西迎天子，所将千余人皆无粮。过新郑，沛谒见，乃皆进干椹。太祖甚喜。

西行受阻，曹操心里有些郁闷，一片忠心换来的却是敌视，这让他无法接受。董承是汉献帝的岳父，杨奉是车骑将军，而自己只是一名杂号将军，若全力向对方发起进攻，将彻底与朝廷撕破脸皮，“奉天子”的计划自然无法实施了。但是，现在就打退堂鼓的话，不仅失去了一个机会，白跑一趟，而且会被因此贴上“不受朝廷欢迎的人”这样的标签，今后在政治上反而被动了。进退两难，曹操的心情很低落，这在他写于此时的一首诗里有清楚的反映。诗中写道：

自惜身薄祜，夙贱罹孤苦。
既无三徙教，不闻过庭语。
其穷如抽裂，自以思所怙。
虽怀一介志，是时其能与！
守穷者贫贱，惋叹泪如雨。
泣涕于悲夫，乞活安能睹？
我愿于天穷，琅邪倾侧左。
虽欲竭忠诚，欣公归其楚。
快人由为叹，抱情不得叙。
显行天教人，谁知莫不绪。
我愿何时随？此叹亦难处。
今我将何照于光曜？释衔不如雨。

这首诗是曹操《善哉行》组诗中的第二首，大意是：真可怜，我福气太小，生来低贱，孤苦伶仃，无依又无靠；从小既没有受到“孟母三迁”那样的教诲，也没有受到孔子过庭而问式的教导；不能伸展雄心壮志，让我感到抽肠裂肤般的痛苦，因此我想起了父亲的境遇；虽然我只怀有一个很小的愿望，然而何时可以实现呢；不能显达的人处于贫贱的地位，真让人伤心叹息，泪流如雨啊；我流泪而悲伤，为了乞求活路而奔波，那情景真是不堪目睹；我愿将心中的怅恨倾诉给上天，是因为隐居在琅邪的父亲突然遭到杀害；虽然想为国家竭尽忠诚，但未能成功，令人欣喜的是，在董承的护卫下天子又回到了洛阳；这件事虽然大快人心，却有令人叹息的地方，我没能参与到迎接天子的行列中，因此对天子的忠贞无法表达；我有心建功立业，协助天子教化人民，谁知道却不能完成这样的事业；我的愿望不知何时才能实现，唯有叹息难以停止；我将用什么样的光辉惠泽于人民呢？我的忧愁永远没有尽期，还不如总有一天会停下的雨水。

这首诗写得十分悲凉，是此时曹操心境的写照。面对挫折，曹操想到了死于非命的父亲，也想到了在自己幼时便去世的母亲。诗的开头自述身世和失志不遇的痛苦，读来催人泪下；中间部分由父亲惨死写起，说自己想在父亲面前尽孝已无机会，而现在想迎驾尽忠也遭到误解；结尾部分抒发了壮志难酬的心绪。满篇是感叹，是浓重的愁绪，与曹操诗歌一贯的清朗、激扬风格很不相同，表达的正是虽欲尽忠却无法实现的失落之情。

这时有个在汉献帝身边的老朋友悄悄给曹操写来一封信，

让他来迎驾。这个人名叫丁冲，是曹操的同乡。曹操的母亲姓丁，正妻也姓丁，夏侯渊的妻子也出自丁氏家族。丁氏是沛国谯县（今安徽省亳州市）大族，与曹氏、夏侯氏世代交好并通婚。在汉末三国，谯县丁氏家族出了丁宫、丁冲、丁斐、丁仪、丁廙等人，其中丁宫曾位列三公，董卓废少帝刘辩的诏书就是丁宫宣读的，但自那以后史书再也没有关于丁宫的记载，推测起来可能在朝廷西迁前他就去世，或者到某处避难去了。丁斐在曹操起兵后就前来效力，此时在曹操手下任职，论起与曹操的关系，他不亚于"诸夏侯曹"，但他几乎没有什么影响，因为他不擅长打仗，而且有些贪财，多次触犯法律，很多人向曹操请求治他的罪。曹操一向治军很严明，唯独对丁斐网开一面。丁冲随朝廷去了长安，任黄门侍郎，以后很有名的丁仪、丁廙兄弟是丁冲的儿子。丁冲与曹操有旧交，关系很好，随汉献帝东归后，看到汉献帝身边众人矛盾丛生，深感忧虑，同时也感到这是一个机会。丁冲于是给曹操写信，让他速来迎驾。《三国志·曹植传》裴松之注引《魏略》记载：

丁仪字正礼，沛郡人也。父冲，宿与太祖亲善，时随乘舆。见国家未定，乃与太祖书曰："足下平生常喟然有匡佐之志，今其时矣。"是时张杨适还河内，太祖得其书，乃引军迎天子东诣许。

但丁冲只是一名黄门侍郎，人微言轻，也不掌握军队，帮不了实质性的忙。这时，议郎董昭又一次出手帮助了曹操，让事情峰回路转。董昭虽然还没有见过曹操，但这是他第二次帮助曹操了。曹操当初派王必到长安朝贡，路过河内郡时被张杨扣留，由于董昭出面相助，王必才得以成行。董昭后来找机会也去了长安，被任命为议郎，也经历了朝廷东归的全过程，最终侥幸活着回来了。董昭一向对曹操充满好感，认为曹操的前途不可限量。听说曹操正前往洛阳，在东面被阻，董昭决定用自己的智慧再帮曹操一把。

董昭看到董承、杨奉、韩暹、张杨这些人互相有矛盾，就先从杨奉下手，伪造了一封曹操写给杨奉的信，信中说久闻将军大名，早就想表达敬意，现在将军率领军队，排除万难，让天子重返旧都，这样的功勋举世无双啊！在对杨奉夸赞一番后，董昭以曹操的口气向杨奉表示愿意与其结盟。信中说现今群凶扰攘，四海不宁，天子和朝廷至尊至重，你我的责任就是保护和辅佐陛下，依靠众多贤士来重建王朝秩序，而这又不是一个人能够独立完成的，需要互相依赖与支持，将军是京城内的主要力量，我愿意做将军的外援，我有粮食，将军有军队，咱们可以互通有无、互相接济，可以同生死、共患难。《三国志·董昭传》记载：

会天子还洛阳，韩暹、杨奉、董承及杨各违戾不和。昭以奉兵马最强而少党援，作太祖书与奉曰："吾与将军闻名慕义，便推赤心。今将军拔万乘之艰难，反之旧都，翼佐之功，超世无畴，何其休哉！方今群凶猾夏，四海未宁，神器至重，事在维辅；必须众贤以清王轨，诚非一人所能独建。心腹四支，实相恃赖，一物不备，则有阙焉。将军当为内主，吾为外援。今吾有粮，将军有兵，有无相通，足以相济，死生契阔，相与共之。”

看来董昭十分擅长模仿别人的笔迹，当年奉袁绍之命只身前往巨鹿郡平息叛乱时因来不及向袁绍请示，就伪造过袁绍颁发的命令。王必奉曹操之命出使长安，被张杨扣留，董昭不仅说通张杨放行，而且模仿曹操的笔迹给李傕、郭汜写信，进行疏通。现在，董昭又一次模仿曹操的笔迹给杨奉写信，杨奉接到信，以为真是曹操写的，高兴不已，对手下人说：“兖州诸军近在许耳，有兵有粮，国家所当依仰也。”杨奉于是向汉献帝上疏，拜曹操为镇东将军，承袭其父曹嵩费亭侯的爵位。曹嵩的费亭侯是承袭其养父曹腾的爵位而来的，《郡国志》记载：“沛国酂县有费亭，曹腾所封也。”《曹操集》中保存有《上书让增封》《上书让费亭侯》《谢袭费亭侯表》等几篇文章，都是曹操受封后依照惯例所上的奏章。在其中一份奏章中，曹操写道：“臣自三省，先臣虽有扶辇微劳，不应受爵，岂逮臣三叶！若录臣关东微功，皆祖宗之灵佑，陛下之圣德，岂臣愚陋，何能克堪。”《艺文类聚》第五十一卷还载有汉献帝所下的两份诏书，一份写有“今以操为镇东将军，领兖州牧，袭父费亭侯嵩爵，并印绶符策”，另一份写有“显授上将铁钺之任，复食旧土，双金之宠，董统一州，委成之重”。

看到杨奉对曹操转变了态度，董承坐不住了。董承与韩暹此前不和，曾兵戎相见，为遏制韩暹，董承也转变了对曹操的态度，他暗中给曹操送信，让他带兵来洛阳。《后汉书·董卓传》记载："暹矜功恣睢，干乱政事，董承患之，潜召兖州牧曹操。"自此，曹操从被众人拒之门外而变得抢手，这一切发生在很短的时间里，具体大约在建安元年六月间，那时汉献帝正在前往洛阳的路上。曹操很高兴，立即率兵向西进发，前往洛阳迎驾。

五、董昭的"洛阳对"

建安元年七月，即汉献帝重返洛阳的当月，曹操也率兵来到了洛阳。曹操在南宫旧址上新修的杨安殿里见到了汉献帝刘协，他们是见过面的，董卓废少帝刘辩立刘协为帝时曹操也在朝廷任职。还是洛阳，还是君臣，但已物是人非。在曹操的眼中，天子长大了，个子长高了，这个十五岁的少年看起来比同龄人更加沉稳，也更加沧桑；在汉献帝看来，以前对曹操或许没有怎么留意过，但现在他是手握重兵的人，是自己未来的依靠，只是还不了解这个人，这个人能靠得住吗？

不管怎么说，正深受粮荒困扰的朝廷因为曹操的到来而看到了光明。曹操不仅兵力充足，还带来许多粮食。尽管曹操的粮食也不富余，但为了此次迎驾他做了很多准备，暂时可以满足朝廷的需要。汉献帝很高兴，宣布曹操录尚书事、假节钺。“录尚书事”可以简单理解为分管尚书台的工作，也就是主持朝廷的日常运转；“假节钺”也称“假黄钺”，总领军事，并享专杀之权。《晋书·职官志》记载：“假节，唯军事得杀犯军令者。”“(曹真)都督中外诸军事、假黄钺，则总统内外诸军矣。”“录尚书事，位上公，在三公上，……每少帝立则置太傅录尚书事，犹古冢宰总己之义。”曹操不仅操持朝廷日常工作，还拥有天子的军事授权，等于把军政实权都抓在了手中，这种模式在之前还没有过，属于曹操的独创，故清代学者赵一清指出：“此曹公创为新制，任兼内外，总览百揆，故既假节钺，又录尚书事也。”

在洛阳，曹操见到了年轻时的好友、书法上的同道钟繇，经过长途跋涉和多次生死考验，所幸他也健在。之前曹操派王必出使长安，李傕、郭汜等不仅不优待王必，反而打算将王必扣留，幸亏钟繇出面斡旋，李傕、郭汜等才改变了态度。钟繇时任黄门侍郎，在汉献帝东归中也出了力。《三国志·钟繇传》记载：“傕、汜等用繇言，厚加答报，由是太祖使命遂得通。太祖既数听荀彧之称繇，又闻其说傕、汜，益虚心。后傕胁天子，繇与尚书郎韩斌同策谋。天子得出长安，繇有力焉。”

曹操更想见的人是董昭，尽管他从没有见过董昭，但与其神交已久。董昭这时改任符节令，此职为少府的属官，品秩六百石，与董昭之前担任的议郎相当，但更为重要，因为符节令掌管天子的虎符、玉玺等重要物品，天子的诏书不经过符节令无法发出。这项职务调整可能出自曹操，他主持朝政后立即令天子的符玺掌握在可靠的人手中。

一见面，曹操就让董昭跟自己并肩而坐，向他请教下一步如何行动。洛阳周边除了曹操所部外还有董承、杨奉、韩暹、张杨等实力派，董昭建议曹操利用他们之间的矛盾，分化瓦解，各个击破。曹操采纳了董昭的建议，决定先联合董承、杨奉攻击张杨、韩暹。曹操于是上疏弹劾张杨、韩暹。韩暹实力较弱，以为曹操要对他下手，只身匹马跑到张杨营中躲了起来。汉献帝念二人迎驾有功，让曹操不必再追究。

八月，汉献帝下诏撤销韩暹司隶校尉的职务，改由曹操兼任。司隶校尉是一个重要职务，在行政上相当于州牧，所管辖范围俗称“司州”，是东汉十三个州之一，洛阳、长安均在其管辖范围内，故司隶校尉也可以视为最重要的州牧。与其他州牧不同，司隶校尉还能纠察百官，《续汉书·百官志》记载其“掌察举百官以下，及京师近郡犯法者”，故地位高于九卿。蔡质《汉仪》记载：“司隶（校尉）诣台廷议，处九卿上，朝贺处公卿下，陪卿上。初除，谒大将军、三公，通谒持板揖。公议、朝贺无敬。台召入宫对，见尚书持板，朝贺揖。”曹操就任司隶校尉后立即行使职权，对尚书冯硕、羽林郎侯祈（一作“侯折”）、侍中台崇等进行纠劾，三人随即被诛杀。袁宏《后汉纪·孝献皇帝纪》记载：“于是诛羽林郎侯折、尚书冯硕、侍中台崇，讨有罪也。”《山阳公载记》称“侍中壶崇”，但“壶”姓较罕见，《后汉纪·孝献皇帝纪》的记载可能更准确。冯硕等三人具体犯了什么罪？史书没有详细交代，曹操掌权伊始就大开杀戒的原因也不太清楚，也许这三个人早已恶名在外，诛杀他们既为自己立威又顺应了民意。汉献帝还下诏封十三个人为侯，奖励他们一路上护卫天子的功劳。袁宏《后汉纪·孝献皇帝纪》记载：

封卫将军董承，辅国将军伏完，侍中丁（冲）、种辑，尚书仆射钟繇，尚书郭浦，御史中丞董芬，彭城相刘艾，左冯翊韩斌，东郡太守杨众，（议郎）罗邵、伏德、赵蕤为列侯，赏有功也。追赠射声校尉沮儁为弘农太守，旌死节也。

从以上名单中可以看出近期的一些人事变动：董承已升任卫将军，此职仅低于大将军、骠骑将军、车骑将军，在所有军职中排第四位，远高于曹操的军职，也高于袁术、公孙瓒、吕布诸人；伏完是伏皇后的父亲，之前曾任执金吾，辅国将军也是新任命的；丁冲之前任黄门侍郎，此时升任与九卿相当的侍中；钟繇之前也任黄门侍郎，在曹操主持尚书台工作后，钟繇升任尚书仆射，成为尚书台的副长官。被追赠为弘农郡太守的沮儁，在东归的路上为护驾而战死。一罚一赏，都是在曹操主导下进行的，曹操通过此举进一步确立了自己的威信，加上兵力最强，有充足的后援保障，曹操对朝廷的控制力迅速增强。《三国志·武帝纪》裴松之注引张璠《后汉纪》记载，太史令王立发现此时金星、火星交会，认为是“革命之象”，预示着汉祚将终，将此告诉给宗正刘艾。刘艾不敢向汉献帝报告这些话，王立便多次向汉献帝进言，其中说道：

天命有去就，五行不常盛，代火者土也，承汉者魏也，能安天下者，曹姓也，唯委任曹氏而已。

王立认为天命有代谢、五行不常盛，取代汉朝“火德”的是“土德”，而魏是“土德”，所以继承汉朝的是魏朝，而能够安定天下的是曹氏，应该将江山社稷交给曹氏。曹操建立魏公国是十多年后的事情了，如果此时王立就提出魏朝是汉朝的继承者，的确够神奇的。一种可能是《后汉纪》的虚构，是以结果倒叙原因；另一种可能是王立确实说过这些话，以后魏公国、魏王国乃至魏朝的建立都深受其影响。王立任太史令多年，六年前曾向汉献帝陈说《孝经》六隐事，是忠心于汉室的，他不是曹操的心腹，他的话更不是曹操所授意。曹操得知后，立即让人捎话给王立：“知公忠于朝廷，然天道深远，幸勿多言。”刚接手朝廷的日常事务，根基未深，王立的话无论出于什么动机，在此时都只会引发猜疑与混乱，是不合时宜的，所以曹操加以制止。

此时的洛阳以及周边地区均十分残破，没有老百姓，朝廷在这里很难生存下去，而董承、杨奉、张杨等人都掌握一定人马，他们随时可能向曹操突然发起攻击，这样的局面让曹操始终有如履薄冰的感觉。如何摆脱这种被动局面？曹操再次问计于董昭。董昭对曹操说，将军起义兵，诛杀暴乱之徒，入京朝拜天子，辅佐王室，此举足以媲美春秋五霸，但董承、杨奉、张杨等人各有想法，未必肯服从。董昭建议，洛阳周边的形势确实十分不利，只有转移圣驾到许县（今河南省许昌市）才能打破被动局面，此举虽有一定难度，但要做成非常之事就得有非常规的举动，现在看迁都已势在必行。《三国志·董昭传》记载：

太祖朝天子于洛阳，引昭并坐，问曰："今孤来此，当施何计？"昭曰："将军兴义兵以诛暴乱，入朝天子，辅翼王室，此五伯之功也。此下诸将，人殊意异，未必服从，今留匡弼，事势不便，惟有移驾幸许耳。然朝廷播越，新还旧京，远近跂望，冀一朝获安。今复徙驾，不厌众心。夫行非常之事，乃有非常之功，愿将军算其多者。"

董昭后来成为曹操的重要智囊，在《三国志》中与程昱、郭嘉、刘晔、蒋济等合为一传，显示出他看待问题的独到与深刻。董昭敏锐地看出洛阳地区形势错综复杂，曹操虽然最强，但其他势力也不容小觑，任何意外情况都可能发生，所以离开洛阳才是上策。做成这件事的确有难度，汉献帝和众大臣日夜思归，好不容易回来了，现在又要放弃洛阳，之前的努力又有什么意义呢？但董昭认为在此非常之时必须拿出非常的手段，再难也要迁都。董昭的这些见解十分高明，对于此时的曹操集团具有重要的指导意义。汉末三国有多场这样的谈话，如之前张纮与孙策的"江都对"，还有之后鲁肃与孙权的"榻上对"、诸葛亮与刘备的"隆中对"，董昭与曹操之间的对话足以与以上这些著名对话相类比，可称为"洛阳对"。董昭后来竭力为曹操建立魏公国而奔走，因此受到后世一些人的诟病，但大家对他的能力则给予充分肯定，尤其这番"洛阳对"，多为人所推崇。卢弼在《三国志集解·董昭传》中引述评论："操得制天下之命者，以此。昭之人品不足称，其谋略特妙，不下二荀。"

六、新的政治中心

董昭提到的许县属豫州刺史部颍川郡，曹操进军洛阳走的也是这条路线，在基本肃清了颍川郡内的黄巾军余部后，这里已经为曹操所掌控。迁都许县，可以更好地控制朝廷，摆脱其他人对朝廷的干扰与影响。

许县地处中原腹地，沃野千里，气候温和，雨量充足，生物繁茂，自旧石器时期以来，一直是人类文明的聚集区。许县所在的颍川郡共有十五个县，在汉末三国时期几乎每个县都出过不少名人，如阳翟县的辛评、辛毗、赵俨、郭嘉，襄城县的李膺，颍阴县的荀氏诸杰，许县的陈寔、陈纪、陈群，长社县的钟繇，阳城县的杜密等。许县位于颍川郡东部，曾是古代许国国都，许国虽不大，却前后传承了十九世，存续六百多年。曹操也看中了许县这个地方，一来这里在自己的控制下；二来许县有六百年作为国都的历史，城市建设有一定基础；三来这里物产丰富，颍川郡以及相邻的汝南郡、南阳郡一带是当时最重要的经济区之一，有利于长期的后勤保障供应；四来自己手下有许多谋士是这里的人，颍川郡乃至汝南郡的这些世家大族会站在自己这一边。

汉献帝本人可能会反对迁都，因为汉家的祖庙、诸陵都在洛阳及其附近，但把形势讲清楚后汉献帝也不会强烈反对，原因很简单，再待在洛阳的话，文武百官及宫人恐怕都要饿死了。只要做好汉献帝的工作，董承、伏完就不会反对。至于张杨，他的人马驻扎在黄河以北，可以暂时不管。韩暹已经没有太大实力，反对不反对无所谓。这样一分析，几个实力人物中最关键的只剩下了杨奉，他手下的军队战斗力最强，又驻扎在洛阳以南的梁县，与颍川郡紧邻，不解决他的问题迁都就无法顺利进行，即便最后迁到了许县也无法安宁。

曹操也担心这件事。《三国志·董昭传》记载，曹操问董昭："杨奉近在梁耳，闻其兵精，得无为孤累乎？"董昭说："奉少党援，将独委质。镇东、费亭之事，皆奉所定，又闻书命申束，足以见信。宜时遣使厚遗答谢，以安其意。说'京都无粮，欲车驾暂幸鲁阳，鲁阳近许，转运稍易，可无县乏之忧'。奉为人勇而寡虑，必不见疑，比使往来，足以定计。奉何能为累！"董昭熟悉朝廷内幕，他告诉曹操之前朝廷任命的镇东将军、袭封费亭侯都是在杨奉主导下完成的，显示出杨奉对曹操很看重。可以先找杨奉谈谈，以洛阳残破、粮食不足为借口迁天子于鲁阳（今河南省鲁山县）。鲁阳属荆州刺史部南阳郡，与杨奉的大本营梁县较近，杨奉自然乐意。只要天子一行出了洛阳，往南还是往东南那就好说了。曹操听了十分高兴，立即依计而行。

此时杨奉确实对曹操印象颇佳。杨奉出身于白波军，后来转投凉州军李傕，这样的出身自然被董承等人看不起，加上他跟董承、张杨等没有太深渊源，在外没有强援，虽然实力较强，但总觉得别人在背后算计自己。曹操到来后，杨奉潜意识中把曹操当成了“自己人”，希望可以使洛阳的权力结构更加平衡。对于曹操提出要迁天子于鲁阳的建议，杨奉果然表示赞成。洛阳的残破有目共睹，后勤保障已经成了大问题，也只有离开洛阳一条路。与其让天子被张杨迎接到黄河以北去，肯定不如弄到自己眼皮底下好。汉献帝那边，曹操讲清理由后他也没有反对，董承自然也不反对。

看到最关键的几个人意见得到了统一，曹操也不征求张杨、韩暹的意见，于建安元年九月护送献帝一行离开洛阳，向南开进。一行人到达洛阳八关之一的轘辕关，再往前就出了司隶校尉部。如果往鲁阳，就要继续向南走。但大队人马却突然改变了方向，向东面转进。杨奉接到报告后大吃一惊，等他派人再探时汉献帝一行已经向颍川郡郡治阳翟（今河南省禹州市）开进了。杨奉这才知道上当了，大怒，立即联合韩暹率兵来抢汉献帝。曹操早有准备，派兵在颍川郡境内的阳城县（县治在今河南省登封市东南）一带设伏，将杨奉、韩暹击退。

打败杨奉，曹操护送汉献帝一行继续前往许县。到了许县，因为还要对县城进行修整，新建天子的行宫以及明堂等祭祖之所，所以曹操让汉献帝暂时住进自己在城外的军营中。汉献帝发布诏书，拜曹操为大将军，晋封为武平侯。武平侯是县侯，高于之前的费亭侯。武平县位于陈国境内，是曹操此次西进迎接天子的首站，县治在今河南省柘城县南，这里也是曹操

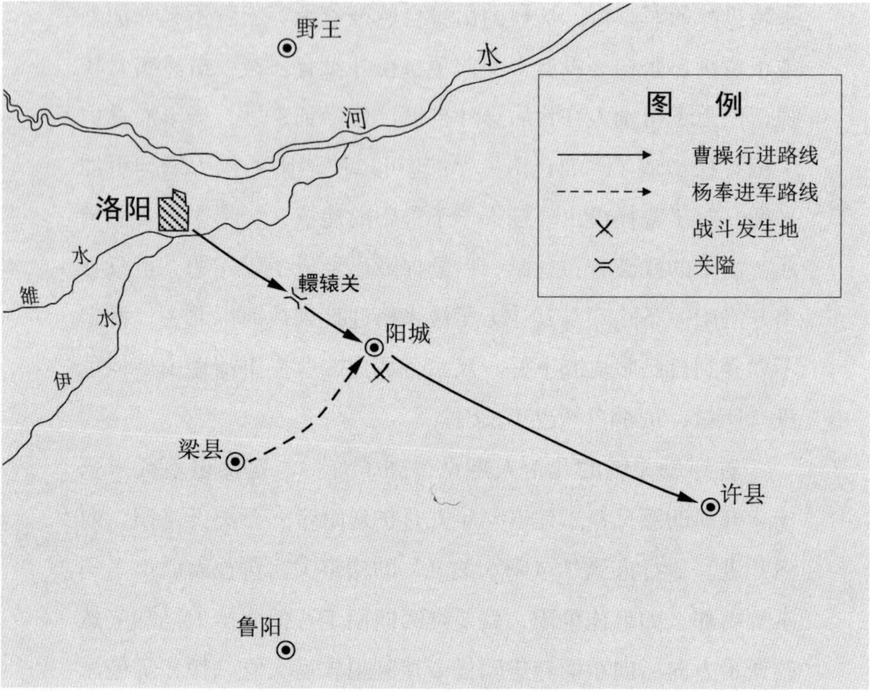

地图1　汉献帝迁都许县路线示意图

控制的地盘。

把许县的事情大体安顿下来，建安元年十月，曹操决定亲自率军西征，彻底解决杨奉，巩固许县周边的安全。曹操进攻杨奉的大本营梁县，杨奉不是对手，战败后投奔袁术去了，梁县一带也被曹操控制，许县西侧的安全有了保障。之前《三国志》一直称曹操为“太祖”，自此开始也称“公”，这与大将军一职的任命有关。汉代只有三公能在正式的史书中称“公”，大将军的地位高于三公，自然也可以称“公”。曹操后来成为魏王，《三国志》便又改称其为“魏王”或“王”。一本书中有三个称呼，看起来有些乱，似乎也没有必要，清代学者康发祥便认为：

一纪中三异其称，何如始终称太祖？《晋书》称司马懿“宣帝”，师“景帝”，昭“文帝”，最为爽捷耳。

是陈寿多此一举吗？其实未必。陈寿写《三国志》时虽然对曹操的功绩大加称颂，但也时不时对曹操有所贬损，比如《三国志·武帝纪》一开篇就说曹操的父亲曹嵩出身成疑，“莫能审其生出本末”。陈寿有时还不露声色地贬损曹氏，如写曹操的孙子魏明帝曹叡去世，说他“时年三十六”，而以这个年龄倒推的话，曹叡的母亲甄氏那时还是袁绍的儿媳妇，没有嫁给曹丕，等于说曹叡是袁绍的孙子。陈寿对曹操“一纪中三异其称”，写曹丕时则“二异其称”，这未必是信手闲笔，而是隐藏着很深用意的。陈寿或许想以此强调曹操父子“篡汉”的轨迹，提醒后人曹操、曹丕原来不过是臣子，后来由臣而跻身君位。这种写法是一种笔伐，同“莫能审其生出本末”一样杀人不见血。

曹操打败杨奉后，杨奉的部将徐晃归顺了曹操。徐晃不仅作战英勇，而且这时就有了爵位，这在曹操手下将领中是比较突出的。《三国志·徐晃传》记载：“徐晃字公明，河东杨人也。为郡吏，从车骑将军杨奉讨贼有功，拜骑都尉。李傕、郭汜之乱长安也，晃说奉，令与天子还洛阳，奉从其计。天子渡河至安邑，封晃都亭侯。”杨奉原任大将军，曹操任大将军后，他的这个头衔自然被朝廷褫夺了。杨奉后来到了袁术那里，没有受到重视，于是再次跟韩暹联起手来又干起了老本行，成为一支流寇，最终死于刘备之手。《三国志·先主传》认为刘备击斩杨奉、韩暹的时间是建安元年，这是不确切的，因为这一年刘备被袁术、吕布联手暗算，正处于自身难保的境地，无力迎战杨奉、韩暹。刘备将二人斩杀，此事发生在建安二年（197）。

打败杨奉后曹操回师许县，着手朝廷内外的各项建设工作。许县这座小城因为汉献帝和朝廷的到来迅速成为现阶段天下的政治中心，天子的后宫、朝廷的办事部门以及曹操的军事指挥机构一股脑地涌到这里。肯定有些拥挤，但也只能因陋就简，先安顿下来再说。汉献帝从长安出逃到现在，一路上只顾保命，将宫中御用之物以及文书档案等基本上丢光了，现在不仅住的地方简陋，连宫中专用的各类物品也稀缺。《曹操集》中保存有曹操所写的两篇奏疏，其中一篇是《奏上九酝酒法》，说的是曹操老家谯县的县令郭芝发明了一种九酝春酒，具有良好的保健功能，曹操特意献与汉献帝，详细介绍了这种酒的酿制方法，还说到了自己对这种酿酒方法的改造：

臣县故令南阳郭芝，有九酝春酒。法用曲三十斤，流水五石，腊月二日清曲，正月冻解，用好稻米，漉去曲滓，便酿法饮。曰譬诸虫，虽久多完，三日一酿，满九石米止。臣得法酿之，常善，其上清滓亦可饮。若以九酝苦难饮，增为十酿，差甘易饮，不病。今谨上献。

“九酝”的意思是酿九次，第一次是酒母跟米、水合酿，三天后酿出第一酝。第二次用第一酝的酒与酒母、米合酿，酿出第二酝，依此类推。尽管如此，曹操仍然认为这样酿出来的酒口味有些苦，于是“增为十酿”，味道甘甜易饮。按照曹操的介绍，这种酒的具体制法是：用酒母三十斤，水五百斤，腊月初二把酒母泡在水中，到第二年正月解冻后，再把酒母过滤出来，用好稻米酿制，依法饮用。曹操还提到了这种酒具有“譬诸虫”的功效，说这种酒长期储存也不会变质。在另一篇《上杂物疏》中，说到曹操特意将自家保存的一些皇宫用品呈献给皇上，这些东西大多是曹腾、曹嵩两代得到的赏赐，其中包括：

纯银参镂带漆画的书桌1只，纯银参带台砚1方，纯银参带圆砚台大小各1方；

御用的漆画皮枕头2只，贵人公主用的黑漆皮枕头30只；

纯金香炉1只，下面配有盘子；贵人公主用的纯银香炉4只，皇太子用的纯银香炉4只，西园贵人用的铜香炉30只；

御用纯金唾壶1只，画漆的圆唾壶4只，贵人用的纯银参带唾壶30只；

御车上用的漆绘画两层几大小各1只；

御用的纯银参镂带漆绘画案1只；

御用的1尺2寸的金错铁镜1面，皇后用的纯银错7寸铁镜4面，皇子用的杂纯银错7寸铁镜4面，贵人公主用的9寸铁镜40面；

贵人公主皇子用的有纯银镶带子加漆的镜子1面，贵人用的镶有3条银带子的镜子5面，皇子用的银匣1只，皇子用的有3条纯金带子的妆具4件；

镶有3条银带子的镜台1件，纯银镜台7件，贵人公主用的镜台4件；

纯银的盛洗粉用的匣子、纯银雕花匣子、纯银雕花漆匣共4只；

漆绘妆具1件，有3条纯金带子加绘画的妆具1件；

能盛5石水的铜澡盆1只；

镶银绘画的象牙杯盘5套；

御用杂画象牙尺1把，贵人公主用的象牙尺30把，宫人用的象牙尺150把，骨尺50把；

杂画象牙的藏针用的管子1只。

（据《曹操集》译出）

这份清单颇为冗长、琐碎，不过读来也颇为有趣。看了这份清单，不由得感叹从曹操的爷爷曹腾到父亲曹嵩，两代人从几代皇帝那里得到了不少好东西。这份清单也说明，汉献帝初到许县时条件确实非常艰苦，而曹操一开始对汉献帝也确实充满了敬意，考虑得很细致。

许县是周代诸侯国的国都，根据周制，周王城“方九里”，其下的诸侯国按照等级不同分成七里、五里、三里等三种定制，许国是五等诸侯国，它的国都应该小于七里、大于三里。据民国年间编撰的《许昌县志》记载，汉魏“许昌故城在城东三十里，围九里一百二十九步，相传曹操所筑，今存遗址”。又记载“周围十五里，世传汉献帝迁都于此”。周代以三百步为一里，经过考证，约合四百一十五米，小于现在的一里，考古实证与古制基本吻合。根据这些资料可以推知，许县故城规模很小，边长仅三里多一些，可以称为“弹丸之地”。随着汉献帝和朝廷的到来，一下子就面临着住房紧张的问题。许县毕竟太小了，原有的小城只能作为皇宫以及朝廷主要办事机构使用，曹操把这一部分当作内城，然后依托内城修筑了外城。尽管如此，仍然显得很局促。《三国志·杜畿传》裴松之注引《傅子》记载的一件事，足以说明当时许县住房紧张的程度：

畿自荆州还，后至许，见侍中耿纪，语终夜。尚书令荀彧与纪比屋，夜闻畿言，异之，旦遣人谓纪曰：“有国士而不进，何以居位？”既见畿，知之如旧相识者，遂进畿于朝。

杜畿出身于关中杜氏，是西汉名臣杜延年的后人，也是魏晋名将杜预的爷爷。杜畿很有能力，听说朝廷迁到许县，正值用人之际，就跑到许县，结识了侍中耿纪，并暂住耿纪家中。二人经常深夜闲聊，内容也涉及一些治国理政之事。荀彧跟耿纪是邻居，一天夜里听到他们的谈话，认为杜畿才识出众，所以第二天对耿纪说身边有这么才识出众的人不向天子推荐，岂不是白拿了朝廷的俸禄？荀彧于是主动邀杜畿相见，倾谈之下更觉得自己的判断没有错，于是把他推荐给了曹操。朝廷到许县后荀彧任尚书令一职，而侍中的品秩比尚书令还高。两位朝廷重臣互为邻居，夜里居然能听到对方家中的谈话，说明朝廷刚迁到许县时住房多么紧张。但不管怎么说，经过努力，终于把天子和朝廷都牢牢控制在了自己手中，这应该算曹操在建安元年最重要的收获了。

第二章

逐鹿东南

196年

一、袁术愤怒了

就在汉献帝忙于东归、曹操忙着“奉天子”的时候，徐州的形势也发生着戏剧性的转变。陶谦死后，刘备入主徐州并收留了吕布，袁绍、曹操没有说什么，却惹怒了一个人，这就是袁术。袁术自从将大本营东迁至寿春（今安徽省寿县）后，不断向四周拓展势力，基本占据了扬州刺史部的江北部分以及豫州刺史部、兖州刺史部和徐州刺史部的一部分地区，手下有郭贡、张勋、桥蕤等将领。孙策虽已渡江南下，但名义上也属于袁术阵营。袁术是一个志大才疏的人，一旦手里有点实力，野心就膨胀起来。

汉献帝当初在曹阳遇险，消息迅速传遍全国，有人说天子在曹阳遇难了。袁术听到后既不着急也不悲伤，反而迫不及待地召集会议，对手下人说刘氏看来已经暗弱，天下乱七八糟，缺乏统一领导，而我们袁家“四世三公”，是众望所归，我想应天顺民，大家看看怎么样？众人听傻了，不敢相信自己的耳朵。应天顺民？说得再委婉也听得懂，那就是袁术想自己当皇帝。汉室不幸，皇纲失统，涌现出不少觊觎大位的人，称王称帝的事近几年来张纯干过，王国干过，笮融这样的人也干过，但“四世三公”出身的袁术也想干一回，众人深感震惊。震惊之余，没人吱声。不吱声，就是反对。为打破尴尬，主簿阎象对袁术说：当初周朝从后稷以至于周文王，积德累功，三分天下已经占有其二，仍然服从商王殷纣的领导，您虽然出身世家，但还没有达到周王那样的强盛，汉室虽然微弱，还没有像殷纣王那样残暴啊！阎象的话也相当委婉，但意思是明确的，那就是你比周文王差得远，汉献帝比殷纣王强得多，当初周文王都甘愿服从殷纣王的领导，你有什么资本自己当皇帝呢？袁术听了很不高兴，半天不说话。《三国志·袁术传》记载：

兴平二年冬，天子败于曹阳。术会群下谓曰：“今刘氏微弱，海内鼎沸。吾家四世公辅，百姓所归，欲应天顺民，于诸君意如何？”众莫敢对。主簿阎象进曰：“昔周自后稷至于文王，积德累功，三分天下有其二，犹服事殷。明公虽奕世克昌，未若有周之盛，汉室虽微，未若殷纣之暴也。”术嘿然不悦。

袁术想再找些人商量，议一议他如何“应天顺民”的事，于是想到了张范。张范出身于河内郡张氏，是西汉留侯张良之后，他的祖父张歆曾任司徒，父亲张延曾任太尉，也算名门世家，在社会上有一定名气。太傅袁隗曾想招张范为婿，但张范拒绝了。张范性情恬淡，安于守道，轻视功名利禄，所有征召都不接受。张范有两个弟弟，分别是张承和张昭，与孙吴的张承、张昭同名同姓。有趣的是，这里的张承、张昭是亲兄弟，而孙吴的张承是张昭的儿子。董卓之乱中张范与两个弟弟辞官前往扬州刺史部避难，这时都生活在袁术的控制区。袁术想利用张氏三兄弟的名望为自己造势，于是派人去请张范。

张范知道袁术想做什么，称病不去，让二弟张承到袁术那里走一趟。袁术见到张承，对他说：过去周王室衰颓，于是出现了齐桓公、晋文公那样的霸主，秦朝失政，汉朝乘势而兴，现在我凭借土地广阔、士民众多的优势想求取齐桓公那样的事业、追随汉高祖那样的足迹，你看怎么样？张承说齐桓公、汉高祖能开创事业，是因为他们有德行而不是因为力量强大，只凭匹夫之力就想去成就霸王之业，这僭越了本分，会受到上天的谴责，众人也会抛弃他。袁术听了脸色一变，很不高兴。《后汉书·袁术传》记载：

（术）使召张范。范辞疾，遣弟承往应之。术问曰："昔周室陵迟，则有桓、文之霸；秦失其政，汉接而用之。今孤以土地之广，士人之众，欲徼福于齐桓，拟迹于高祖，可乎？"承对曰："在德不在众。苟能用德以同天下之欲，虽云匹夫，霸王可也。若陵僭无度，干时而动，众之所弃，谁能兴之！"术不悦。

袁术既郁闷又无奈，但见众人一致反对，知道时机还不成熟，于是暂时放下"应天顺民"的打算。这时袁术听说刘备取代陶谦当了徐州刺史，并一改与自己结盟的立场而转投袁绍阵营，心中难以释怀。《后汉书·吕布传》记载，袁术一向心高气傲，根本看不起刘备，曾在写给吕布的一封信中说："术生年已来，不闻天下有刘备。"这句话口气很大，但袁术有资格这么说。从出身看，袁氏"四世三公"，近百年来一直兴盛不衰，刘备虽说出身刘氏宗亲，但早已平民化，父亲早年便去世了，母亲是手工业者和小商贩，在那个时候地位很低；从年龄上说，袁术生年不详，结合他早年任职的经历，推测起来他的年龄应介于袁绍与曹操之间，曹操比刘备大六岁，袁术应该比刘备大更多，在十岁上下；从资历上说，袁术三十岁左右便已担任了河南尹、虎贲中郎将等要职，那时刘备还在家乡无所事事，汉献帝刚即位时袁术便被任命为左将军，比杂号将军都高出好几级，而那时刘备还只是县尉、县令。

在其他人眼中刘备或许是"冉冉升起的新星"，但在袁术眼中他充其量只是一个"暴发户"。如果刘备能延续陶谦之前的做法，带领徐州继续留在袁术阵营，袁术或许会接受刘备。但刘备入主徐州后频频向袁绍示好，已与袁绍达成默契，曹操也不再向徐州发起进攻，这让袁术无法接受。袁术越想越生气，于是点齐了人马，自寿春挥师北上，直取徐州。

二、吕布反客为主

建安元年春天，刘备率关羽等南下迎击袁术，留张飞驻守大本营下邳（今江苏省睢宁北）。这一仗打成了拉锯战，刘备和袁术在盱眙（今江苏省盱眙县）、淮阴（今江苏省淮安市淮阴区）一线交战，双方互有胜负。从人数上说袁术占优势，但从士气上看刘备更旺。袁术很郁闷，打不过曹操，现在连名不见经传的刘备都打不过。

曹操听说刘备与袁术开战，立即对刘备给予支持。曹操表奏刘备为镇东将军，封宜城亭侯。《三国志·先主传》记载："曹公表先主为镇东将军，封宜城亭侯，是岁建安元年也。"曹操自己是镇东将军，怎么会再表奏刘备为镇东将军呢？是《三国志·先主传》写错了吗？其实这里面有一个时间差，曹操的镇东将军是杨奉所表奏，时间当在建安元年夏六月，而曹操表奏刘备为镇东将军，时间是在这一年的春夏之交，那时曹操还没有镇东将军的头衔，也没有控制朝廷，他是按照群雄常用的"遥拜""表奏"方式进行的，目的是拉拢刘备，所以《三国志·先主传》的记载没有错。当然，曹操被朝廷正式任命为镇东将军后，刘备的这个镇东将军就尴尬了，后来曹操完全控制了朝廷，又以汉献帝的名义任命刘备为左将军。

尽管刘备收留吕布让曹操不快，但为大局着想，曹操还是把现在的刘备当成了自己人。对曹操而言，夺取徐州是上策，但更重要的事情是控制朝廷，能不战而把徐州由敌人转化为友军当然是可以接受的。刘备已经取得了徐州刺史的职务，但他还没有新的军职。刘备的上一个军职是公孙瓒授予的别部司马，现在一下子升为镇东将军，连升了十级左右。张飞此时的军职仍是司马，在下邳城里比他职务高的有曹豹，曹豹是下邳国相，相当于郡太守。还有陶谦的旧部许耽，职务是中郎将，也比张飞的职务高得多。这样势必会产生矛盾，张飞是刘备的亲信，是后方的实际负责人，但职务却不高。更重要的是，刘备率嫡系主力南下后，下邳城的防务以陶谦旧部为主，很容易出问题。张飞是一员猛将，打仗在行，但处理复杂微妙的局面并不拿手。如果刘备此去很快获胜，后方不会出现大的闪失，但如果打了败仗或陷入长期僵持，那就不好说了。有人恰恰看到了这样的问题，立即意识到机会来了。

这个人就是吕布，他见刘备主力南下，于是有了乘虚袭取刘备后方的想法。吕布到了小沛，并不甘心给刘备"站岗放哨"，他曾偷偷地给袁术写过信。《三国志·吕布传》裴松之注引《英雄记》记载："布初入徐州，书与袁术。"吕布去信的内容不详，袁术给他的回信却保存了下来，信中写道：

昔董卓作乱，破坏王室，祸害术门户，术举兵关东，未能屠裂卓。将军诛卓，送其头首，为术扫灭仇耻，使术明目于当世，死生不愧，其功一也。昔将金元休向兖州，甫诣封丘，为曹操逆所拒破，流离迸走，几至灭亡。将军破兖州，术复明目于遐迩，其功二也。术生年已来，不闻天下有刘备，备乃举兵与术对战；术凭将军威灵，得以破备，其功三也。将军有三大功在术，术虽不敏，奉以生死。将军连年攻战，军粮苦少，今送米二十万斛，迎逢道路，非直此止，当骆驿复致；若兵器战具，它所乏少，大小唯命。

袁术在信中对吕布大加夸赞，说吕布至少有三件大功：一是诛杀董卓，为天下移除国恨，为袁氏报了家仇；二是兖州刺史之位空缺，朝廷任命金元休为兖州刺史，曹操不分青红皂白把金元休拒之门外，使其流离失所，是吕布在兖州起兵，主持了正义；三是刘备向袁术发起挑战，袁术说自己凭借吕布的神勇把刘备打败，这也是一大功劳。上面这三件事，第一件吕布当之无愧，第二件勉强与吕布沾点边，至于第三件则纯属东拉西扯。袁术与刘备相斗，吕布还没有帮过任何忙，胜负与他何干？袁术在信中提到的金元休就是朝廷任命的兖州刺史金尚，之前已说过，他被曹操打跑后到了袁术那里。袁术在批评刘备的同时也暗指曹操藐视朝廷，可问题是袁术起兵时不仅身份不合法，而且后来扣留过朝廷的特使，随意任命官吏。现在就连朝廷都变得很务实了，汉献帝已经下诏承认了曹操兖州牧的身份，袁术仍旧事重提，显得有些无聊。

不过这些都是客套话，说说而已，不必当真。真正有用的是信中的最后几句，袁术暗示，只要吕布与他结成同盟，他愿意为吕布提供二十万斛大米，以后如有需要，还会源源不断提供，至于兵器战具，则要多少给多少。“斛”是一种像斗一样的量器，汉代“十合为升，十升为斗，十斗为斛”。1976年6月国家计量局度量衡史小组用小米实测考古发掘的汉斛，得到一斛的容量约为两万毫升，盛小米约十五千克。二十万斛相当于三百万千克，也就是三千吨，这么多大米，得拉上几百卡车，所以袁术在信上说将“骆驿复致”。中原大乱，分崩离析，加之天灾，粮食奇缺，袁术另辟蹊径，趁别人都在忙，抢占了扬州刺史部大部分地区，这里号称鱼米之乡，他手里有的是粮食。

吕布接到袁术的信，决定立即动手。其实，即便没有这封信，吕布也会在刘备的背后来上一刀。刘备安排吕布驻扎在小沛，这看似很高明，可以用吕布替自己缓冲曹操方面的压力，但吕布与曹操已成死敌，在小沛无法安心，强烈的危机感促使吕布求变。

下邳城里的曹豹此时也有很强的危机感。曹豹是陶谦的旧部，刘备到徐州后曹豹的心情十分郁闷，不知道刘备坐稳徐州以后会不会对自己下手。刘备南下与袁术作战，留张飞守下邳。偏偏在这个关键时刻张飞与曹豹之间发生了矛盾，张飞甚至扬言要杀曹豹，吕布利用这个机会，一举夺取了下邳。关于这件事的来龙去脉，王粲在《英雄记》中记载：

备留张飞守下邳，引兵与袁术战于淮阴石亭，更有胜负。陶谦故将曹豹在下邳，张飞欲杀之。豹众坚营自守，使人招吕布。布取下邳，张飞败走。

布水陆东下，军到下邳西四十里。备中郎将丹阳许耽夜遣司马章诳来诣布，言："张益德与下邳相曹豹共争，益德杀豹，城中大乱，不相信。丹阳兵有千人屯西白门城内，闻将军来东，大小踊跃，如复更生。将军兵向城西门，丹阳军便开门内将军矣。"布遂夜进，晨到城下。天明，丹阳兵悉开门内布兵。布于门上坐，步骑放火，大破益德兵，获备妻、子、军资及部曲将吏士家口。

这两条记载，一条说曹豹与张飞发生矛盾后秘密联络吕布，约好里应外合，之后吕布得手；另一条没有提及曹豹与吕布秘密约定的事，二人似乎事先没有联络。既然出自同一部书，理应不会出现矛盾的记载，这是怎么回事呢？王粲的《英雄记》在隋唐时仍能看到全貌，大约十卷。《三国志》六十五卷、三十六万多字，《汉书》一百二十卷、八十多万字，据此推算《英雄记》的总字数应在五万到七万字之间。但是，到宋代这部书就看不到了，《四库全书总目提要》称明朝王世贞杂抄诸书辑佚一册，记有四十四个人的事迹，以后在《说郛》《广汉魏丛书》《黄氏逸书考》等丛书中有辑本。今人俞绍初校点的《王粲集》，在前代辑佚的基础上又广搜博征，加以补充，是目前能见到最全的版本，根据这个版本，《英雄记》只剩下1.2万字的佚文，约相当于原书的20%。吕布是《英雄记》着墨较多的人物，原著对其夺取徐州的过程记述较详，只是佚失太多，造成所剩下的这两条记载看起来有些矛盾。

综合《英雄记》的记载，再结合《三国志》相关人物传记，事情的过程应该是这样的：曹豹与张飞发生矛盾后派人秘密前往小沛联络吕布，吕布大喜，领兵由小沛杀往下邳；小沛在下邳城的西北方向，两座城池都临泗水，吕布除了走陆路，还带来一支水军，吕布来徐州时间并不长，他是“逃难”来的，身边不可能有水军，这支水军应当是到小沛后新组建的，刘备让吕布守小沛，是让他替自己抵挡北方之敌，这并不需要水军，而吕布组建水军，用意不是向北而是向南，可见他早就居心叵测；吕布率部到达下邳城西四十里的地方扎营，负责下邳城防务的中郎将许耽派司马章诳来见吕布，报告了下邳城里的情况，吕布这才得知张飞已把曹豹杀了，城中大乱，许耽要么是曹豹的部下，要么是同谋，所以会主动派人来联络吕布；章诳告诉吕布城里现在人心惶惶，大家互不信任，张飞根本控制不住局面，曹豹的嫡系是丹阳兵，此时丹阳兵有一千人屯驻在下邳城的西门，听说吕将军要来，大家都特别高兴，好像看到了生的希望，所以建议吕布引兵向西门，丹阳兵自会开门相迎；吕布于是连夜进兵，于清晨时分来到下邳城下，丹阳兵果然打开西门，吕布进城，之后将指挥所设下邳城西门城楼上，在这里指挥手下人马和丹阳兵四处放火，大破张飞；张飞不敌，逃出城，刘备的妻子甘氏、刘备手下将士的家眷以及大量军用物资均落入吕布手中。

三、糜氏兄弟

在前线作战的刘备听到后方有变，如雷轰顶，顾不上袁术，立即回师。但是，刘备手下将士知道家里出了事，眷属们都在吕布手里，心里大乱。刘备看到这情形，知道回到下邳也根本没有战胜吕布的希望，只好带着人马再次南下，试图寻求与袁术决战，但被击溃。

今天的江苏省灌南县在东汉属徐州刺史部广陵郡海西县，

现在它是个内陆县，东边还有响水等县，而在东汉，响水县和滨海一带数千平方公里的土地尚不存在，这里是一片大海，海西是一个典型的滨海县，在群雄争霸中这里并不是各路军阀争抢的要地，虽然经济比较落后，但还算安宁。建安元年秋天，这里突然来了一支人马，顿时制造出了紧张的气氛。这支人马有数千人，像是在别的地方打了败仗退到这里的，人不齐、马不整，还有许多伤兵，士气十分低落。海西是一个小县，一下子涌来这么多人，吃饭都成了问题。

这些人就是刘备率领的残兵败将。刘备一行来到海西，没吃没喝，不知道该往哪里去，饿极了，甚至发生了人吃人的惨剧。《三国志·先主传》裴松之注引《英雄记》记载："备军在广陵，饥饿困蹙，吏士大小自相啖食，穷饿侵逼。"落到这个地步，刘备怪不得别人，要怪只能怪自己。他十分懊悔，但这没有用，现在要考虑的是怎么办。没有粮食，几天还能东凑西凑予以克服，时间长了，人马就会一哄而散。在这最艰难的时刻，随军出征的麋竺、麋芳给了刘备以最大支持，才保住了这支队伍。

麋竺是徐州刺史部东海郡朐县（县治在今江苏省连云港市西南）人，这里靠近大海。麋家是当地的富翁，世代经营垦殖，家中有僮仆、食客近万人，资产上亿。在朐县东北方向的大海里有一座岛，本地人称为郁洲，为《山海经》中的十洲之一，洲上有山，崔琰在《遂初赋》中称之为苍梧山，相传生活在这座岛上的人之前都是麋氏的奴仆。此洲古时为岛，清代因海岸扩张，始与大陆相连。《西游记》称花果山是"东方海中的一座名山”，有人认为其原型地就是郁洲故址上的云台山。《太平寰宇记》记载：

《水经注》曰：“朐县东北海中有大洲，谓之郁洲。”昔有道者，学徒十人，游于郁州苍梧之上，数百年皆得至道。其山自苍梧徙至东海之上，今犹有南方草木生焉。故崔琰《遂初赋》曰：“郁州者，故苍梧山也。”古老传言：此岛上人，皆先是麋家之隶，今有牛栏村，旧有麋家庄，祀祭呼曰麋郎。临祭之日，著犁铧，执鞭耕。又言，“初娶妇者，必先见麋郎，否则为祟”。

汉末时人们对商业普遍较为轻视，《后汉书》《三国志》极少专门为某一位商人立传，但这一时期也有许多有成就的商人，麋竺就是突出的一位。东晋王嘉在《拾遗记》中记载了一个离奇的故事，与麋竺经商有关。这个故事说的是麋竺商业能力突出，每天的盈利以亿计，家中的财物可以与帝王之家相比，仅存放宝物的仓库就有一千多间。麋竺家中的财宝堆积如山，不可计算，他将硕大的珠子盛放在盆和瓶中，摆满了庭院，称其为“宝庭”。麋竺家的马厩边有一座古墓，一天夜里麋竺听到哭泣声，循声去找，见一个女子突然出现在面前，哭着说自己本葬于此地，西汉末年坟墓被赤眉军盗掘，剥去衣裳，使自己两百多年无法见人，恳请重新埋葬。麋竺答应下来，命人打造棺椁，用青布裁成衣服为其穿上，重新安葬在古冢中。一年后麋竺在路上又见到了那个女子，她送给麋竺一根九尺长的青芦杖，对他说你的家财能够支持一世，但会遭遇火灾，为报赠衣之恩特将此物相送。一天，一群青衣童子来到麋竺家，对麋竺说其家中本该发生火灾，财产只能剩下不到万分之一，好在你有青芦杖，我们特来为你灭火。麋竺于是在“宝庭”周围挖掘了防火沟渠，没过几天，火灾却从庭院里发生，火势正盛时，那群青衣童子又出现了，将火迅速扑灭，麋家的财物只烧毁了十分之一。

当然，上面这个故事过于荒诞，不足为凭。但东晋时能流传这样的故事，说明麋竺家存的财富确实很多，麋竺在经商方面也确实很有名。麋竺是刘备入主徐州的重要推动者之一，陶谦“让徐州”的遗嘱就是他记录的。麋竺认定刘备能成就大事，于是在刘备走投无路的时刻给予了全力支持。麋竺和弟弟麋芳散尽家财支持刘备，同时集合了仆人、宾客和族人共两千多人加入刘备的队伍中。甘夫人落入吕布手中，生死不明，麋竺还把自己的妹妹嫁给刘备当夫人。《三国志·麋竺传》记载：“于时困匮，赖此复振。”

麋竺是汉末商人从政的成功代表，在刘备事业最低谷时倾全力支持，看得出他不仅会理财，还很有政治头脑。曹操后来也听说麋氏兄弟很有能力，在徐州有很大影响力，试图加以拉拢。《三国志·麋竺传》记载：“后曹公表竺领嬴郡太守，竺弟芳为彭城相，皆去官，随先主周旋。”麋氏兄弟此后始终追随刘备，尽管后来出现一些波折，但麋竺仍被视为蜀汉的开国元勋之一。

四、刘备能屈能伸

有麋氏兄弟的大力支持，刘备暂时可以不用下海当渔民了，但前途仍然黯淡。走投无路之际，刘备做出一个让人不可思议的决定：向吕布投降。换成袁绍或袁术，事业从巅峰一下子落入低谷，肯定会一蹶不振，说不定会直接气死，让他们弯下腰来向对手低头，怎么可能？这种事只有吕布能做出来，因为他的脸皮厚，面子也不值钱。刘备也能做出来，因为他没有别的办法。

吕布进入下邳城后自称徐州刺史，刚刚安顿下来，突然听说刘备派人来了，说是要投奔自己。吕布吃了一惊，但很快就想明白了。刘备的心思别人不好懂，但吕布能懂，吕布和刘备都出身于草根，都在底层奋斗挣扎过，知道人情冷暖、眉眼高低，遇到困境时身上也都有惊人的忍耐力。吕布想起自己走投无路来投奔刘备时的情形，有些感同身受，所以刘备请降，别人不理解，他完全理解。但是，吕布手下有人反对收留刘备，他们认为刘备反复无常，很难笼络，不如趁机将其杀了。说这话的人不知想没想过吕布听到这样的话会不会多心，这些话简直就是在骂吕布，要说反复无常，刘备比吕布差得远。吕布没有听取手下人的意见，还把这些话告诉了刘备。刘备听完心中不安，他现在只想自保，别无他图，于是请人出面到吕布那里说情。

刘备请谁去说的情，史书没有记载。不过，不会是关羽等人。最有资格为刘备说情的人是孔融，如果孔融出面，吕布应该给面子。还有陈登、陈群这些人，刘备主持徐州时对他们都很尊重，现在他们又成了吕布的座上客，请他们去说情，一定也不难。为打消吕布的顾虑，刘备主动提出前往小沛驻扎。如前所述，小沛夹在兖州与徐州之间，是一个为徐州“站岗放哨”的地方，此前刘备、吕布都在这里驻扎过。刘备的建议正符合吕布的想法，于是答应下来。《三国志·先主传》裴松之注引《英雄记》记载：

布令备还州，并势击术。具刺史车马童仆，发遣备妻子、部曲、家属于泗水上，祖道相乐。

吕布自任徐州刺史，这个头衔不可能还给刘备了。好在还有一个豫州刺史的头衔，是当初陶谦给刘备，刘备又给吕布的，吕布便把豫州刺史重新给了刘备，还按照刺史的规格为刘备准备了车马和童仆，并归还刘备及部下的家眷，交接仪式在泗水上进行，场面十分热闹。“祖道”是古代为出行者祭祀路神和设宴送行的礼仪，吕布以此为刘备及其部下送行。《三国志·先主传》的记载是：“先主求和于吕布，布还其妻子。先主遣关羽守下邳。”这里说刘备自己去了小沛，命关羽驻守下邳，这个记载恐怕有误。自从刘备将徐州刺史部治所由郯县（今山东省郯城县）迁到下邳后，下邳一直是徐州最重要的城市，吕布夺取徐州后也以下邳为大本营，直到最后死在这里。吕布怎会将下邳交给关羽驻守？张飞之前守下邳，将下邳弄丢，此时已回到刘备身边。

吕布“发遣备妻子”，按古人的习惯，“妻子”通常指妻子

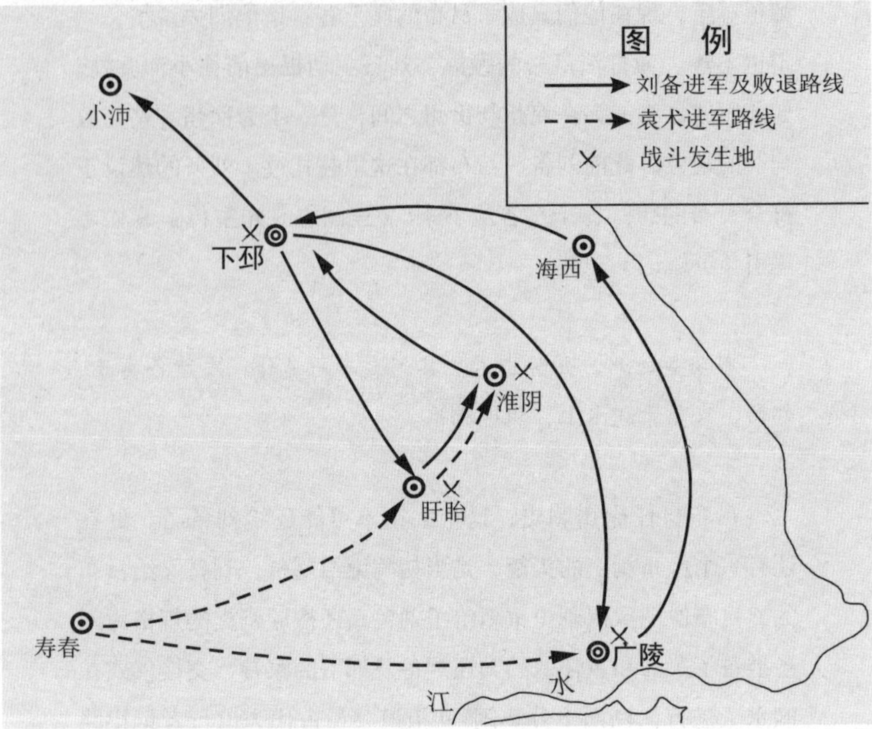

地图2　196年刘备败往小沛示意图

和儿子。这里的妻子，指的是甘氏，而此时刘备的身边没有儿子。甘氏不是刘备的正妻，但深得刘备信赖，后来的地位也高于糜氏。甘氏死后被追谥为皇思夫人，而糜氏死后没有谥号。刘备信赖甘氏，除甘氏样貌美丽、能操持内务外，还与甘氏聪明睿智、明于是非有关。东晋王嘉《拾遗记》中记载了一个故事，说有人献给刘备一尊三尺高的白玉美人，刘备很喜欢，经常把玩，甘氏见状劝诫说，当初子罕不把白玉当作宝，《春秋》对其大加赞美，如今天下未定，你怎能把这种妖物放在怀里把玩呢？刘备听了深感惭愧，于是把白玉美人撤走。人们听说了这件事，都对甘氏大加赞赏，称她是一位“神智妇人”。《拾遗记》记载：

先主甘后，沛人也。生于贱微。里中相者曰：“此女后贵，位极宫掖。”及后长而体貌特异，至十八，玉质柔肌，态媚容冶。先主召入绡帐中，于户外望者，如月下聚雪。河南献玉人，高三尺，乃取玉人置后侧，昼则讲说军谋，夕则拥后而玩。人常称玉之所贵，德比君子，况为人形而不可玩乎？后与玉人洁白齐润，观者殆相乱惑。嬖宠者非惟嫉于甘后，亦妒于玉人也。后常欲琢毁坏之，乃诫先主曰：“昔子罕不以玉为宝，《春秋》美之。今吴、魏未灭，安以妖玩继怀？凡淫惑生疑，勿复进焉。”先主乃撤玉人像，嬖者皆退。当斯之时，君子议以甘后为神智妇人焉。

当初刘备收留吕布，结果被吕布反攻，深受其祸。现在吕布收留刘备，同样也是一个错误，都是政治上还不够成熟的体现。吕布之所以不趁机杀了刘备，其想法与当初的刘备一样。把徐州整个形势进行了一番梳理后，吕布发现自己的力量并不强大，四周的形势仍然险恶，与其跟刘备拼命，不如将其收编，即便不能实质性地壮大自身实力，至少也能起到牵制徐州境内其他势力的作用，达到平衡各方力量的效果。刘备是这样想的，事实证明他想错了；吕布也是这样想的，后面的事实将证明他的想法也是错误的。

徐州刺史部辖有琅邪国、东海郡、彭城国、下邳国、广陵郡等五个郡国，琅邪国和东海郡的大部分地区仍被以臧霸为首的“泰山帮”及昌豨掌握，广陵郡位置靠南，过去曾被陶谦的旧部笮融所占据，笮融渡江与孙策交战后该郡的大部分地区被袁术控制。所以，吕布虽为徐州刺史，但能控制的地盘跟刘备当初不相上下，仅有彭城国和下邳国而已。

从外部形势看，吕布更不乐观了。经过一场兖州之叛，吕布与曹操已成为死敌。得罪了曹操，某种程度上也就得罪了袁绍，徐州的北边都成为需要防范的方向。吕布与南边的袁术合作夺取了徐州，虽然有结盟的迹象，但两人早就打过交道，曾经在南阳郡闹过不愉快，现在联手也只是互相利用而已。为了利用吕布，袁术开出了二十万斛大米的价码，吕布如期履约，但袁术却不提大米的事，这让吕布有些郁闷。更糟糕的是，袁术还在暗中打着吕布的主意，正在秘密联络吕布手下的一些重要人物，其中就包括吕布最信任的谋士陈宫。袁术准备利用陈宫手下的人发动叛乱，把吕布杀了或赶走，从而将徐州纳入自己的势力版图。这样说并不是猜测，袁术很快就有了实际行动。

五、吕布辕门射戟

建安元年六月的一天深夜，吕布手下的将领郝萌突然反叛。当时吕布住在下邳城内的刺史府里，郝萌手下的人攻到府门外，大声呼喊着向里发起进攻，但府墙坚固，一时不得进。吕布大吃一惊，不知道是谁反叛，拉着妻子就走，二人头发乱蓬蓬的，衣衫也不整，在手下人护卫下由厕所后面的墙上翻了出去。

号称“飞将”的吕布也有如此狼狈的时刻。吕布径直来到高顺的营中，高顺问吕布刚才发现什么没有，吕布想了想，说听见反叛的人里有河内郡一带的口音。郝萌的祖籍是河内郡，吕布、高顺由此断定郝萌造反了。高顺立即整顿兵马，去进攻刺史府。弓弩并射，郝萌不支，逃回自己的营寨。这时天亮了，郝萌回营，负责留守的是曹性，曹性发现异常，与郝萌对战，郝萌刺伤了曹性，曹性砍掉郝萌一只胳膊，高顺赶到，将郝萌斩首。有人用担架抬着曹性来见吕布，吕布问郝萌为何反叛，曹性回答说是袁术背后指使的。这没有让吕布觉得奇怪，他想知道自己手下哪些人被袁术收买了，曹性说还有陈宫。吕布对陈宫一向言听计从，袁术挑拨手下将领谋害自己，吕布不吃惊，一听说陈宫也参与了，吕布吃惊万分。这时陈宫也在场，听见曹性的话，脸一下红了。陈宫的这个反应旁边的人也都看在眼里，但吕布没有发作，也没有追问陈宫，只当没听见，安慰曹性一番，让他下去养伤。《三国志·吕布传》裴松之注引《英雄记》记载：

建安元年六月夜半时，布将河内郝萌反，将兵入布所治下邳府，诣厅事阁外，同声大呼攻阁，阁坚不得入。布不知反者为谁，直牵妇，科头袒衣，相将从溷上排壁出，诣都督高顺营，直排顺门入。顺问：“将军有所隐不？”布言“河内儿声”。顺言“此郝萌也”。顺即严兵入府，弓弩并射萌众；萌众乱走，天明还故营。萌将曹性反萌，与对战，萌刺伤性，性斫萌一臂，顺斫萌首。床舆性，送诣布。布问性，言“萌受袁术谋。”“谋者悉谁？”性言“陈宫同谋”。时宫在坐上，面赤，傍人悉觉之。布以宫大将，不问也。性言“萌常以此问，性言吕将军大将有神，不可击也，不意萌狂惑不止”。布谓性曰：“卿，健儿也！”善养视之。创愈，使安抚萌故营，领其众。

对于陈宫这个人，历来评价出现两极：持肯定态度的人认为他足智多谋、为人忠义，不幸的是遇到了张邈、吕布这样成不了大事的人，所以功败垂成，留下遗憾；持否定态度的人则认为他看不清形势，识小处、不识大体，在错误的道路上越走越远，落到最后那样的结局完全是自找的。就智谋来说，有人认为陈宫是汉末三国时代一流的谋士，足以与郭嘉、贾诩、荀攸、刘晔、董昭等齐名，但也有人认为，凡经陈宫出谋划策，结果总是败多胜少，智谋不足为道。在个人品质方面，人们对陈宫的评价也不尽相同，有人认为他很忠义，是个大丈夫，但也有人质疑他的品质。质疑者认为，曹操信任陈宫，陈宫却背叛了他，吕布厚待陈宫，陈宫也有过背叛吕布的行为。那么陈宫究竟是一个怎样的人呢？应该说陈宫是一个有本事的人，曹操信任他，把许多重要的工作交给他，说明他有很强的能力，张邈、吕布在兖州曾一度把曹操打得抬不起头，而吕布后来在徐州也一度顺风顺水，这中间都少不了陈宫这位谋士的功劳，只是因为吕布最终是失败的英雄，中间发生过的很多事史书不愿多记罢了。

人们对陈宫的看法出现分歧，主要是他不止一次参与过谋叛事件。古人重节义，这是陈宫最受人诟病的地方，但他未必是一个有很大野心的人，他做事应该不全是为了自己。陈宫是兖州人，他之前背叛曹操，更多的是出于保境安民的考虑。到徐州后，陈宫想的是早日率领“子弟兵”打回家乡。可是，吕布对兖州未必有多少感情，在徐州站住了脚，就不再想兖州的事情了，更何况此时的兖州已被曹操牢牢掌握在手中，曹操正处于事业上升时期，吕布没有再次与曹操交兵的打算。这让陈宫很失望，如果袁术在背后挑拨一下，再许下一些诺言，陈宫真有可能背叛吕布。陈宫想通过极端的方式改变现状，但一次次都碰得头破血流，这与谋略的高低无关，而与能否认清天下大势相关。在某种程度上，陈宫的眼光只局限在自己的家乡一隅，这限制也误导了他对事物的判断，他不知道天下已经陷入彻底的动荡中，想独自保留一份平安和宁静其实是再也做不到的了。

历史上的陈宫既不是智慧超群的“反曹斗士”，也不是一个反复无常、一无是处的小人，他是那个时代里众多有能力也有一定理想的士人中的一个，热爱家乡、渴望建功立业是他们行事的基本出发点，所以对纷乱的社会和残酷的现实有着自己的看法，他们所做的事也都有自己的考虑，所遇非人是他们的不幸，他们成为一个个悲剧人物，他们的悲剧既是个人的也是时代的。假如陈宫一直跟随曹操，或者遇到刘备、孙权那样知人善任的明主，以他的能力和品质一定会干出更多也更值得称道的事，至少不会留下那么多的非议吧。

在处理郝萌叛乱事件上吕布的做法也不足取。所谓“用人不疑，疑人不用”，对于受到怀疑的人一定不能再重用，曹性的话不可全信，但不能一点都不信，更不能置之不理。吕布这时应该对郝萌反叛事件做一次彻底调查，如果真的涉及陈宫，就要果断处置。把事情压下来，表面上是平静了，但却埋藏下更大的隐患。

郝萌叛乱事件极大地刺激了吕布，他不仅对陈宫失望，对袁术更不敢再相信。吕布主动向袁术靠拢，原指望在关键时刻能沾一沾他的光，现在看来不仅靠不住，还得防着点儿。防曹操、防袁绍、防袁术，还得防范徐州地方实力派和内部的叛徒，从里到外吕布都得小心提防，这是他不能与刘备血拼到底的根本原因。《英雄记》说吕布“令备还州，并势击术”，说明吕布已正式把袁术当成了敌人。至于曹操，吕布正考虑如何与他消除之前的恩怨以化敌为友。这段时间里，袁绍、袁术、曹操、吕布、刘备互相之间一会儿是敌，一会儿是友，变化之快足以令人眼花缭乱。

袁术听说刘备不但没有被消灭，还去小沛当了豫州刺史，不禁大怒，立即派纪灵率三万人马攻打刘备。刘备刚到小沛，手下充其量也只有几千人，面对几乎十倍于己的敌人，刘备自知不敌，赶紧向吕布求援。接到刘备的请求，吕布手下众将多建议不要管这件事，有人还认为正好可以借袁术之手除掉刘备。吕布则认为，袁术如果消灭了刘备，就会北连泰山诸将，自己将被包围在其中，所以刘备不得不救。

刘备在徐州时，“泰山帮”的臧霸等人还跑出来照一照面，表面上服从。吕布当上徐州刺史后，这些人连面都不照了。前不久，吕布为扩大控制范围，想进攻琅邪国相萧建，给萧建写了一封信，萧建畏惧吕布，派人带上礼物来见吕布，但吕布还是想把琅邪国收归自己管理，于是亲自率兵赶到了琅邪国。吕布的举动引起臧霸等人的疑虑，臧霸向吕布开战。战斗中，臧霸所部使用了毒箭，射中吕布手下不少人马，吕布无法取胜，退回下邳。不过后来臧霸还是服软，表示愿意接受吕布指挥，进攻琅邪国一事也就不了了之。《三国志·吕布传》裴松之注引《英雄记》记载：

时有东海萧建为琅邪相，治莒，保城自守，不与布通。布与建书曰：“天下举兵，本以诛董卓耳。布杀卓，来诣关东，欲求兵西迎大驾，光复洛京，诸将自还相攻，莫肯念国。布，五原人也，去徐州五千余里，乃在天西北角，今不来共争天东南之地。莒与下邳相去不远，宜当共通。君如自遂以为郡郡作帝，县县自王也！昔乐毅攻齐，呼吸下齐七十余城，唯莒、即墨二城不下，所以然者，中有田单故也。布虽非乐毅，君亦非田单，可取布书与智者详共议之。”建得书，即遣主簿赍笺上礼，贡良马五匹。建寻为臧霸所袭破，得建资实。布闻之，自将步骑向莒。高顺谏曰：“将军躬杀董卓，威震夷狄，端坐顾盼，远近自然畏服，不宜轻自出军；如或不捷，损名非小。”布不从。霸畏布钞暴，果登城拒守。布不能拔，引还下邳。霸后复与布和。

萧建的背后是“泰山帮”，吕布与他们暂时握手言和，但知道这是一些随时可能倒戈的人，袁术如果与“泰山帮”联手，自己将会被赶出徐州。所以吕布不能坐视刘备被消灭，必须为其解围。吕布带的人马并不多，只有一千名步兵和两百名骑兵。纪灵听说吕布来了，停止了进攻。吕布率部在小沛西南城外扎营，之后发出请帖宴请纪灵。《三国志·吕布传》记载，宴席上，吕布对纪灵等人说：“玄德，布弟也。弟为诸君所困，故来救之。布性不喜合斗，但喜解斗耳。”吕布命人在营门外立一支戟，对众人说：“诸君观布射戟小支，一发中者，诸君当解去，不中，可留决斗。”戟的头部是一个不对称的十字形，用来横击的一端刃部长而尖，为主刃，另一端与主刃垂直，短而粗，称小支。吕布举弓射戟，正中小支。众人皆惊，齐呼：“将军天威也！”第二天吕布再请大家喝酒，纪灵随后率军撤退。

古时帝王巡狩、田猎的止宿处通常以车为藩，出入之处仰起两车，车辕相向以表示门，即辕门。辕门后来也指古时军营的门或官署的外门，吕布射戟救刘备的故事后世便称为“辕门射戟”。不过，吕布所射之戟并不是他常用的兵器。印象中，吕布常用的兵器是方天画戟，吕布后来被曹操所杀，曹操把吕布的方天画戟赏给了儿子曹彰，还有人说赏给了部将许褚，但这些都是猜测，史书均无记载。

戟是一种古老兵器，它是戈和矛的复合体，简单地说就是在戈的头部装上一个矛的尖，这样它就有了勾与刺的双重功能，在格斗中的杀伤力比戈和矛都强。从考古发掘看，戟出现在商代，在西周以及春秋战国时期广泛应用，但后来却越来越少了，这是什么原因呢？还要从戟的特殊构造找答案，因为戟的头部比较复杂，就使得头部较重，再加上戟杆与矛、戈完全相同，这样一来与矛、戈相比它就是一种费力杠杆。所谓费力杠杆，就是动力臂比阻力臂短，动力比阻力大。如果这不太好理解，就想一想生活中的常用工具，铁锤就是费力杠杆，头部重，抡起来比较吃力，而瓶起子是省力杠杆，原理与它相反。

什么是方天戟呢？戟的最前部是矛的样子，侧面是戈的样子，这种构造即前面所说的小支。如果一侧有小支，就称为青龙戟，如果两侧都有，样子相当于前部装了一个四方形的头，称为方天戟。也就是说，相对于单侧有特殊装置的青龙戟，方天戟的构造更复杂，也就更重，从杠杆原理上看使用起来更费劲。什么是“画戟”呢？就是给戟杆上做一些装饰，要么画上彩画，要么镂雕上彩纹。所以，“方天画戟”就是头部两侧都有小支、杆部绘有彩画或镂雕图案的戟。为什么要装饰图案？这对提高戟的战斗力有什么帮助呢？应该说，没有任何帮助，反而会使着不称手。之所以这样做，是因为戟后来在实战中的作用越来越低，逐渐由实战性兵器发展成一种仪仗用兵器，既然是做仪仗用的，就要好看些、威风些，所以要装饰一下。

戟主要流行于车战时期，大家站在车上，手里抡个吃力的武器倒也没什么，但到骑战时代就不行了，力气小的人就抡不动。汉末三国时代武将们常用的兵器很少是戟，尽管史书上也提到“小戟”“手戟”，但那多是近战用的短兵器，主战兵器使用戟，尤其使用方天戟的非常罕见，大家用的兵器通常是长刀和矛，近战兵器有剑和短刀等，戟退出常用兵器的行列，原因就是这种兵器太费力，不好用。吕布平时的兵器并不是戟，《后汉书·董卓传》中关于吕布刺杀董卓有这样的描写：“卓将至，马惊不行，怪惧欲还。吕布劝令进，遂入门。肃以戟刺之，卓衷甲不入，伤臂堕车，顾大呼曰：‘吕布何在？’布曰：‘有诏讨贼臣。’卓大骂曰：‘庸狗敢如是邪！’布应声持矛刺卓，趣兵斩之。”吕布先埋伏，李肃等人假扮卫士去杀董卓，李肃用的是戟，这个戟就是仪仗用的兵器，属于“就地取材”。因为是摆设，所以并不锋利，连董卓的铠甲都没有刺透。吕布作为董卓信任的近卫军首领，手里拿的才是常用兵器，也就是矛。综上所述，吕布“辕门射戟”是历史上真实发生过的事，不过射的不是“方天画戟”，而是军营门口平时供仪仗使用的戟。

六、孙策攻占会稽郡

东南方向除了徐州，还有扬州。扬州有一半在江北，目前主要掌握在袁术之手。江南的几个郡大体相当于人们说的江东，这几个郡包括吴郡、丹阳郡、会稽郡和豫章郡，此时它们仍然处于分裂的状态。孙策渡江后发展迅速，基本平定吴郡、丹阳郡，会稽郡太守王朗、豫章郡太守华歆都是朝廷任命的，他们只忠于朝廷，不属于群雄阵营。孙策要平定江东，还得解决这两个郡的问题。

建安元年秋天，孙策已基本完成了在吴郡境内的作战，准备率兵征服会稽郡。这时有人认为应当巩固吴郡，不要急于向会稽郡进兵，但孙策不同意，认为吴郡境内的残余势力已不足为虑，应尽早拿下会稽郡。孙策是吴郡富春县（治所在今浙江省杭州市富阳区）人，他率兵来到离富春不远的钱唐县（治所在今江浙省杭州市西南）。孙策的叔父孙静就在家乡，听说孙策率兵而来，带着家眷来钱唐与孙策会面。这时王朗在固陵（今浙江省杭州市萧山区西北）一带布下人马，凭借浙江（今钱塘江）天险抵挡孙策。孙策几次渡过浙江作战，都不能取胜。

孙静到来后，对孙策说王朗凭险固守城池，很难马上攻破，从这里向南数十里是查渎（今浙江省杭州市萧山区西南），也是通向会稽郡的要害之地，可以从那里进入王朗的后方，攻其不备。孙静还表示，自己愿意亲自带队去攻破王朗。孙策采纳了孙静的建议，假意传令全军，说近日连续下雨，雨水浑浊，士兵喝了这些水多腹痛，赶快准备几百口瓦缸，将水澄清后再饮用。黄昏时分，孙策又命人点燃许多火把，作为疑兵，迷惑江对岸的敌兵，然后悄悄派一支人马前往查渎，用瓦缸渡军，并从那里进攻高迁屯（今浙江省杭州市萧山区东）。王朗大惊，派前丹阳郡太守周昕等人率部前去迎战。孙策打败了周昕等人，将周昕斩杀，乘势发起追击，占领了会稽郡郡治山阴县（治所在今浙江省绍兴市），王朗南逃。《三国志·孙静传》记载：

策破刘繇，定诸县，进攻会稽，遣人请静，静将家属与策会于钱唐。是时太守王朗拒策于固陵，策数度水战，不能克。静说策曰：“朗负阻城守，难可卒拔。查渎南去此数十里，而道之要径也，宜从彼据其内，所谓攻其无备、出其不意者也。吾当自帅众为军前队，破之必矣。”策曰：“善。”乃诈令军中曰：“顷连雨水浊，兵饮之多腹痛，令促具罂缶数百口澄水。”至昏暮，罗以然火诳朗，便分军夜投查渎道，袭高迁屯。朗大惊，遣故丹阳太守周昕等帅兵前战。策破昕等，斩之，遂定会稽。

会稽郡周氏是名门望族，周昕、周喁、周昂三兄弟都是汉末的活跃人物，之前已做过介绍。周昕少年时游历京城，是太傅陈蕃的学生，博览群书，被三公府征辟，后来升任丹阳郡太守。曹操当初南下募兵时，周昕曾给曹操提供过很大帮助。袁术到淮南后，周昕不喜欢其为人，拒绝交往。袁术痛恨周昕，私自任命吴景为丹阳郡太守，派吴景攻打周昕。周昕不愿意殃及百姓，就解散了人马，回到会稽郡老家依附于王朗。孙策表奏孙静为奋武校尉，打算委以重任，但孙静不想离开家乡，请求在家乡一带镇守，孙策同意。

王朗是从海上南逃的，最终逃到了会稽郡东冶县（县治在今福建省福州市），随他一同南逃的还有会稽郡功曹虞翻。虞氏也是会稽郡大族，虞翻从小才气很高，也很好学，与一般孩子相比，属于又好强、脾气又有些倔的一类。虞翻12岁时，哥哥的朋友来家中做客，客人没有搭理他，虞翻很不高兴。客人走后，虞翻马上给对方写了一封信，信中说琥珀不沾腐烂的草，磁石不去吸弯了的针，碰面连个招呼都不打，太不应该了吧！看到这样的话大家都感到惊讶不已，虞翻的名气于是传开了。《三国志·虞翻传》裴松之注引《吴书》记载：

翻少好学，有高气。年十二，客有候其兄者，不过翻，翻追与书曰："仆闻虎魄不取腐芥，磁石不受曲针，过而不存，不亦宜乎！"客得书奇之，由是见称。

王朗听说虞翻很有名气，就聘请他担任郡里的功曹，这个职务主管郡中人事及官吏考核。孙策进兵会稽郡时正赶上虞翻的父亲去世，按礼制他要在家中守丧，不问政务，但听说大兵压境，虞翻顾不了那么多，穿着孝服来见王朗。虞翻对王朗说孙策势头很猛，不可与之争锋，最好的办法是撤出会稽郡，先找个地方躲避一下，但王朗不听，决意一战，果然不是孙策的对手。王朗南逃，虞翻一路随行。他们逃到了候官，这里也在今福建省福州市附近。本地的县长闭城不收，一行人眼看进退无路。关键时刻虞翻只身进城，一番话竟然说服了县长，城门打开，王朗等人才有了落脚之地。王朗对虞翻说你家中还有老母亲，还是回去吧。就这样，虞翻又回到家乡。

关于王朗南逃的最终地点，《三国志·虞翻传》说是"候官"，《三国志·王朗传》说是"东冶"，看起来是两个不同的地方。东汉的会稽郡面积很大，大体相当于今福建省加浙江省钱塘江以南的部分，但除了北部狭小的宁绍平原人口较稠密外，其余的山地、丘陵及河谷地带多地广人稀，居民主要是山越，县城只有章安（今浙江省台州市北）、永宁（今浙江省温州市）等几个。既然如此，今天的福州市附近怎么会设置两个不同的县呢？其实，这里的“候官”“东冶”指的是同一个地方，具体来说就是东冶县。至于候官，严格说来此时还不是一个地名。汉武帝在会稽郡设东部都尉，下辖东冶、章安等县，“候官”是“东部都尉属候官”的简称，治所在东冶县。晋朝时才将东冶县废掉，改名候官县。

此时的东冶县长名叫商升，他响应王朗，据守东冶而不肯臣服孙策。孙策没有亲自来征讨东冶，而是命永宁县长韩晏担任南部都尉，带兵讨伐商升，贺齐接任永宁县长。韩晏为商升所败，孙策又命贺齐兼任会稽郡南部都尉。此时的形势大体是：今天的温州一带已被孙策控制，贺齐以温州为基地，向今天的福州一带发起进攻，只有将福州一带拿下，才算将会稽全郡平定。

贺齐是会稽郡山阴县人。早年曾为郡吏，后来代理过县长。有个名叫斯从的县吏为非作歹，贺齐想惩办他，县里的主簿说斯从是本县豪门大族，山越人都服从他，今天如果惩治他，明天贼寇就会进犯。贺齐大怒，当即斩杀了斯从。斯从的族党聚集一千多人进攻县城，贺齐命人突然打开城门，率领部下出击，大获全胜。后来本郡其他县发生叛乱，贺齐仅用一个月时间便将其平息。孙策发现贺齐是一个难得的人才，敢于担当，就举荐他为孝廉，加以重用。

地图3 孙策夺取会稽郡示意图

商升畏于贺齐的威名，派人请和，提出订立盟约，互不侵犯。贺齐让来人转告商升，拒绝盟约，并陈述祸福利害。商升考虑再三，决定投降，于是派人送去自己的印绶。可是，张雅、詹强等人不愿意商升投降，他们杀死了商升。张雅自称无上将军，詹强自称会稽郡太守，聚众抵抗。这时贺齐兵马不多，无力前往征讨，于是先驻军休整，等待战机。张雅与女婿何雄发生矛盾，互相争斗，贺齐抓住时机，命人前去挑拨离间，使二人矛盾更深。贺齐领兵进讨，大败张雅，詹强党羽恐惧，率众投降。

七、“屠东冶”真相

东冶被贺齐占领后，王朗也成了俘虏，随后被押往孙策处。孙策念王朗是位名士，在会稽郡也有一些名望，就没有为难他。孙策曾让张昭去劝降，希望王朗为自己服务，但被拒绝。之后，王朗被孙策软禁，软禁地几经变化，一直处在流放迁移之中。不过，王朗仍有一定自由，虽然无法预知未来，他仍然做了一些体恤亲友旧属的事情，受到人们的尊敬。《三国志·王朗传》记载：“败绩，浮海至东冶。策又追击，大破之。朗乃诣策。策以朗儒雅，诘让而不害。虽流移穷困，朝不谋夕，而收恤亲旧，分多割少，行义甚著。”

孙策虽然没有亲自去东冶，但《三国志·孙策传》却记载："遂引兵渡浙江，据会稽，屠东冶。"东冶本就人口稀少，在东冶搞屠城，对孙策有什么好处呢？其实，这条记载过于简略，才造成了歧义。孙策是派部下去平定东冶的，之后将东冶占领。至于"屠城"，《辞源》的解释是："攻破城市，杀尽城中百姓。"不过这是现在该词语的含义，在历史上其词义是有变化的。《说文解字》称："屠，刳也。"所谓"刳"，有剖开、挖开之意，但也有清除、清洗之意，如《庄子·天地》："夫道，覆载万物者也，洋洋乎大哉！君子不可以不刳心焉。"此处"刳心"，并非把肚了剖开、把心取出来，而是清除心中杂念。由此，"屠城"最早还有一个含义，即清除城中的敌军，与拔城、破城、克城意思相同。

梳理史籍中有关"屠城"二字的记述，可以发现至少在唐朝之前"屠城"基本是指将城池攻破，而并不是对城中老百姓实施大规模屠杀。不过，既然是攻城，避免不了有杀戮，所以南朝范晔也指出："克城多所诛杀，故云屠也。"但并没有特指放纵杀戮。范晔所著《后汉书·耿弇传》在总结耿弇一生战功时说："弇凡所平郡四十六，屠城三百，未尝挫折。"耿弇一生攻克过三百座城池，这已经是相当惊人了，但如果说他"血洗"过三百座城池，那无论如何也不可能。《后汉书·臧宫传》记载："军至平阳乡，蜀将王元举众降。进拔绵竹，破涪城，斩公孙述弟恢，复攻拔繁、郫。……宫连屠大城，兵马旌旗甚盛。"这里说的"连屠大城"，指的是川中平阳、绵竹、涪城、繁、郫等重镇，如果臧宫将这些城池中的老百姓全杀了，那他在史书上的恶名一定难以洗刷掉，但考察臧宫其人，历史评价颇高，位列中兴名将及“云台二十八将”中，《后汉书》评价：“臧宫、马武之徒，抚鸣剑而抵掌，志驰于伊吾之北矣。”

可见，东汉时“屠城”仍是攻克、攻破之意。那么，在曹操、孙权所处的时代，“屠城”之义会不会有新变化呢？应该是没有的。如《九州春秋》记载，中平元年（184）阎忠当面称赞车骑将军皇甫嵩在镇压黄巾起义中的功劳：“七州席卷，屠三十六方，夷黄巾之师，除邪害之患。”此处所说“屠三十六方”，并非血洗了黄巾军的三十六座城池，而是指攻破黄巾军三十六处据点。“屠城”之义发生变化，即特指“大规模屠杀、血洗城中百姓”，是唐朝以后的事。唐人颜师古称：“屠谓破取城邑，诛杀其人，如屠六畜然。”宋元之际历史学家胡三省指出：“屠，杀也。自古以来，以攻下城而尽杀城中人为屠城，亦曰洗城。”而在汉末三国时期，“屠城”仍指攻破城池，并无贬义，甚至略带褒扬，所以缪袭才会说曹操“屠柳城”。孙策“屠东冶”，指的是孙策所部占领了东冶。

孙策平定会稽郡后，考虑如何治理的问题，他亲自兼任了会稽郡太守。孙策听说虞翻很有能力，虞氏在会稽郡也是大族，很有影响力，就仍任命虞翻为郡里的功曹，协助自己处理会稽郡事务。孙策很尊重虞翻，以朋友的礼仪亲自到虞翻家探望。《三国志·虞翻传》记载：“翻既归，策复命为功曹，待以交友之礼，身诣翻第。”裴松之注引《江表传》还记载，孙策给虞翻写过一封信，信中有“今日之事，当与卿共之，勿谓孙策作郡吏相待也”之句。不过，孙策攻打并俘虏朝廷任命的会稽郡太守，此举自然不会轻易得到朝廷的认可。直到四年后孙策遇刺身亡，他的弟弟孙权接班，曹操为拉拢孙权，才以朝廷的名义任命孙权兼任会稽郡太守。孙权受命后并未到郡就职，而是任命顾雍为会稽郡丞，代理会稽郡太守一职。

第三章

许县新气象

196—197年

一、袁绍的不满

曹操把汉献帝和朝廷迎接到许县后，立即着手谋划新的人事布局。汉献帝东归期间朝廷三公九卿等高级官员随驾同行，有不少大臣死于战乱，因此有许多缺员需要补充。另外，汉献帝东归路上还任命了一些重要官员，主要是一批高级将领，根据新形势的需要也必须进行调整。

东归以来朝廷先后正式任命的高级将领包括：大将军韩暹、骠骑将军张济、车骑将军郭汜、卫将军董承，他们可以看作军中排在前四位的人；征西将军李乐、征北将军胡才、前将军公孙瓒、后将军杨定、右将军袁绍、左将军袁术，他们属于“四方”“四征”将军；之下还有镇东将军曹操、镇西将军韩遂、平东将军吕布、安南将军刘表、宁辑将军段煨、辅国将军伏完等，从“四镇”“四平”“四安”到杂号将军，军职也都不低。袁绍虽然自称车骑将军，但朝廷从来没有承认过，他现在正式的军职是右将军，是在郭图出使河东郡前由汉献帝正式任命的。韩暹、张济、郭汜、李乐、胡才、杨定、张杨、段煨这些人多出自凉州军、白波军，此一时，彼一时，他们现在大多数已经成为朝廷的敌人，对他们的任命自然也就撤销了。袁绍、吕布、刘表、公孙瓒等属地方实力派，虽然不在朝廷控制之中，但有个头衔的话，他们名义上算是归许县朝廷领导，保留着当然好。董承和伏完都是汉献帝的岳父，有没有担任军职其实无所谓。汉献帝按照曹操的意思重新明确了高级将领任命名单，该撤的撤，该留的留。韩暹空出来的大将军一职，汉献帝已下诏授予曹操。这个任命可能有点问题，因为大将军的地位很高，超过了三公，这样一来有人就会不服气，为了这个任命，袁绍差点要跟曹操翻脸。

曹操对朝廷的文官体系也进行了大幅度调整。现在的三公是太尉杨彪、司徒淳于嘉、司空张喜，虽然他们都顺利逃了出来，但曹操还想对其进行调整。在曹操要求下，汉献帝下诏将这三个人同时免职。曹操把太尉一职送给了袁绍，毕竟袁绍曾经是关东联军盟主，曹操担任了大将军，为安抚袁绍，就把太尉一职让给了他。司徒一职，曹操给了名士赵温。

汉献帝东归的过程中，许多九卿级别的大臣死在途中。在曹操主持下，朝廷先后征召名士赵岐、张俭、桓典、徐璆、陈纪等人补充进来，加上还在位的韩融、荣郃、杨奇等，基本上保证了朝廷的日常运转。赵岐本年应该快九十岁了，他曾经出使过关东，当年他曾与袁绍、曹操相约迎接汉献帝回洛阳。张俭本年也八十三岁了。陈纪出身于颍川郡著名的陈氏家族，本年七十一岁，在许县一带很有影响力。这些人年纪都很大了，不大可能再做什么实质性的工作，只是个象征，他们对此也心知肚明。比如像张俭，一到许县就关起自家大门不出来，把公家配的专车挂起来，根本不问政事。《后汉书·张俭传》记载："建安初，征为卫尉，不得已而起。俭见曹氏世德已萌，乃阖门悬车，不豫政事。"这倒符合曹操的想法，把这些资历深、名望高的人请出来本就只是个招牌，目的是扩大新朝廷的影响力。

相对而言，曹操对尚书台更加重视。尚书台不是许县的一个虚设部门，内外沟通、随时掌握宫内动态全都靠它了。曹操任荀彧为尚书令，命他掌控朝廷的日常动态。荀彧曾在天子身边担任过守宫令，熟悉宫内事务，他出身世家大族，性格沉稳，考虑问题周全，容易与天子及各位老臣沟通。曹操出征在外时，荀彧便是许县后方的"大管家"。荀彧也不负期望，把各项事务治理得井井有条，为曹操分忧。为加强尚书台力量，曹操任命钟繇为尚书仆射，给荀彧当助手。不过钟繇担任这个职务的时间并不长，曹操后来派他管理关中去了。曹操还任命程昱为尚书，协助荀彧工作，任命虽然下达，但兖州那边仍然离不开程昱，曹操便让程昱以东中郎将、济阴郡太守的身份主持兖州各项事务。

曹仁、夏侯惇、夏侯渊等人负责掌握部队，没有在朝廷任职，随着控制区的扩大，曹操还让他们兼任一些地方行政职务，如夏侯惇担任陈留郡太守，夏侯渊担任颍川郡太守，曹仁担任广阳郡太守。唯一例外的是曹洪，他被任命为谏议大夫，此职隶属九卿之一的少府，品秩六百石，掌议论，无定员。但这只是曹洪的兼职，他仍然带领部队作战。曹洪之所以破例在朝廷中任职，可能是因为他所率领的部队常驻于许县附近，与荀彧是一文一武的格局，有时需要到朝廷面见汉献帝，有一个文职更方便些。

朝廷迁到许县后，洛阳方面也不能放弃，曹操此时兼任着司隶校尉一职，洛阳是自己的辖区，便让董昭以洛阳令的身份留守在旧都。至于许县令，曹操让满宠来担任，这个在兖州时就跟随自己的部下，在处理问题方面很果敢，也很有谋略。许县相当于过去的洛阳，许县令这个位置必须选能干的人担任。后来证明曹操的这项任命很正确，满宠不辱使命。

看到曹操不仅把天子一行顺利地接到许县，而且干得红红火火，天下有识之士争相投奔，有个人心里很不舒服，这就是袁绍。袁绍自己不愿意做的事情曹操做了，可袁绍又觉得曹操占了便宜，心里很不是滋味。长期以来，袁绍一直没拿曹操当外人，在他眼中曹操就是自己的手下，没有他就没有曹操的一切，尤其在曹操几乎走投无路的时候，是他出手相救才化解了危机。自己腾不出手去迎接天子，曹操去了应该算是自己派去的，曹操理应向自己汇报情况吧。袁绍在邺县等着曹操来“汇报工作”。曹操没有来，也没有派个人来，却等来了汉献帝措辞严厉的一份诏书，把袁绍训斥了一番，袁绍气坏了。

在这份诏书里，汉献帝责备袁绍虽然地广兵多，但只顾培植自己的势力，擅自征伐，不来勤王。不仅如此，汉献帝还派人到袁绍军中担任“监军”，用心十分可疑。曹丕后来在《典论·酒诲》中有这样一条记述：

大驾都许，使光禄大夫刘松北镇袁绍军。与绍子弟日共宴饮，常以盛夏三伏之际，昼夜酣饮极醉，至于无知，云以避一时之暑，二方化之。故……河朔有避暑之饮。

刘松事迹不详，他奉命“北镇”袁绍军一事仅见此处记载。不过，既然出自曹丕之笔，可信度应该是没有问题的。袁绍强忍不满，接纳了刘松，但对于朝廷下诏书斥责自己，却忍无可忍。诏书虽然是以汉献帝的名义颁发，但幕后指使的人一定是曹操。这不是公然以下犯上吗？地广兵多的又不是我一个，有几个去勤王了？你曹操自己不也到处讨伐别人吗，为什么只斥责我呢？袁绍实在想不通。袁绍出身于“四世三公”之家，不是雄起于乱世的“草头王”，他觉得既然是天子的诏书，那就不能不做回应。袁绍认真地给汉献帝上了一份奏疏，这份奏疏很长，记载在《后汉书·袁绍传》中，写得文采飞扬，可读性很强，应该是陈琳的手笔。

在这份奏疏中，袁绍首先说自己为朝廷做了很多事情，甚至搭上了整个家族的性命，但一片忠心只换来了这么多的指责，怎不让人日夜哀叹、心肠裂断、眼里哭出血来？喊完冤，袁绍详细叙述了自己参加工作以来的经历，重点说他如何与宦官集团作斗争、在何进被杀后如何力挽狂澜、如何不畏董卓的强暴以及如何在孟津休整兵马讨伐董卓等。袁绍一再申明，自己对帝室一向忠心不二，一直以来都在做着匡扶汉室的努力，丝毫不敢懈怠。总之，袁绍想说的是自己很忠诚、很努力，同时也很正直、很无辜，所以很委屈。

除了袁绍为自己申诉的内容，这封奏疏也是一份重要的历史文献，其中透露出一些有趣的信息。一个是说，曹操当初到兖州刺史部的活动是袁绍指派的，而且说曹操几次快要死了，是袁绍救了他，这些或许是某种情绪的宣泄，但对照一下前几年发生的事情，说的倒也基本符合事实。另一个是说，袁绍跟袁术不合，完全是由一个人引起的，这个人居然是朝廷特使马日磾，按照袁绍的说法，当初朝廷派马日磾和赵岐出使关东，马日磾到了袁术那里，由于他处事不当、偏听偏信，所以使得袁氏兄弟成为仇敌。马日磾刚刚去世，袁绍说的这些已无从查证，但他与袁术之间的矛盾根源是利益纷争，所谓“一山不容二虎”，马日磾既无能力，也无必要挑拨他们。

二、大将军与司空

奏疏送达许县，袁绍心中的怒气仍然难消。这时又发生了一件事，让袁绍心头的怒火烧得更旺了。袁绍接到新的诏书，朝廷任命他为太尉。太尉位列三公，以袁绍的年龄和资历，能担任太尉一职无疑是一件荣耀的事。数十年来，三公快要成为袁家的专利了，从袁绍父辈往上数一共四代人中出了五位三公，而他这一辈人中还没有这个荣耀。如今能当上三公，且是朝廷正式任命而非自己表奏的，在家族的三公榜上再续写一笔。五世三公，那将是多么值得骄傲的事！

可是，袁绍一打听，得知曹操担任的是大将军，高兴的劲头一下子没有了。袁绍认为，曹操既然是大将军，他这个太尉也就一文不值了。大将军位在三公之上，是文武百官的首领，在设大将军的情况下三公的地位就矮了一截。尤其是太尉，在三公里分管军事，与大将军的职权重叠，形同上下级。如果接受太尉的任命，就承认曹操是自己的顶头上司，这怎么可以？

袁绍的不满也有些道理，即使是现在，无论袁绍还是其他人，都会认为曹操只不过是袁绍阵营中的一员。袁绍是上级，曹操是下级，现在居然调转过来了。袁绍想，即使自己肯接受，手下这些人恐怕也难以适应吧？这不是鼓励大家以下犯上吗？袁绍立即上表天子，不接受这项任命。袁绍还给汉献帝推荐了一个人，认为他是太尉的合适人选，此人就是陈群的父亲、刚被任命为大鸿胪的陈纪。

袁绍的第二份奏疏到了许县，让曹操感到棘手。曹操这才发现，他在处理这个问题上考虑得不够周到。原本以为袁绍无论担任什么职务都是名义上的，没有实质意义，对袁绍来说太尉已经是很不错的安排了。曹操的大将军是费了九牛二虎之力才得到的，中间还打了几仗，袁绍没费任何力气就得到太尉的职务，应该感到满意了。没想到他丝毫不领情，双方的隔阂反而因此进一步加深了。曹操虽然知道自己跟袁绍迟早会有一场决战，但那不是现在。不仅如此，袁绍还是曹操现阶段要拉拢的力量，跟袁绍过早摊牌是不明智、不划算的做法，曹操越想越后悔。

曹操决定辞去大将军一职，让给袁绍，自己担任司空。这是很伤威望的事，换成别人，宁可错下去也不会轻易低头，但曹操是一个务实的人，他宁愿损失一些个人威望，也要把与袁绍的同盟关系继续维持下去。这项任命很快以诏书的形式下达，曹操改任司空，袁绍改任大将军。可是，袁绍那边毫无反应，接到诏书后，如果接受应该立即上表谢恩；如果不接受，也应该有所表示。但袁绍既不拒绝，也不上表谢恩。曹操明白，袁绍不仅要“里子”，还要“面子”。

建安二年初，曹操决定派一个有分量的人到邺县走一趟，帮袁绍找回“面子”，让他消消气，把大将军的任命接下来。曹操想了想，觉得孔融最合适。孔融之前在徐州，陶谦、刘备、吕布先后主政徐州，都将其视为座上宾。朝廷迁都许县，需要有人补充缺位，孔融是第一批候选者。见朝廷征召，孔融立即来到许县，担任了将作大匠一职，职掌宫室、宗庙、陵寝等土木营建。此职虽不属九卿，但品秩二千石，与九卿相当。迁都许县后，基础设施建设的任务很繁重，这个职务倒不是闲差。孔融这段时间挺忙，不过他熟悉典章制度，干得也得心应手。

去袁绍那里出使，孔融的名气没有问题，地位也没有问题，是一个合适人选。此外，曹操让孔融去还有一个原因，他想通过这件事让二人缓和关系。孔融曾任北海国相，袁绍派长子袁谭进攻北海国，双方打了大半年的仗。孔融到了许县后心里常常不踏实，总怕曹操哪一天受袁绍之命找他的麻烦。孔融初听曹操让自己去袁绍那里宣读诏书，想必脊背上直冒冷汗，但他是一个极聪明的人，经过简单分析，很快明白了曹操的用意。孔融很感激，尽管他以后成为著名的“反曹斗士”，但在建安初年他跟曹操的关系还是很融洽的。

孔融接受派遣，于建安二年三月来到邺县。汉献帝不仅拜袁绍为大将军，而且封他为邺侯，这是一个县侯，相较袁绍此前的邟乡侯高一级。汉献帝还赐给袁绍节钺，以及只有天子才能拥有的虎贲卫士百名。这还不算，汉献帝还给了袁绍一个新的行政职务：督四州事。这四个州指的是冀州、青州、幽州和并州。袁绍终于接受了。

汉献帝下达这份诏令时一定没有查阅过近几年的皇家档案，也许皇家档案都丢失在了逃亡的路上，总之这项任命很有问题，因为几年前汉献帝也曾颁发过同样的任命，就连所督的这四个州也丝毫不差，不过那是颁给另外一个人的，他就是公孙瓒。公孙瓒仍健在，而且没有被朝廷免职。朝廷现在将督四州的任务交给了袁绍，如果不是技术性错误，那就只有一个解释：让旧人跟新人斗。

推测起来后一种可能性更大，其背后的主导者当然是曹操。当年，李傕、郭汜等人命刘虞督六州，命公孙瓒督四州，四州又重合于六州，目的是让刘虞、公孙瓒内斗，结果公孙瓒打败刘虞，把他杀了。李傕、郭汜能想出来的主意，曹操更不在话下。袁绍与公孙瓒势同水火，给他们加把柴，让火烧得更猛烈些，最好来个两败俱伤。对曹操来说，其实不当大将军并没有什么实质性损失，他担任了司空一职，同时代理车骑将军，只要朝廷和天子被自己控制着，军政大权都将牢牢掌握在手中。

三、征召四方英才

对朝廷的人事进行了大体安排后，曹操决定推行改革。为此，曹操向汉献帝上了一份《陈损益表》，提出了十四项改革举措。《艺文类聚》第五十二卷保留有此表的部分内容：“陛下即祚，复蒙试用，遂受上将之任，统领二州，内参机事，实所不堪。昔韩非闵韩之削弱，不务富国强兵，用贤任能。臣以驱驱之质，而当钟鼎之任；以暗钝之才，而奉明明之政。顾恩念责，亦臣竭节投命之秋也。谨条遵奉旧训，权时之宜十四事，奏如左，庶以蒸萤，增明太阳，言不足采。”可惜的是，这份体现曹操治国理念的重要文件现在仅存序言部分，这十四项改革的具体内容已经无从考证。不过，根据曹操之后推出的一系列政治、经济措施来看，他的建议无外乎富国强兵、选贤任能等方面。这些措施首先在曹操实际控制的兖州、司隶校尉部以及豫州刺史部的部分地区推行。

在选贤任能方面，曹操不遗余力地予以推进。《三国志·荀彧传》记载，荀彧转任尚书令后，曹操深感身边像荀彧那样能出谋划策的人才太少，便问荀彧：“谁能代卿为我谋者？”荀彧回答：“荀攸、钟繇。”钟繇前已有述，迁都许县后已任尚书仆射。荀攸是荀彧的侄子，之前也已提及，他在董卓之乱中受困于长安，因参与策划刺杀董卓的行动而被关进了监狱。董卓死后荀攸恢复自由，朝廷对他很重视，准备任命他为任城国相，但荀攸考虑到益州更适合躲避战乱，所以请求前往益州为官，朝廷重新任命他为蜀郡太守。荀攸去益州上任，跟当年刘焉走的路线一样，先到了荆州，想溯长江而上进入益州，但到荆州后才发现路途艰险，很难到达，于是暂留荆州。根据荀彧的推荐，曹操亲自给荀攸写了一封信，劝荀攸打消避世的想法，出来干一番事业。荀攸接到曹操的信，立即辗转来到许县，曹操以朝廷的名义征召他为汝南郡太守，但他没有去上任，随即改任尚书，在荀彧手下任职。曹操跟荀攸进行了长谈，深感荀攸不是一般的人才，特别高兴，重新任命他为军师，在自己身边工作。《三国志·荀攸传》记载：

太祖迎天子都许，遗攸书曰：“方今天下大乱，智士劳心之时也，而顾观变蜀汉，不已久乎！”于是征攸为汝南太守，入为尚书。太祖素闻攸名，与语大悦，谓荀彧、钟繇曰：“公达，非常人也，吾得与之计事，天下当何忧哉！”以为军师。

有人认为，“军师”一职最早设立便是此时，其实不是。《后汉书·隗嚣传》记载：“嚣既立，遣使聘请平陵人方望，以为军师。”说明两汉之交已经有此职务。在口语中，军师与谋士、幕僚的含义基本相同，但作为职务，军师又是一个特定概念，在汉末三国及晋代常设于各类将军府中，其职责为参谋军事，细说起来有军师、军师祭酒、军师将军以及军谋祭酒、军谋掾等，晋代为避司马师之讳，还改军师为“军司”。在荀攸之前，为曹操出谋划策的军师除荀彧外还有程昱、戏志才等人，其中戏志才也是荀彧推荐给曹操的，曹操对他很满意，只是不久前病故了。戏志才为曹操做出过的谋划在史书中均无记载，但史书多次提到过他：

先是，彧言策谋士，进戏志才。志才卒，又进郭嘉。(《三国志·荀彧传》)

取士不以一揆，戏志才、郭嘉等有负俗之讥，杜畿简傲少文，皆以智策举之，终各显名。(《三国志·荀彧传》裴松之注引《荀彧别传》)

先是时，颍川戏志才，筹画士也，太祖甚器之。早卒。(《三国志·郭嘉传》)

操每征伐在外，其军国之事，皆与彧筹焉，彧又进操计谋之士从子攸，及钟繇、郭嘉、陈群、杜袭、司马懿、戏志才等，皆称其举。(《后汉书·荀彧传》)

戏志才成为曹操身边最“神秘”的谋士，主要原因是他死得太早。军事谋略涉及机密，不仅当时不能公开，即便过了一段时间有些也仍需保密，这就让谋士往往成为幕后英雄。时间过去久一些，有的计谋可以“解密”了，谋士的功劳才慢慢为大家所知晓。戏志才死得过早，是他的具体事迹没能流传下来的主要原因。荀攸的到来让曹操身边的“智囊团队”力量得到补充，但仍然不够，因为程昱始终无法从兖州抽身，而钟繇很快又有了新任务，所以曹操仍急需像戏志才这样的人为自己谋划，于是让荀彧再为自己推荐几个人。荀彧突然想到了一个人，觉得他再合适不过，于是向曹操推荐。

这个人就是郭嘉，之前已提到过。郭嘉曾去袁绍处谋求发展，但很快就看出袁绍难以成就大业，于是在荀彧之前就离开了袁绍。《三国志·郭嘉传》裴松之注引《傅子》记载，郭嘉二十七岁时曾被征辟到司徒府。郭嘉生于汉灵帝建宁三年（170），古人习惯以虚岁计算年龄，他二十七岁时正是建安元年。如果《傅子》的记载属实，可以推断，郭嘉离开冀州后回到了家乡颍川郡阳翟县（今河南省禹州市），这里离许县很近，他在家赋闲了六年，直到汉献帝迁都许县，朝廷各部门都在招聘人才，他才被司徒赵温征辟。郭嘉喜欢秘密结交天下英杰，不愿意与俗人打交道，一般的人不知道他的才能，只有了解他的人才知道他是一个奇才。荀彧对这个小自己七岁的老乡很了解，觉得让他在赵温手下任职太屈才了，于是把他推荐给曹操。《三国志·郭嘉传》记载，曹操找郭嘉来谈论天下大事，谈完后十分兴奋，对人道：

使孤成大业者，必此人也！

这句话给曹操带来一些争议，有人认为曹操对外宣称“奉天子”，但其实就是“挟天子”，并且一开始就有篡位的想法，不然也不会脱口而出自称“孤”。其实，早期“孤家”“寡人”并不是帝王专属的自称，秦汉时不独天子可以自称“孤”，有爵位者也可称“孤”，曹操此时有武平侯的爵位，是可以自称“孤”的。在与曹操的谈话中，郭嘉对曹操也有了进一步了解，深切感受到这是一个胸怀理想、想成就一番大事业的人，对时局的认识也很独到和深刻，是一个值得为之效命的人。郭嘉对人说：“真吾主也！”曹操打破常规，直接任命郭嘉为司空军师祭酒。

古时举办重大宴会时，往往会推荐宾客中年长位尊者举酒祭神，主祭的长者立于主位，面南酹酒祭神开席者，这就是“祭酒”，可以引申为“首席”。清代学者赵翼在《陔余丛考·祭酒》中指出：“祭酒本非官名，古时凡同辈之长，皆曰祭酒。”汉代有“博士祭酒”，相当于太学里的“首席教授”，也就是太学校长。“司空军师祭酒”相当于司空府“首席军师”，类似于“参谋长”，这一职务是曹操为郭嘉专设的。曹操在世时，军师祭酒一职先后有多人担任过，包括郭嘉、董昭、侯声、张京、袁涣、杜袭、王朗等。此外，还有军谋、军谋祭酒之职，有人认为与军师、军师祭酒同义，是晋代为避司马师之讳而改，但此说疑点较多。一来军谋、军谋祭酒与军师、军师祭酒同时出现在史书中，似乎不存在避讳之说；二来晋代确实有避讳之事，但已将“军师”改为“军司”，而非“军谋”。《三国志》中在曹魏担任过军谋祭酒的也有六人，分别是王粲、陈琳、阮瑀、路粹、杜夔、董芬等，他们多以文采而非谋略见长，似乎其主要职责在于撰写与军事有关的文书，与军师祭酒有着不同分工，重要性也低于军师祭酒。这样说也有依据，担任过军师祭酒的五人中除郭嘉早逝外，其他人后来多位列公卿，而担任过军谋祭酒的众人中，除王粲位至与九卿相当的侍中外，其他人的职位均不高。

除郭嘉、荀攸外，在曹操主持下，还以朝廷的名义多方延揽人才，这一时期来到许县朝廷或曹操身边任职的络绎不绝，重要的有国渊、刘馥、杜袭、赵俨等人。国渊是青州人，著名学者郑玄的学生，郑玄很赏识他。国渊跟名士管宁、邴原等人避乱到辽东，经常在山中讲学，受到推崇，后来回到内地。朝廷迁都许县后国渊前来报效，曹操发现他在经济工作方面有专长，就让他从事屯田管理方面的工作。刘馥出身于汉室宗亲，豫州人，他是在成功策反了袁术手下的戚寄、秦翊二人后率众投奔曹操的，受到曹操的重用，日后协助曹操处理扬州事务。赵俨与杜袭的情况有些类似，他们曾到荆州避乱，因为看不上刘表，就跑到长沙郡一带闲居，听说汉献帝迁都到了许县，他们想办法回到中原，被曹操任命为县长，日后成为曹魏重要的地方官员，与他们关系很好的繁钦、裴潜等人后来也投身到曹操阵营，成为曹魏重要的行政人才和经济人才。有朝廷这块招牌，以后还有更多的人才前来效命，包括郗虑、刘晔、司马朗、荀悦、徐奕、何夔、蒋济、梁习、张既、贾逵、郑浑、卫觊、陈矫、徐宣、卫臻、胡质、杨阜等人，这些人物在后面涉及时再分别做介绍。

除了这些文士，这一时期还有一些军事人才来投奔曹操，重要的有李通和许褚二位。李通是荆州人，此时将近三十岁，本是江南一带的游侠，与同郡人陈恭在汝南郡起兵，吸引了很多人归附。李通先后战胜了周直、陈恭的妻弟陈郃等人，又生擒黄巾余部首领吴霸，势力大增。李通爱护手下，很会带兵，在兴平年间的大饥荒中，他散尽家财，买糟糠和士卒同甘共苦，所以手下人都肯为他卖命，势力发展得很快，周边的袁术、吕布、刘备等不敢轻易惹他。汝南郡紧邻颍川郡，是许县的南部屏障，曹操的势力已深入到该郡，但未能全部占领。李通的加盟让曹操加强了对这里的控制，曹操拜李通为振威中郎将，让他驻守在朗陵县（治所在今河南省确山县南），控制汝南郡西南部地区。以后，在曹操与张绣和袁绍的对抗中，汝南郡成为双方争夺的要点，李通坚定地支持曹操，替曹操牢牢守住了许县的南大门，立下了大功。

许褚是曹操的同乡，《三国志·许褚传》说他是“谯国谯人”，应为“沛国谯人”之误。许褚是一个有名的壮士，“长八尺余，腰大十围”，身高约合现在的1.88米。汉代1围合当时的5寸，约合如今12厘米，许褚的腰围有120厘米。许褚“容貌雄毅，勇力绝人”，当时天下大乱，各地纷纷组织武装寻求自保，他聚合起本地的几千家人修筑壁坞抗拒外敌入侵。汝南郡葛陂（今河南省平舆县以东）一带的黄巾军有一万多人来攻打他们，许褚率众死战，箭射完了，就让人捡了好多大石块过来，待敌人近前时，许褚发力以飞石迎击，把敌人砸得粉身碎骨，不敢再靠前。壁坞内粮食快吃完了，许褚假意跟敌人谈判，拿牛换粮食，敌人来牵牛，结果有的牛又跑了回来，敌人上来抢，许褚趁势跑出营去跟他们对抢，他用一只手拽着牛尾巴硬是把牛拖行了一百多步，把敌人看呆了，纷纷后退。许褚的大名于是传遍沛国、陈国一带。许褚虽然是个武人，但考虑问题一向稳重谨慎，他感到这种占山为王的日子终不能长久，听说汉献帝到了许县，就率所部投奔了曹操。曹操见到这个老乡特别高兴，把他跟樊哙相提并论，以他带来的人为基础组成一支近卫部队，任命许褚为都尉，以后出征时担任曹操的警卫部队。担任警卫工作的还有典韦所部，典韦此前也担任过都尉，后来升为校尉，比许褚职务稍高些。曹操现在出征，身边有典韦、许褚的护卫，可谓万无一失。

大家愿意来投奔，与其说是冲着曹操来的，不如说朝廷的吸引力更大。朝廷来到许县，很多人正是抱着报效朝廷的想法才来到这里。还有的是像李通和许褚这样，不想被人误认为流寇，想得到一个朝廷颁布的正式名分而来投奔。对曹操来说，这些都是他“奉天子以令不臣”收到的积极成效。

四、不同的选择

天下人才纷纷向许县会集，有慕名而来报效朝廷的，也有曹操以朝廷的名义征召来的。曹操知道王朗在江东，先以朝廷名义加以征召，怕王朗不来，又让孔融写信相劝。裴松之注《三国志·王朗传》时引用了这封信的内容，信中写道："世路隔塞，情问断绝，感怀增思。前见章表，知寻汤武罪己之迹，自投东裔同鲧之罚，览省未周，涕陨潸然。主上宽仁，贵德宥过。曹公辅政，思贤并立。策书屡下，殷勤款至。知棹舟浮海，息驾广陵，不意黄能突出羽渊也。谈笑有期，勉行自爱！"孙策自然不希望王朗走，但朝廷刚到许县，点名要人，孙策没有理由不放，除非今后准备与朝廷决裂。孙策无奈，只得让王朗走。王朗是从曲阿（今江苏省丹阳市）出发北上的，一路上历经艰辛，耗时一年多才到许县，那时已是建安三年（198）了。王朗到许县后被任命为谏议大夫，同时参司空军事。孙坚之前曾在张温那里"参军事"，此职与"军师"有相似之处，但地位更高些。宋元之际史学家胡三省指出："参军事，昉于魏、晋之间，位望颇重。"

王朗是汉末名臣杨赐的学生，跟汉灵帝刘宏、大将军何进是同学，还被举为孝廉、茂才，在朝廷中任过职，所以曹操对他格外看重。《三国志·王朗传》裴松之注引《魏略》记载，王朗到达许县后，有一次参加曹操主持的宴会，席间曹操跟他开起了玩笑，说："不能效君昔在会稽折粳米饭也。"粳米是大米的一个品种，与籼米相对应。粳米不仅更好吃，而且可做药用，清代黄钰在《名医别录》称粳米具有"主益气，止烦，止泄"的功效。曹操说的"折粳米饭"，通俗地讲就是"丢了好饭碗"，具体就是指王朗丢失会稽郡的事。王朗听完，仰头叹息说言谈举止要表现得恰如其分真是太难了。曹操问他为什么这么说。王朗说，我当年既为汉吏，却不能保境安民，所以算

“未可折而折”；而在这个场合，您原本当尽地主之谊，体现恭敬好客、折节求贤的气度，想不到却如此对待新来的客人，这就是“可折而不折”了。曹操拿人家失败的往事开玩笑，结果被顶了回来。当然，这不是王朗当众给曹操难堪，而是二人关系亲密的体现，曹操不会介意。

王朗早年与沛国名士刘阳友善。刘阳曾任莒县县令，三十岁就去世了，所以史书上关于他的记载较少。刘阳忠于汉室，他了解曹操，认为曹操是一代雄才，恐对汉室不利，便想除掉曹操，但没有成功。曹操掌权后下令寻找刘阳的儿子，追捕甚急，其子惶恐窘迫，无处可逃。刘阳的亲朋故旧虽多，却没人敢出手相帮，只有王朗施以援手。王朗多次向曹操求情、开解，曹操才不再追究，最终原谅了刘阳的儿子及其他家人。《三国志·王朗传》裴松之注引《朗家传》记载：

朗少与沛国名士刘阳交友。阳为莒令，年三十而卒，故后世鲜闻。初，阳以汉室渐衰，知太祖有雄才，恐为汉累，意欲除之而事不会。及太祖贵，求其嗣子甚急。其子惶窘，走伏无所。阳亲旧虽多，莫敢藏者。朗乃纳受积年，及从会稽还，又数开解。太祖久乃赦之，阳门户由是得全。

曹操曾向王朗了解江东的情况，王朗如实做了回答。《三国志·王朗传》记载，当曹操详细了解到孙策的实力及发展潜力后，不由得感叹道：“孙策何以得至此邪？”王朗回答：“策勇冠一世，有俊才大志。张子布，民之望也，北面而相之。周公瑾，江淮之杰，攘臂而为其将。谋而有成，所规不细，终为天下大贼，非徒狗盗而已。”王朗认为孙策才能突出，又有张昭、周瑜这样的一流人才辅佐，才有今日之成就，且未来还会有很大发展，终究会成为朝廷的心腹大患。

名士许靖的命运有一段时间很坎坷，先后依附过豫州刺史孔伷、扬州刺史陈温、吴郡都尉许贡等人，说来奇怪，这些人在此期间都死了，要么因病而逝，要么被杀。最终，许靖投奔了会稽郡太守王朗。

孙策开拓江东，许靖意识到新的危险。当时江东有许多人南下交州刺史部避难，许靖也随袁沛、邓子孝等人前往交州。南下时，许靖坐在江岸上，让随从人员乘船先走，亲属族人都出发后才起身随后跟去，看到这一场景的人无不感叹。《三国志·许靖传》记载：“孙策东渡江，皆走交州以避其难，靖身坐岸边，先载附从，疏亲悉发，乃从后去，当时见者莫不叹息。”到交州后，许靖受到交趾郡太守士燮的格外礼敬厚待。陈国人袁徽也在交州避难，得知朝廷迁到许县，荀彧担任尚书令，于是给荀彧写信，信中说了许靖在交州的一些情况：许文休是英才伟士，智谋策略足以参与国家大事。自他流落交州以来，与众人生活在一起，每当遇到忧患危急之事，他总是先人后己，与亲族内外的人同饥共寒。他以人伦纲常对待同类，仁义宽厚，都很有收效，只是无法一一列举而已。

不久，曹操以汉献帝的名义派张翔出使交州，其中一个重要任务就是接许靖回朝廷。曹操年轻时与许劭、许靖有过交往。许劭赴豫章郡避难，已于朝廷迁往许县的前一年去世了。曹操很想让许靖到许县来，所以给张翔下了“死命令”。《三国志·许靖传》记载：“钜鹿张翔衔王命使交部，乘势募靖，欲与誓要。”然而许靖与王朗不同，他不愿意去许县任职。为此，许靖写了一封很长的信，让张翔带回。这封信的主旨是婉拒征辟，其中一段讲到了南下之路及至交州后经历的艰辛：

昔在会稽，得所贻书，辞旨款密，久要不忘。迫于袁术方命圮族，扇动群逆，津涂四塞，虽县心北风，欲行靡由。正礼师退，术兵前进，会稽倾覆，景兴失据，三江五湖，皆为虏庭。临时困厄，无所控告。便与袁沛、邓子孝等浮涉沧海，南至交州。经历东瓯、闽、越之国，行经万里，不见汉地，漂薄风波，绝粮茹草，饥殍荐臻，死者大半。既济南海，与领守儿孝德相见，知足下忠义奋发，整饬元戎，西迎大驾，巡省中岳。承此休问，且悲且憙，即与袁沛及徐元贤复共严装，欲北上荆州。会苍梧诸县夷、越蜂起，州府倾覆，道路阻绝，元贤被害，老弱并杀。靖寻循渚岸五千余里，复遇疾疠，伯母陨命，并及群从，自诸妻子，一时略尽。复相扶侍，前到此郡，计为兵害及病亡者，十遗一二。生民之艰，辛苦之甚，岂可具陈哉！惧卒颠仆，永为亡虏，忧悴惨惨，忘寝与食。欲附奉朝贡使，自获济通，归死阙庭，而荆州水陆无津，交部驿使断绝。欲上益州，复有峻防，故官长吏，一不得入。前令交阯太守士威彦，深相分托于益州兄弟，又靖亦自与书，辛苦恳恻，而复寂寞，未有报应。

许靖在信中说，自己在会稽郡时就曾接到曹操的来信，但迫于战乱，无法北上，不久王朗又丢了会稽郡。信中所指“袁术”其实是孙策，在许靖眼中孙策是袁术的部属。信中还说，自己带着家人南下交州避难，一路历经艰难，行程不止万里，听说曹操西迎圣驾，也想立即北上，与袁沛、徐元贤等人已经做好了出发的准备，但这时苍梧郡各县的夷人、越人叛乱，北上的道路隔绝，徐元贤死于战乱，加上又暴发瘟疫，先是伯母染病去世，后来子弟妻儿死丧殆尽，所剩不足十之一二。许靖表示，北上荆州之路已经断绝，但听说通往益州的路可通行，已托人了解那边的情况，想先到益州去，但还没有得到确切消息。

许靖不想北上，道路不通只是借口。张翔能从许县来到交州，后来又能回许县复命，说明交州与许县之间的道路并未隔绝。许靖曾在朝廷任尚书郎，现在为什么不愿意回到朝廷？或者说为什么不愿意回到老朋友曹操那里？史书没有说明其中的原因，推测起来有三种可能：一是许靖对中原一带能否结束战乱信心不足，担心重新陷入危险；二是许靖当年与很多风云人物都有过交集，尚书郎品秩虽不高，但许靖当时的权力很大，荀爽、韩融、陈纪、韩馥、刘岱、张咨、孔伷、张邈等人的职务任命都经过他和尚书周毖之手，现在北方的情况不明朗，关系太复杂也是一种危险；三是朝廷曾任命许靖为益州刺史部巴郡太守，这个职务应该是许靖争取来的，说明他对益州情有独钟。

张翔见许靖不愿意随自己北上，有些气愤。许靖请张翔转交写给曹操的信。此外，许靖还给北方的不少朋友写了信，也请张翔转交。张翔北返，行至途中，越想越生许靖的气，一气之下把这些信都扔进河里。后来，许靖还是去了益州，被刘璋表奏为巴郡太守、广汉郡太守。

曹操以朝廷的名义向孙策要的人，除王朗外还有虞翻。《三国志·虞翻传》裴松之注引《吴书》记载，虞翻听说曹操征辟自己，当即道："盗跖欲以余财污良家邪？"虞翻视自己为"良家"，视曹操为"盗跖"，态度十分鲜明。孙策仍不太放心，一次宴会上想试探一下虞翻对朝廷征召的态度，故意说自己当年在寿春见过马日磾以及中原地区的士人们，跟他们说我们东方的人才其实也有很多，但只恨当时自己学问不高，无法说服他们。孙策对虞翻说，自己一直对此事耿耿于怀，有些不服气，正好先生博学洽闻，所以想让先生前往许县走一趟，用真才实学去折服中原的那些士人。虞翻明白孙策的用意，回答说："翻是明府家宝，而以示人，人倘留之，则去明府良佐，故前不行耳。"（《三国志·虞翻传》裴松之注引《江表传》）翻译成现代文就是："我是您家中的宝贝，如果拿出去给别人看，被别人留了下来，岂不是您的损失，所以还是不去许县的好。"孙策笑着说，这样好。孙策让虞翻做自己的萧何，以功曹的身份回会稽郡主持那里的日常事务。虞翻拒绝曹操征辟，还留下一个"御史床"的典故，相关记载如下：

御史床在州东南四里，虞翻为长沙桓王所重，特设此床

以表贤。翻仕汉至御史，故梁元帝《玄览赋》云“御史之床犹在，都护之门不修”。(《太平寰宇记》第九十六卷)

汉以侍御史征翻，翻不就，盖未尝一日立汉庭也。记云仕汉，误耳。(《三国志集解·虞翻传》引赵一清语)

为会稽太守，郡阁下有虞翻旧床，罢任还，乃致以归。(《南史·竟陵王子良传》)

根据这些记载，朝廷是以侍御史一职征辟虞翻的，虞翻坚决不去，孙策十分满意。孙策特设“御史床”以表彰虞翻，直到南朝萧齐时此床仍在，陈列于郡阁之中。

孙策喜欢打猎，又喜欢微服出行，这十分危险，但一般人不敢规劝，只有虞翻多次劝他不要这样做。一次，孙策征讨山匪，将其首领斩杀，之后命令大家分头追剿残匪，众人领命而去。虞翻有事来见孙策，发现周围只有孙策一个人，虞翻问随行的人都在哪里，孙策说都去追残匪了。虞翻一听就急了，高声对孙策说“危险”，立即让孙策下马，对他说这里的草比较深，一旦出现危急的情况有马也无济于事，还是别骑马了。虞翻拿着长矛在前面开路，一直到平地才让孙策上马。虞翻来的时候没骑马，孙策说，你没有马怎么办，虞翻说，我擅长步行，一天能走两百里，您放心骑马前行，我步行能跟上。就这样，孙策骑马、虞翻步行，一直到前面大路才碰到了一个负责执掌军鼓、号角的小吏，孙策亲自吹响号角，大家才纷纷聚拢过来。

五、狂士祢衡

朝廷向四方征召人才，又大开晋人之门，人才纷纷涌至。不过，来到许县的并非都是有用之才，里面不免也有让曹操头痛的人，孔融十分推崇的祢衡就是一个。

孔融到许县后不仅有了新工作，而且有了新的家庭。孔融逃出来的时候妻子和孩子应该都丢在了青州，十二年后孔融被杀时他的儿子九岁、女儿七岁，说明都是在许县出生的。刚来许县的这个阶段，孔融跟曹操合作得很好，在朝廷审议恢复肉刑以及是否操办已故太傅马日磾的丧事等问题上积极发表意见，态度很认真。孔融还向曹操推荐了不少人才，著名的有谢该、盛宪以及祢衡。谢该是当世名儒，善治《左传》，孔融上书推举，谢该被汉献帝拜为议郎。盛宪曾经当过吴郡太守，后来因病去官，孔融与他关系很好，当时孙策占有江东，接连诛杀江东英豪，孔融害怕盛宪遇害，就给曹操写信大力推荐，曹操看在孔融的面子上征盛宪为骑都尉，但任命书还没有送到，盛宪就被孙策杀了。

相比较而言，孔融推荐的祢衡在当时名气更大，对后世的影响也最大。祢衡是青州刺史部平原郡般县（治所在今山东省乐陵市西南）人，少年时代就很有才，而且能言善辩，但他刚强孤傲，不太懂得待人接物，属于“愤青”“愣头青”一类的人，此前一直避乱于荆州。朝廷迁到许县时祢衡二十四岁，他听说这里有机会，就跑到许县来游历。当时来许县报效朝廷的人有很多，可祢衡架子大，不肯主动去应聘，除孔融外没人理他。祢衡怀里揣着一张名帖，但好长时间过去了也没有机会拿出来用，以至于名帖上的字迹都变得模糊不清。《三国志·荀彧传》裴松之注引《平原祢衡传》记载："是时许都虽新建，尚饶人士。衡尝书一刺怀之，字漫灭而无所适。"

这时司马朗等人很出名，有人就劝祢衡，何不找找他们，祢衡十分不屑，他认为司马朗顶多是饭店里跑堂的小伙计，甚至荀彧他都看不上，认为他只不过是个专门哭丧吊孝的人。只有孔融、杨修二人勉强可入祢衡法眼，祢衡称他们为"大儿孔文举，小儿杨德祖"。看来祢衡狂得够可以，虽然也算是个人才，但有一个坏脾气，傲慢而怪诞，还动不动骂人。就是这样一个人，孔融却推崇备至，向曹操积极推荐，把祢衡吹捧到了天上，拿孔融的话说简直是"颜回不死"。祢衡也吹捧孔融，称他为"仲尼复生"。

孔融说得多了，曹操有点好奇，想见见。可谁知祢衡还端上了架子，你想见我，我还不想见你呢。对于这个二十多岁的年轻人，曹操心里生出了不快。一次大会宾客，曹操故意把祢衡找来，让祢衡在席上当一回鼓吏，想羞辱他一下。鼓吏击鼓时都会事先换上专门服装以示庄重。轮到祢衡击鼓时，他击了一通《渔阳三挝》，声调激昂，感人至深。祢衡来到曹操面前，有人问他为什么没换装，祢衡说那好吧，换就换。于是，祢衡就在曹操面前把衣服一件一件全脱了，然后把制服换上，态度从容，不急不慢，换完后再去击鼓，面不改色心不跳。曹操笑着说，本想教训一下这小子，反倒让他把我羞辱了。《后汉书·文苑列传》记载：

> 融既爱衡才，数称述于曹操。操欲见之，而衡素相轻疾，自称狂病，不肯往，而数有恣言。操怀忿，而以其才名，不欲杀之。闻衡善击鼓，乃召为鼓史，因大会宾客，阅试音节。诸史过者，皆令脱其故衣，更着岑牟、单绞之服。次至衡，衡方为《渔阳》参挝，蹀躞而前，容态有异，声节悲壮，听者莫不慷慨。衡进至操前而止，吏呵之曰："鼓史何不改装，而轻敢进乎？"衡曰："诺。"于是先解衵衣，次释余服，裸身而立，徐取岑牟、单绞而着之，毕，复参挝而去，颜色不怍。操笑曰："本欲辱衡，衡反辱孤。"

如此做派，就连孔融也看不过去。孔融一边责备祢衡，一边跑到曹操那里打圆场，说祢衡患有狂疾，事后也后悔了，希望当面向曹操谢罪。曹操答应了，孔融又去做祢衡的工作，祢衡表示愿意去见曹操。谁知祢衡又玩起了新花样，他穿着粗布衣服，手持三尺木棒，跑到曹操的大营门口，坐在地上又哭又骂。曹操彻底生气了，如果按照他的脾气，早就吩咐人把祢衡拉出去砍了。但曹操也明白，祢衡敢激怒自己，就不怕被杀头，如果杀了他，反而成就了他的名声。许县朝廷新立，正是四方之士前来投奔之时，祢衡纵然有再多的毛病，但他已经通过种种夸张的行为把自己的知名度炒起来了，杀一个祢衡，别人不明就里，还以为自己不能容人呢，那将堵塞天下士人的报效之路，曹操不会上当。于是想了一招，给荆州牧刘表写了一封推荐信，把祢衡推荐给了刘表。

刘表和荆州士人早就听说祢衡的名声，祢衡到来后，受到了热烈欢迎。刘表非常尊敬祢衡，重要的文章都由祢衡来把关，祢衡没有发表意见前都不定稿。一次，刘表跟身边的几个文士共同草拟一份奏章，大家都极尽才力，祢衡正好外出，没有参加。祢衡回来后看了看众人草拟的奏章，认为写得不行，随手就撕了，扔在地上。在众人惊讶的目光中，祢衡不慌不忙，要来笔纸重新写成一份，刘表等人看了只有赞叹的份。刘表十分高兴，更加器重他。

但祢衡的老毛病又犯了，不仅傲慢异常，就连刘表也时不时羞辱一番。刘表也动了气，本想杀他，但跟曹操差不多，不想落得一个杀名士的罪名。刘表干脆如法炮制，给自己的部下江夏太守黄祖写了一封信，把祢衡推荐到黄祖那里。黄祖见到祢衡，深为他的才学所吸引，不仅让他撰写重要的文章，而且拿他当智囊，有什么事都跟他商量。可祢衡本性难移，一次黄祖大宴宾客，祢衡又跟黄祖较上了劲，连黄祖的面子都不给，骂了黄祖几句。黄祖一时恼怒，下令把祢衡杀了。黄祖手下的主簿平时就恨祢衡，一接到命令即刻让人动手。黄祖果然后悔，想收回成命，来不及穿鞋，光着脚跑出去营救，但祢衡的死刑命令已被执行。祢衡死时二十六岁，根据传说他死的地方名叫鹦鹉洲（今湖北省武汉市鹦鹉洲长江大桥一带）。

祢衡这个人有点另类，他确实有才，否则刘表、黄祖也不会赏识他。但他个性太强，甚至于有些怪诞，那就不是什么好事了。明代学者王补评论：“祢衡徒以侮辱曹操，取快一时，操以雀鼠视衡，一再假手，毙于黄祖，奸雄意忌，自古所叹。然解衵裸立，果大雅所当尔邪？适以长后进轻猥之焰，而授杀士者以口实也。无行才士，遂为世诟，流宕忘返，君子惧旃。”好在像祢衡这样的人属于极少数，到许县来的大部分人都怀着一颗建功立业的心，不管是冲着朝廷而来还是冲着曹操而来，曹操一概表示欢迎。对曹操来说，现在没有什么比人才更为珍贵了。

六、解决吃饭问题

人才涌入，事业发展顺利，令建安初年的许县呈现出一派欣欣向荣的局面，但由此也带来一个压力，那就是要如何解决吃饭的问题。此前曹操的大本营在兖州刺史部，曹操采纳毛玠等人的建议在兖州一带积极发展生产，基本保障了自身的粮食供应问题。现在，出于战略的考虑将新都城定在许县，仅靠从兖州运粮食过来保障肯定不行，先不说耗时、费力，就是途中的巨大消耗也负担不起。曹操对《孙子兵法》颇有研究，自然知道“因粮于敌”的重要性。许县虽不是“敌占区”，但粮食如果只能依靠外面输入的话，与“敌占区”又何异呢？解决的办法只有一条，就地取粮，也就是在许县一带发展农业生产。

许县以及周边的颍川郡、汝南郡虽然曾经是重要的农业区，但这些年来遭受战争的影响也最深，黄巾军余部在这里势力很大，有大量人口流失到了南面的荆州地区，这就造成了农业发展上的困难，通过常规办法发展农业生产，效果未必好。针对这种情况，曾任东郡东阿县令的枣祗和夏侯惇的副将韩浩同时向曹操提出了解决问题的建议，二人的看法也英雄所见略同。

枣祗是颍川郡本地人，跟郭嘉是一个县的。曹操在东郡时，枣祗在东郡东阿县当县令，张邈、陈宫之叛时，兖州近八十个县中只有东阿等三个县没有反叛，为曹操反败为胜立下大功。枣祗这时也随曹操来到许县，担任羽林监一职，是汉献帝近卫部队的指挥官。韩浩则一直担任夏侯惇的副手，当年夏侯惇被人劫持，韩浩临危不乱，将夏侯惇解救出来，曹操事后对他进行了表扬。枣祗、韩浩建议曹操效仿汉初以来的经验，把流民组织起来开展农业生产，这项措施也就是屯田。

屯田作为制度，其可考的起源是在汉文帝时期。《汉书》记载，当年著名改革家晁错分析了秦朝守塞北失败的教训，认为单纯以戍卒守边的制度有很大毛病，必须实行“且屯且守”的制度，把屯田与戍边结合起来。于是汉文帝在前元十一年（前169）下令在边郡屯田，这比汉武帝时经济专家桑弘羊建议屯田西域要早得多。但是，晁错和桑弘羊所推行的屯田都与国防建设有关，属于半军半民性质，许县的情况与那时有很大不同，能不能参照前人的办法推行，还存在着争论。而且，因为其他理由反对屯田的人也有不少。《三国志·司马朗传》记载，对于曹军收复的大量无主土地，有相当一部分人认为应该赏给有功之人，有人甚至提出恢复古代的井田制，大力推行土地私有化。由于反对意见有不少，所以曹操不得不认真考虑。曹操让枣祗找荀彧等人商议，荀彧支持屯田，认为在当时特殊的情况下，只有实行特殊的经济政策才能度过危机。经过内部讨论并逐步统一思想后，建安元年曹操颁布了《置屯田令》，此令载于《晋书·食货志》中，其中说道：

夫定国之术，在于强兵足食，秦人以急农兼天下，孝武以屯田定西域，此先世之良式也。

令文从定国安邦的战略高度充分肯定了秦皇汉武奖励耕战、实施屯田的历史经验，阐述了屯田积谷的重要意义，下令开始屯田，标志着这项经济政策正式实施。从建安元年到魏元帝咸熙元年（264），这项制度推行了七十年，伴随着曹魏事业的兴衰，成为曹魏势力崛起的经济基础。屯田首先在许县附近试点，具体做法是，把已经找不到主人的土地收归国有，然后把丧失土地的流民组织起来，由国家提供耕牛、农具、种子，获得的收成由国家和农民分成。当时能集中起来的土地很多，流民也很多，土地资源和人力资源都不发愁，屯田很容易就搞了起来。

不过，屯田刚开始推行时也遇到过一些挫折，被组织起来的农民经常逃亡。这么好的政策为什么农民不愿意接受呢？原因是租税太重。过去农民给地主扛长活，交租的标准一般是收成的一半，即五五分成。曹魏搞屯田，收租也按这个比例，国家就变成了地主。如果连耕牛一起租，交租的比例更是提高到60%。如此一来，大家的积极性自然不高了。汉代农业税的比例大部分时候是三十税一，即3.3%，现在屯田农民的税务负担是此前朝廷标准的十几倍。在农业生产技术很落后、生产效率不高的情况下，这么重的税率，农民生活之艰辛可想而知。但不这样又不行，军队每天都需要巨大的开支做保障，曹魏所能聚集的财富十分有限，对屯田户课以重税既是循前朝惯例，也有不得已之处。不过，曹操还是尽可能地予以改进，包括合理安置劳力、分配生产资料、取消屯田户的徭役等，以保证屯田制的健康发展。经过一段时间的努力，屯田户逃亡的现象逐渐少了。

对于屯田户以外的普通农户，曹操下令重新清查户籍和财产，据此确定缴纳赋税的额度。这有点像评定“财富等级”，又像是在核定收入的基础上申报纳税。《三国志·曹洪传》裴松之注引《魏略》记载，这项工作在曹操能控制的地区全面铺开，包括曹操本人在内都要评定“财富等级”，然后决定纳税标准。曹操家乡的谯县令给曹操、曹洪二人评为同一等级，曹操还说：“我家赀那得如子廉耶！”子廉，是曹洪的表字。

建安二年，许县附近的屯田试验获得了成功，粮食产量高达一百万斛。取得大丰收，除了新的农业政策发挥作用之外，据《齐民要术》介绍，还跟一种粮食品种的大面积推广分不开。它的名字叫“稗谷”，这并不是一个新品种，而是一种杂草。它不怕旱涝，容易生长，《齐民要术》《氾胜之书》对它都有详细介绍。这种杂草也结穗，只是穗比较小，吃起来味道也不怎么样，但它有一个明显优势，那就是产量高。一般粮食作物亩产约为七斛，种稗谷一亩则可收获二十多斛。《齐民要术·农桑辑要》记载："魏武使典农种之，顷收二千斛，斛得米三四斗。"根据这条记载，曹操下令种植稗谷，一百亩地可收获两千斛稗谷，粮食单产大为提高。《氾胜之书》还说用粪便拌种子产量会更高，不知道曹操让人试过没有。稗谷虽然口感不佳，但作为战马的饲料应该没问题。种这种粮食，撒把种子在地里就能长，不用管浇水除虫的事，不耽误军事训练，确实不错。

农业工作本应由九卿之一的大司农负责，为加大推行屯田的力度，曹操决定亲自抓这件事。在许县试点期间，曹操任命枣祗为屯田都尉，自己的堂妹夫任峻为典农中郎将，具体管理屯田事务，直接向自己负责。曹魏早期，屯田工作便一直由司空府直接主导，由下面特设的屯田官来具体负责，这种体制一直保持了很多年。郑玄的学生国渊在建安初年任司空掾属，曹操命他协调治下的屯田事宜，时间长达五年。国渊积极向曹操提出合理化建议，拓展屯田区规模并落实负责人选，又制定考核办法，取得不错的成绩。《三国志·国渊传》记载：

> 太祖辟为司空掾属，每于公朝论议，常直言正色，退无私焉。太祖欲广置屯田，使渊典其事。渊屡陈损益，相土处民，计民置吏，明功课之法，五年中仓廪丰实，百姓竞劝乐业。

曹魏建国后屯田规模越来越大，这项工作转到了尚书台管理，屯田官的职务和品级也逐渐固定下来，成为与地方行政官员并行的一个体系。曹魏屯田的规模很大，其最兴盛时曾控制或部分控制了十二个州，有九十多个郡国，大约七百三十个县，留下屯田记载的州就有十一个，郡国二十八个，而实际情况肯定比这个多。除早期的民屯，建安末年又发展出军屯，在曹魏腹地以民屯为主，在与敌人接壤的地区则大兴军屯，平时耕作，战时打仗，亦兵亦民，在发展经济、守土护边方面成效显著。明末清初学者王夫之高度评价曹操推行屯田制的作用，认为“屯田之利”至少有六个方面：

战不废耕，则耕不废守，守不废战，一也；屯田之吏士据所屯以为己之乐土，探伺密而死守之心固，二也；兵无室家，则情不固，有室家，则为行伍之累，以屯安其室家，出而战，归而息，三也；兵从事于耕，则乐与民亲，而残民之心息，即境外之民，亦不欲凌轹而噬龁之，敌境之民，且亲附而为我用，四也；兵可久屯，聚于边徼，束伍部分，不离其素，甲胄器仗，以暇而修，卒有调发，符旦下而夕就道，敌莫能测其动静之机，五也；胜则进，不胜则退有所止，不至骇散而内讧，六也。

王夫之着重从屯田制助曹魏兴起的角度分析其意义，其实还不止于此。屯田制的推行不仅对曹魏集团的壮大有推动作用，对于当时的整个社会发展也有重大和积极的意义。汉末社会动荡，农耕设施受到战争破坏，从事农业生产的人口也快速减少，导致农作物收成大幅度降低，粮食供应普遍短缺，曹操推行屯田制减缓了当时中国北方地区粮食供应的压力，因此少死了很多人，这是该项政策最重要的贡献。

曹操在世时一直实行优先发展农业的政策，由此培养出一批“农业干部”。先后在曹魏“农业系统”担任各级领导职务的有枣祗、任峻、国渊、袁涣、韩浩、裴潜、杜畿、吕虔、卫觊、苏则、张既、郑浑、徐邈、卢毓、严匡、杜松、弁揖、王昶、毛曾、仓慈、李胜、石苞等，可以说人才荟萃、灿若星河。“伤残军人”夏侯惇也是这项工作的积极倡导者，他曾在淮南一带搞军屯，组织军民修水库，还亲自参加劳动，担土修坝。

曹操将天子迎接到许县，实现了事业上最重要的转折。有了相对稳定的根据地，便把家眷也接到了许县。曹操的正妻丁氏年龄不详，没有生育子女；此后娶了刘氏，生下长子曹昂，建安初年约二十岁；曹操的第三任妻子，也是他最喜欢的女人卞氏比曹操小五岁，建安初年不到四十岁；曹操这个时候至少还有一个姓环的夫人和一个姓孙的夫人。曹操的长女也是刘氏所生，以后她被封为清河长公主，后来嫁给了夏侯惇的儿子夏侯楙。卞氏先后生了四个儿子，即曹丕、曹彰、曹植和曹熊，建安元年时曹丕十岁，曹植五岁，曹彰年龄不详，介于曹丕和曹植之间，曹熊有可能还未出生。除了曹昂、曹丕、曹彰、曹植外，上一年孙夫人还生下一子，名叫曹彪；当年环夫人又生下一子，取名曹冲。曹操一生先后有二十五个儿子，女儿数目不详，可考的除长女清河公主外还有安阳公主、金乡公主、高城公主以及曹宪、曹节、曹华等。安阳公主后来嫁给了荀彧的长子荀恽，曹宪、曹节、曹华三姐妹在建安十八年同时嫁给了汉献帝刘协。

曹操一家人丁兴旺，儿女不仅人数众多而且不乏出类拔萃者，他们之中日后涌现出曹丕、曹植这样的文学家，还有曹冲这样的天才神童，以及曹彰这样能带兵打仗的军事人才。子女能够成材，与曹操重视对他们的教育有关。在曹丕的回忆文章中可以看到，曹操很懂得“教育从娃娃抓起”的道理，在儿子们四五岁时就开始了各种教育，不仅有传统的儒学、文学教育，还特别重视骑马、射箭、技击这些实用型活动，长子曹昂十多岁时便被编到野战部队里接受实战锻炼。在曹操心目中，曹家的子孙们应该能文能武，个个都成为精英。

曹操的儿子中名气最大的是曹丕、曹植、曹冲等，还有一个丝毫不逊色，他就是建安初年来到曹家的何晏。何晏不是曹操的亲儿子，而是养子。何晏的父亲名叫何咸，事迹无考，是大将军何进的儿子。七年前何进谋除宦官，结果被宦官所杀，结束了一个时代。何进被杀时，弟弟何苗也被杀，虽然没有关于何氏被灭族的记载，但这个南阳屠户出身的家族顷刻间土崩瓦解了。当时的天子是何进的外甥刘辩，但在随后的政治斗争中董卓支持刘协上台，废掉了刘辩，杀死了刘辩的母亲何太后，按照政治斗争的惯例，在何太后被杀的同时何氏更加凶多吉少。有人推断，何晏的父亲何咸大概就死在那个时候，死时未必看到了他的儿子何晏出生，何晏有可能是何咸的遗腹子，一般认为何晏生于那场大动乱的次年，即初平元年

（190）。何咸死后，他的妻子尹氏不知流落到了哪里，但在建安初年曹操担任司空后，她来到了许县，曹操正式纳其为妻。按照规范的称呼，曹操的正妻只有丁氏一人，其他人都应该称妾。尹氏是如何进入曹家的也不得而知，唯一可以确认的是她不是一个人来的，还带着六七岁的儿子何晏。

何晏到了曹家，很惹人喜爱，曹操尤其喜欢得不行，甚至超过了对亲生儿子曹丕、曹植等兄弟的喜爱程度。何晏讨人喜欢的原因主要有两点，一是长得可爱，二是特别聪明。何晏长大后是一个美男子，想必小时候也是英俊少年。曹操自己长得不行，受他的基因影响，曹丕、曹植等众位兄弟的长相估计也较为一般，曹彰生下来更是一头黄毛，被曹操称为“黄须儿”。在这个环境中，英俊少年何晏一定很耀眼。

何晏很小便展露出过人的才能，《太平御览》第三百八十五卷引《何晏别传》称，曹操读兵书时遇到难解之处，试着问何晏，何晏小小年纪居然能针对曹操的问题分析得头头是道，“分散所疑，无不冰释”。《世说新语·夙惠》记载，曹操对何晏喜爱至极，想让何晏干脆改姓曹，哪知何晏不干，在地上画了个圈儿，自己待在里面，谁叫都不肯出来，大家问他为什么，何晏答道：“此何氏之庐也。”曹操知道后，就不再提改姓这桩事。姓没有改成，但曹操还是喜欢何晏，吃穿用度都与曹丕等兄弟没有任何区别。曹丕特别不舒服，每次见到何晏都不叫他的名字，而是唤他为“假子”。

第四章

袁术称帝

197年

一、脊背惊出冷汗

曹操仅用一年多的时间就建立起以许县为中心的新根据地，势力范围已由兖州一州扩张到豫州刺史部和司隶校尉部的一部分，有效控制区增加了一倍还多。曹操手下的将领也迅速成长起来，曹仁、曹洪、夏侯渊、于禁、乐进、程昱等人已经成为在外独立统兵的将领，有的还兼任着郡太守、国相等要职。屯田政策全面铺开后，曹操控制区处处洋溢着经济恢复、生产发展、人员回流等热闹景象，与周边其他地区形成了对比。与此同时，家事也让曹操感到满意，不断添丁进口，预示着未来事业还将不断兴旺。

但是，曹操很清楚自己所处的位置是最不利的。兖州、豫州和司隶校尉部处于中原腹地，四面受敌，毫无依托。这就像下围棋一样，角和边是最容易守也最容易成空的地方，天元的位置虽然令人瞩目，但很少有人愿意一开始就把子力投放在这里。曹操现在如同守住了围棋棋盘上的天元，看着人家在角上、边上折腾实地，自己毫无办法。唯一的办法就是在中间腾出一片空，向四边发展。问题是，应该先向哪里下手呢？北边是袁绍，东边是吕布和刘备，东南是袁术，南边是刘表，西边是凉州军阀，哪一路的实力都不弱。

曹操与袁绍在名义上还属于一个同盟，虽然这是一个可怕的对手，也是迟早要面对的敌人，但此刻还不能翻脸。刘表暂时没有向自己发起进攻的迹象，他的实力很强，但攻击性较弱。刘表表示效忠朝廷，按时进贡，可以先放下再说。关中一带的凉州军阀在汉献帝东归后陷入内斗，马腾和韩遂的实力进一步强大起来，但此时还只是忙自己的事情，无暇顾及中原。袁术虽然也是一个强大的敌人，但一来距离相对较远，二来此人自从被赶出中原后在战略上便采取了守势，也可以放一下再说。曹操审视左右，决定先从东面的吕布、刘备下手，主要目标锁定为吕布，因为刘备遭吕布暗算后实力很弱，且与吕布矛盾很深，必要时可资利用。曹操决定，建安二年的主要任务是攻打徐州的吕布，但这项军事行动还未及实施，南线局势就发生了新变化，曹操不得不暂时放弃了东征徐州的打算。

许县以南是荆州刺史部南阳郡，治所在宛县（今河南省南阳市），属刘表势力的边缘地带。袁术曾经在这里盘踞过，后来受刘表打压转向扬州发展。袁术走后，这里实际上成了黄巾军余部的游击区，刘表、曹操也各控制了一部分地区，整个南阳郡的局势较为混乱，缺少统一领导，直到有一支人马进入该地区，这种局面才发生了改变。

这支人马属凉州军集团，它的首领是张济，当初也参加了护送汉献帝东归的行动，但中途改变主意，倒向了反对汉献帝东迁的李傕、郭汜一方。张济担任的最高职务是骠骑将军，在曹操把汉献帝接到许县后，这项任命应该被撤销了。张济后来留在了关中与洛阳之间的弘农郡，经过一系列内战和自然灾害，这里的经济已完全崩溃，人口大量外流，张济面临着生存危机。不得已，张济率部离开弘农郡，转向荆州一带发展。刘表听说凉州军悍将气势汹汹冲着自己来了，大吃一惊，赶紧下令驻守在南阳郡、南郡一带的部队做好迎击敌人的准备。张济率部进入南阳郡，一路烧杀抢掠，可能也真是饿急了，有点不择手段，加上凉州军素来以凶残著称，所以激起了南阳郡百姓的反抗。在攻打穰县（治所在今河南省邓州市东南）的战斗中，张济被乱箭射死。

张济死了，刘表的手下都来祝贺，但刘表有自己的打算，他知道凉州军战斗力很强，张济虽死，余部尚在，尤其是张济的侄子张绣勇猛和胆识都超过叔父，与其结成世仇，不如趁张济死后手下仓皇无措之际进行招安，反助自己一臂之力。张绣的确是一员猛将，早年在老家武威郡时就是出名的侠士，他当时是一名县吏，有一个叫麹胜的人造反，袭杀县长，张绣不久就找了个机会将麹胜刺杀，从而声名大振，干脆聚合一帮年轻人，成为当地的豪杰。

张济战死，队伍何去何从？张绣自己也没有主意。这时刘表的使者找到了他，表示愿意和好。出于生存的考虑，张绣接受了刘表的建议。根据双方达成的协议，刘表支持张绣在南阳郡一带发展，二人形成合作关系。张绣并不是投降或归顺刘表，二人是盟友，张绣把大本营放在南阳郡的治所宛县。刘表之所以愿意支持张绣，看中的是凉州军的战斗力。刘表已经意识到在许县扎下根的曹操将是一个可怕的对手，将来动起手，有人能替自己先抵挡一下是很有必要的。得到刘表的支持，张绣实力大增，很快在南阳郡站住了脚。张绣觉得自己要想成事，非得把一个人找来帮自己出谋划策不可，这个人就是贾诩。张绣深知贾诩谋略过人，是一个奇才，一心想把他弄过来成为自己的左膀右臂。

此时的贾诩在哪里呢？贾诩在段煨那里。段煨也是凉州军阀，但他出身于名将之家，"凉州三明"之一的段颎是他的表哥，所以他的行事风格与其他凉州军将领有些不同。段煨驻守在华山脚下的华阴，汉献帝东归路过时段煨曾出面给予保护，引起其他凉州军将领的不满。段煨一直驻扎在华阴一带，在那里积极发展农业生产，不搞烧杀抢夺。段煨后来被曹操召去，以汉献帝的名义任命为大鸿胪、光禄大夫，最后病逝于许县。不过，《三国志·贾诩传》记载，段煨还有心眼比较小的一面。贾诩离开李傕处来到段煨这里，段煨知道贾诩在凉州军中名望很高，担心被他夺了权，所以处处提防，但表面上尊礼有加，这让贾诩很不自在。就在这个时候，张绣悄悄派人来联络贾诩，希望他到南阳郡来。《三国志·贾诩传》记载：

张绣在南阳，诩阴结绣，绣遣人迎诩。诩将行，或谓诩曰："煨待君厚矣，君安去之？"诩曰："煨性多疑，有忌诩意，礼虽厚，不可恃，久将为所图。我去必喜，又望吾结大援于外，必厚吾妻子。绣无谋主，亦愿得诩，则家与身必俱全矣。”诩遂往。

贾诩到了张绣那里，也受到重用。看透人心的贾诩，身和家都得以保全。刘表向张绣求和时贾诩已经到了，他力劝张绣同意与刘表联合。此时贾诩约五十岁，张绣年龄不详，大概小得多。作为自己叔父的同事，张绣把贾诩当作长辈看待，执子孙礼，极尽尊崇。

张绣的到来以及快速崛起，给曹操出了一道难题。本来曹操打算在许县稍加安顿后便向东边的吕布发起进攻，但现在南面有了一个强大的敌人，如同卧榻之侧来了一只猛虎，让他怎能安心远征？凉州军向来是不好对付的敌人，曹操起事以来败得最惨的一仗就是跟凉州军打的，至今记忆犹新。张绣得到贾诩的辅佐，如虎添翼，背后又有刘表的支持，南阳郡的这只虎可不是关在笼子里供人欣赏的，它随时会吃人。如果曹操率主力东征，张绣、刘表说不定会趁机袭取许县。在这种情况下，东征吕布之事只能先放下了，当务之急是先打掉南边的这只虎。

建安二年新年刚过，曹操便下定决心，准备南征张绣。人马准备好后，按照惯例，曹操要到宫里向天子报告并辞行。曹操进了宫，还没有见到汉献帝，却发生了一件事情，让他吃惊不小。

按照礼仪，曹操作为司空又代理车骑将军，朝见天子时应该遵循以下礼仪：快见到天子时，要脱掉鞋子，解除佩带的武器，一路小跑着去见天子，天子身边会站着一个司仪官，在一旁高喊“费亭侯、司空、行车骑将军曹操，参见皇上”，曹操听到后就要跪下来高声说“吾皇万岁，万万岁”。《三国志·武帝纪》裴松之注引郭颁《世语》记载，这一次曹操还没有见到天子，大概刚把鞋子脱掉，突然过来两个持戟的武士，手里操持的铁戟都是真家伙，二话不说，咔嚓一下把戟架在了曹操的脖子上。曹操没有防备，当时就傻了。二位武士就这样押着曹操往前走，曹操没有选择，只好跟着来到汉献帝面前，跪下跟汉献帝说话。汉献帝说了些什么曹操一定都记不得了，那一刻他的脑子里估计全是空白。从汉献帝那里出来，曹操脊背上的汗都湿透了，那是紧张的。

这是一套什么礼仪呢？其实它是有来历的，汉代为了防止权臣篡权，规定了许多制衡措施，比如“五大不在边”，也就是外戚、三公等五类权臣不能到外面领兵。遇到特殊情况非领兵不可，那就要执行刚才的这套程序，权臣在出兵前向天子辞行时由武士把戟交叉于颈项前而行。《通典·职官二》记载：“汉制，三公不与盗贼，若领兵入见，皆交戟叉颈而前。”这样做的目的是试试你心里是否有鬼，能否经受住考验，如果有异心，就得掂量掂量还敢不敢来。曹操大概没有听说过有这样一说，或者没有想到刘协会跟自己来真的，这一惊实在非同小可。如果刘协真的向自己下手，这不就是一个机会吗？何进当年是怎么死的？窦武、梁冀又是怎么死的？别看权倾天下，一个细节上的疏忽就能让你灰飞烟灭。曹操越想越后怕，《世语》

说曹操“自此不复朝见”。

这件事情发生在建安初年，应该说是一个误会，因为汉献帝此时还没有除掉曹操的想法。不过，这件事对曹操产生了很大影响，至少提醒他如果有一着不慎就将有死于非命的可能。曹操从此提高警惕，不仅不再面见汉献帝，而且一步步加强了对朝廷的控制，尤其是把汉献帝身边的人逐渐换成了自己人。在曹操与汉献帝的关系上，这件事情可以被看作一个转折点。

二、兵败淯水

经过了这个插曲，曹操率兵南下，兵锋直指南阳郡宛县，很快抵达淯水附近。淯水是汉水上最重要的一条支流，即如今河南省境内的白河，在襄阳附近注入汉水。在这条河上还有一个著名的地方，名叫新野。

听说曹操率大军来讨伐自己，张绣很紧张。曹操的大名张绣自然早有所闻，袁术、陶谦、吕布这些天下英雄都不是他的对手，如今正势如中天，张绣觉得自己根本不是曹操的对手。此前张绣曾派贾诩到襄阳走了一趟，见了见刘表。《三国志·贾诩传》裴松之注引《傅子》记载，贾诩回来后对张绣说刘表有一些才能，和平年代做个三公应该称职，但他现在看不到形势的变化，多疑少断，不会有什么大作为。贾诩的襄阳之行打消了张绣依靠刘表抵抗曹操的想法，他决定投降曹操。没有记载显示张绣的这项决定是不是贾诩的建议，但贾诩至少没有反对。

就这样，曹操原以为南下必有一场恶战，现在看来不存在了。曹操很高兴，在淯水河畔扎下军营，设宴招待张绣及其手下。酒席宴上，张绣等人看到有个大汉站在曹操身后，威武异常，不禁暗暗吃惊，他们不认识，这个武士就是典韦。在曹操行酒时，典韦手持大斧一直跟着，斧刃有一尺多长，曹操无论走到谁跟前，典韦不仅站在后面，而且使劲拿眼睛直盯着人家看，弄得客人根本没有心思吃喝。直到酒宴终了，张绣及其部将都不敢仰视。《三国志·典韦传》记载：

> 太祖征荆州，至宛，张绣迎降。太祖甚悦，延绣及其将帅，置酒高会。太祖行酒，韦持大斧立后，刃径尺，太祖所至之前，韦辄举斧目之。竟酒，绣及其将帅莫敢仰视。

本来这次南征可以圆满收场，但发生了一个意外，让形势陡转，曹操转胜为败，并且败得一塌糊涂。《三国志·张绣传》裴松之注引《傅子》记载，张绣有个亲信将领名叫胡车儿，勇冠三军，曹操对于像典韦、许褚这样的猛士历来很喜欢，总想弄到自己手下，这个胡车儿大概也是典韦那样的狠角色，所以曹操看到后特别喜欢，想笼络一下感情，看看日后能不能把他挖过来，于是亲自接见，并赠予他不少金钱。张绣知道了这件事，认为曹操此举用心不良，是要收买胡车儿谋害自己。此外，《三国志·张绣传》还透露一个细节，说曹操胜利之余，看到张绣的婶娘、已故骠骑将军张济的遗孀长得很漂亮，就纳其为妻，张绣觉得受到了侮辱，心存不满，而曹操得知张绣对自己有意见，就想设计除掉张绣。

以上两件事都是张绣降而复叛的导火索。将两件事情结合起来，可以推测事情大概是这样的：曹操看上了张绣的婶娘，张绣认为无法接受，十分不满，大概也有所行动，将对曹操不利，曹操得知后决定先下手为强，联络胡车儿也许是计划中的一部分。曹操的计划泄露了，张绣那边先动了手。《三国志·张绣传》裴松之注引《吴书》记载，贾诩给张绣出了一个主意，让他向曹操报告，说部队想移防到地势高一点的地方，中间要经过曹营。张绣还向曹操报告："车少而重，乞得使兵各被甲。"曹操答应了，结果张绣趁自己人进到曹营之际突然发起攻击，打了曹军一个措手不及。

这场战斗发生在淯水河畔，曹军的狼狈样超过了当年的汴水之战和濮阳之战。混战中，曹操坐骑被乱箭射中了面部和腿部，他自己的右臂也中了箭。曹操失去战马，十分危险。《三国志·武帝纪》裴松之注引《魏书》记载，曹操骑的这匹马名叫绝影，是继白鹄之后的又一匹名马，此刻死在了淯水河畔。危难之际，有个小伙子跑过来，从马上下来，把自己的战马让给曹操骑。曹操一看，是长子曹昂。打虎亲兄弟，上阵父子兵，关键时刻能舍身相救的还是父子兄弟。当年汴水之战，如果没有曹洪让马，曹操可能早就没命了。现在曹昂又把马让给了曹操，但曹昂没有曹洪那样幸运，他战死在乱军之中，死时约二十岁。曹操的次子曹丕这时只有十岁，也随父亲到了宛县，所幸的是他骑着马得以逃脱。曹丕后来在《典论·自叙》中写道：

建安初，上南征荆州。至宛，张绣降，旬日而返，亡兄孝廉子修、从兄安民遇害。时余年十岁，乘马得脱。

上文提到，曹操对儿子的教育抓得很紧，除了让他们学习文化，还早早地教他们射箭、骑马。曹丕六岁时就学会了射箭，八岁时学会骑马，关键时刻发挥了重要作用。南阳郡这一仗对曹操而言不仅丢面子，而且实际损失也很惨重，长子曹昂居然战死。不仅如此，侄子曹安民、近卫部队指挥官典韦一同战死。

典韦死得极为悲壮。当时曹操率轻骑逃走，典韦为掩护曹操撤退，留下来在营门口与敌兵激战。典韦勇猛异常，敌人无法前进，但他们分散开来，从其他地方进入曹营。这时典韦周围只有十来个人，这些人都是曹操精挑细选的勇士，平时主要职责就是保护曹操的安全，现在无不以一当十，殊死搏斗。但敌兵越来越多，典韦等人渐渐不支。典韦手持长戟，左冲右突，一戟刺过去，敌兵的十多支长矛都能被折断。最后，其他人都阵亡了，典韦也身负几十处伤，但他仍然与敌兵近距离激战。典韦一把抓过两个敌兵，徒手就把他们杀了，其余敌兵吃惊不小，不敢再靠近。典韦上前冲杀，又杀了几个敌人，然而

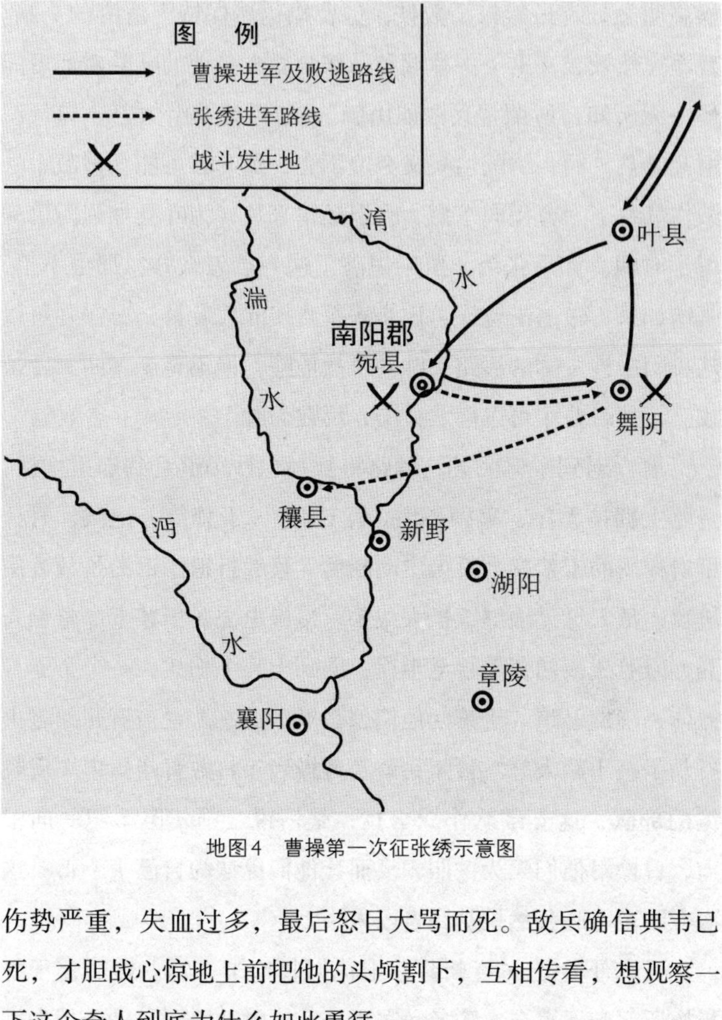

地图4　曹操第一次征张绣示意图

伤势严重，失血过多，最后怒目大骂而死。敌兵确信典韦已死，才胆战心惊地上前把他的头颅割下，互相传看，想观察一下这个奇人到底为什么如此勇猛。

曹军从淯水河边一路惨败，一口气退到了宛县以东百里之外的舞阴县（治所在今河南省泌阳县西北）。曹军撤退，最便捷的路线是北边的叶县方向，为什么撤向东边呢？这正是曹操高明之处。虽然打了败仗，但曹操仍然保持了清醒的头脑。曹军突然被袭，上下一片混乱，作为后方基地的叶县对此可能还一无所知，所谓“兵败如山倒”，如果曹军沿大路一口气溃退到叶县，而张绣的追兵又穷追不舍，那叶县可能会被敌军一鼓作气拿下。曹操向东撤，吸引敌军来攻，为叶县加强防御赢得了时间。如果张绣、贾诩识破了这一点怎么办？那也不怕，张绣如果不去追击曹操，而是率军直接北攻叶县，曹操则可以从舞阴去抄张绣的后路。叶县虽然危险，但不至于一两天就被攻破，那时曹军可以南北夹击，反败为胜。

曹操退到了舞阴县，各路将领都想抄小道赶到那里增援，一路上拥挤无序，狼狈不堪。《三国志·于禁传》记载，时任平虏校尉的于禁率数百人主动断后，且战且退，迟滞了敌人的进攻，敌人见无法继续扩大战果，慢慢退去。于禁下令整顿人马，敲着战鼓回营。行至半途，遇到十几个伤兵，一个个赤身裸体，惨不忍睹。于禁问他们怎么了，这些人说被青州兵趁火打劫了，于禁大怒。青州兵就是曹操当年打败青州黄巾军后收编的部队，这支部队作战勇猛，是精锐之师，但军纪一向很差，曹操对他们颇为关照，反而让他们更认为自己了不得，这次在败军之际公然抢劫到自己人头上。

于禁下令追讨青州兵，把他们收拾了一顿。之后，于禁指挥所部安下营垒，防备敌军再来。这时，手下人劝于禁先不忙安营扎寨的事，应该先到曹公那里报告情况，防备青州兵恶人先告状。于禁说现在敌人在后面，很快会追到这里来，不做好准备，何以迎敌？于禁还说曹公明察秋毫，不必申辩。青州兵果然提前跑到曹操那里告状，曹操也果然没有听信他们。《三国志·于禁传》记载，等见到了于禁，听完汇报，曹操很高兴，对于禁说：

淯水之难，吾其急也，将军在乱能整，讨暴坚垒，有不可动之节，虽古名将，何以加之！

曹操依据于禁前后立下的功劳，上表天子封于禁为益寿亭侯。

在淯水河之战中曹操失去长子曹昂、侄子曹安民，他悲痛异常。更让他伤心的是心腹爱将典韦之死。曹操在舞阴没有祭奠爱子和侄子，却为典韦盛大发丧。他痛哭不已，设法找回了典韦的遗体，送回其老家陈留郡安葬。曹操后来拜典韦的儿子典满为郎中，作为自己的近侍。以后他每次经过陈留郡时，都要去祭祀典韦。

张绣率军随后追至舞阴，曹军已在舞阴得到一定休整，将张绣军击退，张绣率部退至穰县，这里距刘表的大本营襄阳较近，双方的联合更加紧密。曹操率主力从舞阴退回许县，留下曹洪驻防于南阳郡境内，与张绣对峙。张绣在刘表的支持下扩大战果，将曹军曾经占领过的舞阴等地重新夺回，把曹洪逼退到南阳郡最北面的叶县一带。曹洪在南阳郡处境艰难，只能勉强守住最北面的防线。曹操知道曹洪在南边很吃力，但此时他却无法迅速支援，因为在回师许县后不久天下就发生了一件大事，让曹操不能不暂时放下张绣，对这件事情做出回应。

三、一条神秘预言

建安二年春天，就在曹操转战于南阳郡时，身在扬州的袁术突然心血来潮，自称皇帝，此事震动全国。两年前汉献帝败于曹阳时，天下盛传汉献帝已遇难，举国哀伤，但袁术心里却暗自高兴，因为他脑子里一直有一个可怕的念头：自己当皇帝。袁术离开南阳郡后本想到兖州一带发展，但他打不过曹操，最后逃到扬州，杀了扬州刺史陈温，在寿春建立基地，也曾有过兴盛的时候，那时袁术手下有孙策、郭贡、张勋、桥蕤等人，势力也曾发展到周边的豫州、徐州一带。后来孙策离开袁术到江东独立发展，使袁术集团实力大减，说是占领了扬州，其实只是扬州六个郡中的两个而已。但袁术此人有一个最大的特点，那就是一向自我感觉良好。

上一次，袁术称帝的试探被部下挡了回去，但他并没有放弃这个想法。后来证实汉献帝遇难于曹阳纯属误传，可即便如此，袁术仍没有死心。当时社会上流行着许多神秘预言，基本上都是一些不知所云的东西或者是别有用心之人编出来的无稽之谈，但也有很多人相信，有人还深信不疑，袁术就是其中一位。在这些神秘预言中有一句话很有名，叫作“代汉者当涂高”。这一句话的前三个字好理解，就是灭亡汉朝的人，后两个字却十分费解，“涂高”是什么，谁也说不清楚。

关于这句话的出处，一般公认的是《春秋谶》。这部书早已失传，里面有一句话：“汉家九百二十岁后，以蒙孙亡，授以丞相。代汉者，当涂高也。”按照它的说法，刘邦建立的汉朝至少要延续九百二十年，最后由“涂高”来代替它。两汉加起来只有四百零五年，说明《春秋谶》的前半部分预言就错了，不过这不影响它后半部分的传播，尤其在汉朝还没有灭亡的时候，大家对它更是相信大于怀疑。《春秋谶》是一本什么样的书，作者是谁、成书于何时？这些已经不知道了，不过单从书名就可以判断出这部书的性质：它属于“谶书”一类，应该成书于谶纬这类书兴盛的秦末至汉初。

“谶”通常与“纬”相提并论，它们都是为经书作注的，形成了所谓谶纬学。具体来说，“谶”是用隐秘的语言假托神仙圣人来预决吉凶，“纬”是相对“经”而言的，是“经之支流，衍及旁义”，也就是依傍、比附经义的书。谶纬学其实就是神秘预言学，从产生时间上看，“谶”先于“纬”，秦始皇时就出现过“亡秦者胡也”的谶语，汉代虽独尊儒术，但皇帝们都很相信谶纬之学，刘秀还利用这一学说为夺取政权服务，谶纬学在汉代很流行。

提到预言，容易让人想起《推背图》这类东西，一般世道越乱越流行。汉武帝时国力强盛，本不会出现“代汉者”这样的预言，但提及它的，正是汉武帝本人。一本名为《汉武故事》的杂著记载，汉武帝有一次巡行黄河与汾河，兴致一起，命人在船上设宴，君臣一边赏河景一边开怀痛饮。高兴之余，汉武帝现场作了一首《秋风辞》：“秋风起兮白云飞，草木黄落兮雁南归。兰有秀兮菊有芳，怀佳人兮不能忘。泛楼船兮济汾河，横中流兮扬素波。萧鼓鸣兮发棹歌，欢乐极兮哀情多。少壮几时兮奈老何！”辞成，当场奏唱，一片赞美之声。这时汉武帝突然话锋一转，对大家说了一句话：

汉有六七之厄，法应再受命，宗室子孙，谁当应此者？六七四十二，代汉者，当涂高也。

这句话的大意是，别看咱们现在都很快乐，可我们汉朝也有“六七之厄”，到四十二代的时候江山就不在了，那时候“代汉者，当涂高”。看来汉武帝已经知道了那句神秘预言，把它与“六七之厄”相提并论。一般来说，对这类负面信息帝王身边的人都尽可能予以屏蔽，不让天子听到、看到而烦心，汉武帝熟知这句预言，说明它在当时已经相当流行了。见皇帝不高兴，群臣纷纷进言：“汉应天受命，祚逾周殷，子子孙孙，万世不绝，陛下安得此亡国之言，过听于臣妾乎？”见大家这么说，汉武帝也觉得这些话跟眼下的风景不太协调，于是说“吾醉言耳”，不过随后又说：“然自古以来，不闻一姓遂长王天下者，但使失之，非吾父子可矣。”

汉武帝没法知道究竟是谁最终代的汉朝，但这句神秘预言差一点提前破产。西汉末年，王莽建立了所谓新朝，走的是禅让的路子，他上过太学，文化程度很高，同时是谶纬学的爱好者，为了“代汉”他也搞了一堆谶纬做依据，但奇怪的是却没有提到这句话，也许是他研究了半天，觉得自己跟这句话扯不上关系吧。如果王莽成功，新朝得以延续，“代汉者，当涂高”就会成为一句过气的预言或一个笑话而被大家遗忘。但王莽失败了，汉朝宗室出身的刘秀建立的政权仍称汉朝，王莽的新朝不被世人承认，汉朝仍然继续，这反而为这句预言作了反向注脚，大家对它更加坚信了。

王莽派到蜀地当郡太守的公孙述是一个野心家，他也对谶纬学深信不疑，为此翻了不少谶纬书，在其中一本《录运法》里找到一句话："废昌帝，立公孙。"又在《括地象》里找到"帝轩辕受命，公孙氏握"，还认为自己的手相与众不同，有"龙兴之瑞"，所以动了做皇帝的念头。公孙述有些可笑，他觉得自己找到的这些依据虽然"铁证如山"，但更希望大家都支持他，所以多次给刘秀写信，"数移书中国，冀以感动众心"。对于公孙述发起的这场"谶纬战"，刘秀很反感，决定予以回击。据《后汉书·公孙述传》记载，刘秀给公孙述写了一封回信，其中道："图谶言'公孙'，即宣帝也。代汉者当涂高，君岂高之身邪？乃复以掌文为瑞，王莽何足效乎！君非吾贼臣乱子，仓卒时人皆欲为君事耳，何足数也。君日月已逝，妻子弱小，当早为定计，可以无忧。天下神器，不可力争，宜留三思。"刘秀的意思是你说的那些话都不对，"废昌帝，立公孙"指的是汉宣帝，至于你说的手相问题，据我所知王莽的手相更好，但他为何失败？刘秀对公孙述说，你说的不行，我给你说一个，"代汉者当涂高"这句话听说过没有？说的是有资格取代汉室的是一个姓当涂、个子很高的人，而你姓公孙，又是个小矮子，你看看自己有这个命吗？不过既然是文战，刘秀还是挺客气，在信封上写着"公孙皇帝"，但公孙述拒不答复，他索性直接称帝，后来被东汉政权消灭。

东汉末年天下大乱，对野心家来说机会又来了，“代汉者当涂高”于是被频繁提起。董卓死后，有一个女巫找到董卓的旧部李傕，对他说：“涂即途也，当涂高者，阙也。傕同阙，另极高之人谓之傕。”她的理解是，“当涂”是在路上，在路上又特别高的自然是阙了，“阙”与“傕”同音，“当涂高”指的就是李傕。不过李傕还算聪明，他知道自己的实力，仅听听而已，没有做皇帝的想法。不过，有人同意这位女巫的看法，并且有了行动，这个人名叫阙宣。既然“阙”是天命所归，索性大干一场，搏个富贵。初平四年（193），阙宣在徐州聚众数千人，自称天子，要与刘汉王朝争天下。徐州牧陶谦见他势大，一面谎报朝廷说自己对其进行讨伐，暗地里却与之联合。阙宣参加了与曹操争夺徐州的战斗，但后来又跟陶谦翻脸，这个“皇帝”最后被陶谦杀了。

袁术的知名度和实力比阙宣大得多，他认为自己更有资格当皇帝。袁术认为“代汉者，当涂高”其实很好理解，这个“涂高”指的就是他。袁术的理由是，自己字公路，“术”是城邑内的道路，“公路”指的也是路，而“涂”被他理解为“途”，也是路的意思，所以“涂高”就是袁术。这种理解仍颇为牵强，但袁术认为一定是这样的，而且根据“五行终始论”，汉朝属火德，取代汉朝的一定属土德，袁姓就属于土德，是有资格取代刘汉统治的姓氏，这一条又成为上一条的佐证。《三国志·袁术传》裴松之注引《典略》记载：

术以袁姓出陈，陈，舜之后，以土承火，得应运之次。

又见谶文云："代汉者，当涂高也。"自以名字当之。

这时河内郡人张炯又帮袁术弄出来一个符命，以应兆袁术的天子之命，袁术更觉得皇帝非他莫属了。张炯的这个符命究竟是何物？史书没有详细记述，估计跟河里挖出个有字的石头、鱼肚子里发现一条有字的绸子等差不多。有了这些做"理论基础"，袁术觉得再不出来当皇帝都有点对不起上天的眷顾了。他听说孙坚当年在洛阳宫里得到了传国玉玺，就把孙坚的妻子吴氏软禁起来，逼她交出玉玺。孙策这时已经到江东开辟根据地了，无奈之下，吴氏只好把玉玺给了袁术。袁术大喜，认为一切都是天命，一切都很顺利，称帝的时机到了。

四、寿春伪皇帝

建安二年春，袁术不顾众人的反对，在寿春正式称帝，但他这个皇帝有些奇怪，既没有宣布国号，也没有下诏改元，他也不自称天子，而称"仲家"。后世有人认为"仲家"就是袁术新王朝的国号或年号，也有把袁术称为"仲家皇帝"的，但这些都是推测，"仲家"并不像国号，更没有"仲家"作为年号的记载。袁术后来走投无路时曾对自己称帝的行为进行过辩解，说他当时看到天下大乱，已经到了周朝末年七国分势的局面，自己出于一片责任心，出来替汉室管事，所以自称“仲家”，因为“仲”是第二的意思，在自己心里还是把刘氏当作老大，并不是真想当皇帝。一般认为这是袁术给自己的辩解，但对照实际情况看一下，这些话里有虚也有实。袁术想当皇帝是确定无疑的，但他也知道实力有限，于是留了条后路，从而弄出一个不伦不类的东西来。

除了国号、年号这些外，其他方面袁术都按照真皇帝的样子行事。袁术改九江郡太守为淮南尹，类似西汉的京兆尹和东汉的河南尹，寿春自然成了“京师”，袁术在这里任命公卿，建皇宫，设祠庙、明堂。《三国志·袁术传》记载：“以九江太守为淮南尹。置公卿，祠南北郊。荒侈滋甚，后宫数百皆服绮縠，余粱肉。”袁术还广纳“妃嫔”，以至于“后宫”争斗不断。《三国志·武帝纪》裴松之注引《魏武故事》记载：“袁术僭号于九江，下皆称臣，名门曰建号门，衣被皆为天子之制，两妇预争为皇后。”司隶人冯方来淮南避难，他的女儿长得很漂亮，袁术登城看到后十分喜欢，就纳为“妃嫔”，其他“妃嫔”见状，怕冯氏独自受宠，故意对她说袁术喜欢看到女人流泪、有心事的样子，冯氏不知是计，照着做了。之后众“妃嫔”一起动手把冯氏杀了，尸体悬挂在厕所的房梁上。袁术还以为冯氏有什么心事，想不开而自尽，只是厚葬而没做追究。

袁术还在寿春大封百官，不过大家似乎都不太给面子，来应聘的并不踊跃，尤其那些有名气的，几乎没人前来。袁术有点犯愁，想着无论如何得找几位名士来撑撑门面，不能三公九卿尽是阿猫阿狗之辈。袁术想到了两个人，一个是陈珪，一道，致成其志。今天下非患于幼主，未见受命之应验，而欲一旦卒然登即尊号，未之或有，四也。

天子之贵，四海之富，谁不欲焉？义不可，势不得耳。陈胜、项籍、王莽、公孙述之徒，皆南面称孤，莫之能济。帝王之位，不可横冀，五也。

幼主岐嶷，若除其逼，去其鲠，必成中兴之业。夫致主于周成之盛，自受旦、奭之美，此诚所望于尊明也。纵使幼主有他改异，犹望推宗室之谱属，论近亲之贤良，以绍刘统，以固汉宗。皆所以书功金石，图形丹青，流庆无穷，垂声管弦。舍而不为，为其难者，想明明之素，必所不忍，六也。

五世为相，权之重，势之盛，天下莫得而比焉。忠贞者必曰宜夙夜思惟，所以扶国家之踬顿，念社稷之危殆，以奉祖考之志，以报汉室之恩。其忽履道之节而强进取之欲者，将曰天下之人非家吏则门生也，孰不从我？四方之敌非吾匹则吾役也，谁能违我？盍乘累世之势，起而取之哉？二者殊数，不可不详察，七也。

所贵于圣哲者，以其审于机宜，慎于举措。若难图之事，难保之势，以激群敌之气，以生众人之心，公义故不可，私计又不利，明哲不处，八也。

世人多惑于图纬而牵非类，比合文字以悦所事，苟以阿上惑众，终有后悔者，自往迄今，未尝无之，不可不深择而熟思，九也。

孙策列举的“九大罪状”，可简要归纳为：一是国家正处在多事之秋，有许多大事要做，你却私自称帝，违背天下人的意愿；二是天子年幼，又受权臣胁迫，自身毫无过错，你却自立而代，实乃罪恶深重；三是以董卓的残暴专横尚且不敢称帝，你却敢，实在不自知；四是没有上天受命的征兆，却要登上大位，先前还从未有过能成功的先例；五是帝王的位置不是随便可以窥视的，你却敢；六是即便改换幼帝，也要从汉室宗亲中选择，你却自己替代；七是朝廷对袁氏世代有恩，你却不思报效；八是明智的人都能审时度势，你却狂妄自大；九是图谶一类的东西都是编出来骗人的，你却深信不疑，太不睿智。总之，信中将袁术的罪恶和过错历数一遍，不留任何余地。《吴录》称这封信是张纮代笔，《典略》认为代笔的是张昭。孙策在江东已渐成气候，跟袁术翻脸是迟早的事，袁术称帝无疑给了孙策一个最合适的翻脸理由，加上此前袁术为得到传国玉玺而逼迫孙策的母亲吴氏，孙策十分愤怒，这次索性彻底了断。

跟袁术决裂后，孙策转而投向许县朝廷。《三国志·孙策传》裴松之注引《江表传》记载，孙策派刘由、高承为特使到许县朝奉进贡。曹操见到孙策派来的使者，十分高兴，拉拢孙策可以瓦解袁术的联盟，孙策如能从背后夹击袁术，袁术岂不死得更快？为此，曹操以汉献帝的名义于建安二年夏天派议郎王誧为特使前往江东对孙策给予表彰，并拜孙策为骑都尉，袭乌程侯。孙策的势力已跨有三个郡，骑都尉连郡太守都不如。孙策觉得这个职位有点低，想要一个将军的名号，便派人私下游说王誧。这个王誧倒不简单，在来不及请示的情况下当机立断，重新让孙策代理明汉将军。

这时袁术还有一个同盟名叫陈瑀，屯驻在长江以北的海西一带，曹操让孙策讨伐这股敌人。孙策领命，准备率军渡江作战，刚出动，陈瑀那边先下了手，派人悄悄来到江东，结交祖郎、严白虎等割据势力，准备趁孙策主力渡江之际从背后下手。这件事幸亏被孙策察觉，他派吕范、徐逸攻打海西的陈瑀，自己留在江东对付敌人。陈瑀被打败，只身一人逃走，去了冀州，被袁绍收留，包括陈瑀家眷在内的4000多人成为孙策的俘虏。在孙策及时出手下，袁术赖以为右翼外援的陈瑀被消灭了。

再来看看吕布那边的情况。袁术称帝后派韩胤为特使到徐州给吕布报信，并且提出一个要求，想与吕布和亲，娶吕布的女儿为儿媳。对于袁术结亲的要求，吕布开始倾向于答应，甚至把女儿交给了韩胤，让他带走。但是，吕布手下有一个人特别紧张，他知道无论于国于己，这件事都得终止。这个人就是时任沛相的陈珪。

陈珪曾拒绝袁术的征召，还把袁术谴责一番，吕布如果与袁术联为一体，对陈珪肯定不利。这倒是其次，问题是扬州、徐州一旦结成一个同盟，袁术的伪朝廷就更加得势了。陈珪作为汉室名臣的后代，正统观念一向很强，在大是大非面前没有含糊，他急忙来劝吕布。陈珪对吕布说曹公奉迎天子，辅助国政，将军应当同他合作，共图大计，现在反而与袁术结亲，受不义之名，将来恐怕会大祸临头。

吕布一向对袁术有成见，因为在之前的合作中袁术说话不算数，让吕布很生气。对结亲一事，吕布本来就不是很坚决，经陈珪一说，吕布反悔，马上派人追上韩胤一行，把女儿抢回来。陈珪建议将韩胤押往许县，交给曹操处置。吕布有些不愿意，他还不想与袁术彻底闹翻，想留一线余地。吕布还有一些心结，过去跟曹操积怨太深，不知道曹操对自己究竟是什么态度。

就在这时，吕布突然接到朝廷任命他为左将军的诏书，不禁大喜，立即决定派人押送韩胤去许县。吕布派的人是陈珪的儿子陈登。陈登学识渊博，智谋过人，但性格桀骜不驯。吕布派陈登是去向曹操示好，但陈登一见到曹操就劝他除掉吕布。陈珪、陈登父子虽然屈身侍奉吕布，但一直心存不满。曹操见陈登是个人才，将来会有大用，于是拜陈登为广陵郡太守。临别时，曹操拉住陈登的手说东方之事全都托付给你了。后来陈登果然以卧底的身份为曹操出了大力，成为曹操除掉吕布的头号功臣。

此次许县之行，吕布还有一个愿望，他从刘备手中得到一个徐州刺史的头衔，但还没有经过朝廷的正式任命，虽然朝廷已拜他为左将军，品秩远在刺史之上，但行政职务不能少，否则管理地方事务多有不便。而且，吕布认为以自己的资历和对朝廷的贡献，刺史有点太低，应该给个州牧，于是让陈登向曹操提出来。《三国志·吕布传》记载，陈登从许县回来，吕布问他事情办得怎么样，陈登为难地说州牧的事曹公没有答应。吕布一听怒了，质问道：“卿父劝吾协同曹公，绝婚公路；

今吾所求无一获，而卿父子并显重，为卿所卖耳！卿为吾言，其说云何？”陈登早有准备，不慌不忙道：“登见曹公言，‘待将军譬如养虎，当饱其肉，不饱则将噬人’。公曰，‘不如卿言也。譬如养鹰，饥则为用，饱则扬去’。其言如此。”曹操说吕布不是一只虎，而是一只苍鹰，养鹰的人都有经验，饿着它才能为己所用，如果吃饱了就会远翅高飞。这种话显然是糊弄小孩的，但吕布很吃这一套，于是“意乃解”。

曹操让陈登给吕布带回一封亲笔信，对吕布加以慰问，并让吕布按照天子的诏书追捕公孙瓒、袁术、韩暹、杨奉等人。《三国志·吕布传》裴松之注引《英雄记》记载，吕布接到曹操的信后很高兴，又派使者上书天子，表达自己的忠心，同时也给曹操写去一封信，说自己本是“获罪之人”，承蒙您亲自写信慰劳，十分感谢，自己一定按照您前面所说，努力追捕袁术等人。接到吕布的信，曹操再次派奉车都尉王则为使者，随行带着汉献帝拜吕布为平东将军的诏书。左将军为“四方”将军之一，平东将军为“四平”将军之一，二者之间隔着“四征”“四镇”，所以左将军比平东将军至少高两级。吕布之前已获左将军任命，这里又被任命为平东将军，为什么会出现这样的矛盾呢？其实，朝廷此次任命吕布的确实是左将军，此前这个军职由袁术担任，袁术称帝，朝廷自然第一时间撤去了他的职务，而把这个职务给了吕布。至于平东将军，这里涉及一段往事，那就是之前提到的，汉献帝在河东郡时曾拜吕布为平东将军，但印绶被使者弄丢了，吕布并没有得到。曹操了解到这段往事，特意给吕布补上。《三国志·吕布传》裴松之注引《英雄记》记载：

太祖更遣奉车都尉王则为使者，赍诏书，又封平东将军印绶来拜布。太祖又手书与布曰："山阳屯送将军所失大封，国家无好金，孤自取家好金更相为作印，国家无紫绶，自取所带紫绶以籍心。将军所使不良。袁术称天子，将军止之，而使不通章。朝廷信将军，使复重上，以相明忠诚。"布乃遣登奉章谢恩，并以一好绶答太祖。

朝廷曾授予吕布平东将军之职，而吕布未能收到印绶，虽然现在已被任命为左将军，平东将军的印绶已经不重要了，而且即便有也要按规定上缴朝廷。但曹操认为吕布当初没能看到平东将军的印绶仍是一种遗憾，所以给他"补办"，可谓关怀备至。曹操在给吕布写的信中特意说朝廷没有上好的金子，我就拿自己家里存的好金子给将军制了这枚印；朝廷没有紫色的绶带，我就把自己印绶上的紫带取下来给将军。曹操这样做都是在表示心意，以拉拢吕布。他现在要对付的人是袁术，为防止吕布倒向袁术，曹操下足了功夫。吕布接到曹操的信，果然深受感动，又派使者前往许县谢恩，并捎给曹操一副上好的绶带。那一刻，徐州通往许县的大道上双方的使者你来我往，颇为热闹。看到这一幕，人们怎么也想象不出来几年前二人还曾兵戎相见，打得死去活来。也无论如何想象不到，几年后二人还会杀得你死我活。

六、淮南混战

袁术听说吕布与曹操交好，不仅拒绝结亲，还把自己的使者押送到许县，不禁勃然大怒，立即派张勋、桥蕤等与韩暹、杨奉联合，集合步骑数万人，分七路直扑吕布的大本营下邳而来。最近以来，韩暹、杨奉各自率领一支散兵游勇组成的队伍流窜在江淮一带，袁术主动联络他们，肯定也给了不少伪朝廷的官职，二人如今已加入袁术阵营中。

吕布仍沉浸在与曹操和好的喜悦中，对袁术的多路进攻没有防备。吕布的人马分散在各处，下邳城中只有三千名士兵，其中骑兵只有四百名。吕布一面积极备战，一面给曹操写信，告诉他这边的情况，请求派兵增援。但吕布知道远水解不了近渴，而且远道而来的水是福水还是祸水也很难说，所以还得靠自己，不能坐等援军，必须想办法用自己的力量把敌人打败。

吕布召集众人商议，大家一筹莫展。当初有人反对与袁术翻脸，因为袁术也不是好惹的，这下子算是应了验，曹操那边就别指望了，听说张绣把他折腾得够呛，他吃了败仗，不会发兵来救咱们。退一步说，即使曹操有这个能力恐怕也不会来救，起码不会立即来救，借袁术之手消灭咱们，这买卖对曹操来说简直太划算了。有以上这些想法的人，大概眼睛都在侧视着陈珪和陈登，意思像是说都是你们父子俩出的好主意。陈珪见状不慌不忙，说道：

暹、奉与术，卒合之军耳，策谋不素定，不能相维持，子登策之，比之连鸡，势不俱栖，可解离也。（《三国志·吕布传》）

在陈珪看来，袁术的七路大军其实并不算什么，来势虽然凶猛，但不过是仓促之间集合起来的乌合之众罢了，不必大动干戈就能将其瓦解。陈登并非自欺欺人，虽然袁术的人马号称十多万，但最有战斗力的只有张勋、桥蕤两部，其他各路人马只是来凑数的。同时，袁术也不敢把所有人马都压到徐州方向，他还得提防曹操和孙策。所以敌人的气势虽然很足，但抓住了要害，破之也不难。如果能让韩暹、杨奉反戈一击，去进攻张勋、桥蕤，那就更好了。吕布听了却并不激动，道理虽然对，可韩暹、杨奉都听袁术的召唤，他们怎能无端去打张勋、桥蕤呢？陈珪提出让陈登去试试，吕布只好采纳了，有办法总比没办法强。《三国志·吕布传》裴松之注引《九州春秋》记载，吕布给韩暹、杨奉写了一封信，让陈登带上。信中写道：

二将军拔大驾来东，有元功于国，当书勋竹帛，万世不朽。今袁术造逆，当共诛讨，奈何与贼臣还共伐布？布有杀董卓之功，与二将军俱为功臣，可因今共击破术，建功于天下，此时不可失也。

吕布对韩暹、杨奉说你们都曾有大功于国家，本当载之于史册，而袁术是国家的逆贼，天下诛讨的对象，你们为何与他搅和在一起呢？我吕布有诛董卓之功，与二位将军一样都是朝廷的功臣，咱们可以共同讨伐袁术，为国家再立新功，现在机不可失啊！这封信写得还是很有水平的，韩暹、杨奉虽然出身于白波军，但都曾得到过朝廷的认可，一个曾是大将军，一个曾是车骑将军，放着大好前程不要，为什么跟着袁术跑呢？现在反戈一击，没准能得到朝廷的谅解，重新谋一个正式官职，哪怕只是个杂号将军也行。

陈登去后，不久即回，报告说事情成了，吕布将信将疑。不过，很快便传来了消息，说不知发生了什么事，韩暹、杨奉突然掉转头向张勋和桥蕤发难。吕布既惊且喜，决定抓住战机，立即集合力量向张勋和桥蕤发起进攻。张勋、桥蕤猝不及防，迅速败下阵去。吕布下令追击，为了给袁术一个深刻教训，吕布觉得这次一定要打疼袁术，让他长长记性。韩暹、杨奉表现得不错，按理他们的任务已经完成，可坐等领赏了，但他们继续与吕布配合，紧追敌人不放。袁军大败，吕布指挥的联军很快攻到淮水边上，进入扬州刺史部辖区。

吕布这才发现韩暹、杨奉为什么愿意跟着追了，他们不叫追，应该叫抢。吕布率军在前面进攻，二人名义上在后面配合，其实是一路抢劫，所到之处几乎十室九空。也许这正是陈登能轻易说服他们二人的根本原因，这拨白波军的积极性如此高涨，可怜袁术辛辛苦苦积攒下来的不少好东西都被他们抢去了。一口气过了淮水，拿下了袁术在淮水南岸的重镇钟离县（治所在今安徽省凤阳县以东）。袁术急了，亲率大军迎战。吕布看看也差不多了，知道袁术虽败但实力犹存，这根硬骨头还是留给曹操啃吧，于是下令返回淮水北岸。《三国志·吕布传》裴松之注引《九州春秋》记载，渡河前吕布给袁术写了一封信让人送去。信中写道：

足下恃军强盛，常言猛将武士，欲相吞灭，每抑止之耳。布虽无勇，虎步淮南，一时之间，足下鼠窜寿春，无出头者。猛将武士，为悉何在？足下喜为大言以诬天下，天下之人安可尽诬？古者兵交，使在其间，造策者非布先唱也，相去不远，可复相闻。

吕布告诉袁术，你干的事情实在天怒人怨，我即使不出头讨伐你，也有人来收拾你，你好自为之吧。吕布让人把这封信誊抄了两份送到许县，一份上报天子，一份呈给曹操。袁术率领五千人马到达淮水南岸，双方隔河相望。为再挫袁术的锐气，吕布下令先不走，在北岸列阵。吕布率联军在淮水北岸一连待了几天，袁术既不敢过河，也不敢撤兵。最后，吕布等人在淮水北岸把袁术好一通嘲笑后才撤走。袁术好不容易壮着胆子过了过皇帝的瘾，没想到自己昔日的部下和盟友各自给自己来了一通下马威。孙策、吕布不仅没有成为自己的外援，而且纷纷杀到家门口来了。

有孙策和吕布的配合，曹操这边就好办多了。等袁术被吕布、孙策弄得顾头难顾尾之时，曹操决定亲自东征，时间是建安二年九月。袁术听说老对手曹操亲自来了，倒也干脆，留下部将桥蕤、李丰、梁纲、乐就等人驻守在蕲县（治所在今安徽省宿州市以南）以抗拒曹操，自己开溜了。曹操指挥于禁等部发起进攻，将桥蕤等包围在苦县，全部斩杀。曹操也无意对袁术穷追不舍，因为南阳郡的问题还没有解决，曹洪被张绣压得喘不过气来，他得尽快回师，再战南阳郡。曹操于是回到了许县。袁术退至淮河以南，不敢迎战。袁术不仅连吃败仗，而且后勤保障也很困难。袁术称帝后在控制区横征暴敛，弄得民不聊生，《后汉书》是这样描述袁术称帝后的生活的：

术虽矜名尚奇，而天性骄肆，尊己陵物。及窃伪号，淫侈滋甚，媵御数百，无不兼罗纨，厌粱肉。

“媵御”有两层含义，一是古时男女双方陪嫁的侍从，二是指姬妾；“罗纨”指精美的丝织品；“粱肉”的字面理解是高粱和肉，即主食和肉菜，特指美味的膳食。整句连起来是说袁术奢靡浪费，有着数百名小妾侍奉，整天穿好的吃好的，已经到了厌烦而不愿意吃肉的地步。

建安二年春夏之际淮南一带出现了严重旱灾，粮食更加稀缺。袁术向自己任命的郡太守、国相强行摊派军粮，仍难以为继。由袁术任命的沛国相舒邵字仲应，被摊派了十万斛粮食，舒邵虽然想尽办法把粮食筹齐了，但看到百姓饿死无数，于心不忍，又将这些粮食发放给了饥民。袁术大怒，要斩舒邵。舒邵临危不惧，认为能救百姓性命，死也值了。袁术毕竟出身于“四世三公”之家，还不至于冷血到极点，最后原谅了舒邵。

回师许县后，曹操在再次征讨张绣之前先办了一件案子，让有关部门对杨彪立案追究。杨彪原任太尉，出身于著名的弘农郡杨氏家族，这时已被免职。曹操之所以现在想起杨彪，是因为他与袁术有姻亲关系，杨彪的夫人袁氏是司徒袁安的曾孙女，与袁术同辈，是袁术的堂妹。《后汉书·杨彪传》记载，曹操接到举报，说杨彪为配合袁术称帝在许县“欲图废置”，于是把杨彪下狱，准备以大逆不道之名来治罪。杨彪无职无权，哪能行废立之事？当然这只是曹操惩治杨彪的借口。将作大匠孔融听说后来不及穿上朝服，跑去见曹操替杨彪求情：“杨公四世清德，海内所瞻。《周书》父子兄弟罪不相及，况以袁氏归罪杨公。《易》称‘积善余庆’，徒欺人耳。”孔融认为杨氏一族为海内所景仰，治杨彪之罪须慎重，况且父子兄弟罪不相及，怎么能以袁术之罪归咎于杨彪呢？

曹操没有让步的意思，命许县令满宠负责审理此案。许县令如同当年的洛阳令，品秩不高但权力很大，尤其对京师地区有司法管辖权，可以审理朝廷官员，何况杨彪已不担任公职，形同普通百姓，更是归许县令来审理。孔融和荀彧都私下里找到满宠，让他不要对杨彪用刑，谁知满宠却对杨彪用了大刑，孔融、荀彧气坏了。满宠把杨彪打得死去活来，几天后向曹操汇报说快把杨彪打死了，但他也没有什么可招的，此人海内知名，如果没有证据就治罪必然大失民心。曹操想了想，第二天就赦免杨彪出狱。这时孔融和荀彧才明白，满宠打杨彪正是为了救他。

曹操突然拿杨彪说事，表面看是杨彪与袁术有瓜葛，其实是因为杨彪出身于世家，代表了某种政治势力，虽然已经下台，但影响力仍不同一般，曹操要来一个“杀鸡儆猴”。《后汉书·杨彪传》记载：“时天子新迁，大会公卿，兖州刺史曹操上殿，见彪色不悦，恐于此图之，未得宴设，托疾如厕，因出还营。彪以疾罢。”朝廷刚刚迁来许县，还有很多隐患没来得及一一排除，而曹操又经常在外面征战，所以必须采取一些非常手段来稳固局势，对内对外树立起绝对权威。曹操拿杨彪开刀，有借袁术称帝这件事警示异己、为自己立威之意。杨彪受了一场惊吓，被放出后对外称脚上有疾，以后十多年里不再出门，以免惹祸。

建安二年十一月，曹操率军再征南阳郡，首先抵达南阳郡最北边的叶县，与驻守在这里的曹洪会合。如果曹操还不来，曹洪可能真守不住了。张绣的部队以凉州军为老底子，战斗力很强，刘表又派邓济等支援张绣，南阳郡呈现一边倒的态势。曹操首先进军湖阳县（县治在今河南省唐河县西南），这里由刘表的人马驻守，曹军攻克湖阳，生擒刘表的部将邓济。之后，曹军转攻舞阴，将其攻克。在肃清了宛县外围据点后，曹操率军攻打张绣的大本营宛县，进军到淯水河畔。这里是曹操的伤心地，前一年他的长子曹昂、侄子曹安民以及心爱的部领典韦都战死在这里。曹操在淯水河畔再次举行仪式祭奠阵亡将士。曹操亲自参加祭奠，嘘唏流涕，将士们都深受感动。

但是，建安二年年底的这次军事行动却突然中断了一段时间。曹军在宛县一带过的年，之后又回师许县。没有记载显示是张绣、刘表联军打退了曹军的进攻，曹军是主动撤回去的。还有一种可能，曹军没有回师，仅是曹操带少数人回到了许县。曹操离开主力回到后方，一定是有重大事情需要处理，但具体何事不得而知。以上两种可能，推测起来后一种的可能性更大，因为曹操在许县仅停留了一个多月就回到了南阳郡前线。

第五章

大浪淘沙

198—199年

一、安众突围战

建安三年初，曹操再一次南征张绣，算起来这是第三次征张绣了。这一次军师荀攸随征，不过荀攸劝曹操暂时不要在南面用兵。他认为张绣虽然与刘表联手，但张绣只是一股游军，处处要仰仗刘表的接济，刘表一旦不提供资助，二人势必分离，不如暂时缓兵，让他们自动分开，如果攻得太急，刘表对张绣不能不管，会全力相救。事后证明荀攸的这个分析是有远见的，但曹操大概考虑到南面的事情不能拖下去，必须尽快解决，好让自己无后顾之忧，可以腾出手来对付东面的吕布、袁术和刘备。所以曹操没有采纳荀攸的建议，继续进兵。

在曹军的强大攻势下，张绣的主力离开宛县南撤，退到距宛县一百多里的穰县。建安三年三月，曹军进攻穰县，与张绣军展开激战，张绣顶不住压力，急忙向刘表求援。果然如荀攸分析的那样，张绣之于刘表就是一面坚固的盾牌，张绣在前面顶不住，刘表不能不管。刘表派兵驰援张绣，派了多少人马前来不得而知，但这一次一定是动了老本，因为他派来的人不仅有驰援穰县的，而且还悄悄分出一支人马占领了一处战略要地，想给曹军来个前后夹击，让曹军有去无回。这个地方就是安众县（县治在今河南省邓州市东北），接下来将让曹军大吃苦头。

穰县城里的张绣迎来了刘表的援军，士气大振，曹军攻城遇阻。张绣在城里做出长期坚守的准备，但他突然接到报告说曹军主动撤退了。张绣有些不解，从形势来看曹军仍占优势，何以无缘无故撤退呢？张绣害怕曹操使诈，下令先不要贸然去追。曹军撤得很迅速，一路向北而去，张绣看看不像有诈，于是大着胆子追了上来。张绣有所不知，曹操下令回师并非使诈，而是真的，因为许县大后方出了问题。

原来，听说曹军主力南下，田丰劝袁绍趁机袭击许县，将汉献帝抢到自己这里来。袁军还未行动，有人叛逃到了曹营，提供了上述情报。曹操接报后认为事关重大，不敢有丝毫迟疑，即刻北撤。这件事情有些蹊跷，要么田丰真有此议，而袁绍确实准备发兵袭取许县，要么是袁绍造的谣，目的是不让曹操太顺手。还有一种可能，是贾诩的计策，为了解穰县之围故意制造谣言，给曹操提供了假情报。不过，曹操在做出回师决定时一定是有充分依据的，如果这样看，第一种可能性应该最大。

曹军回师许县，最快速的推进方式是走南方大道。东汉的南方大道跟东方大道、东北方大道一样，是全国交通网里的骨干线路，它起自洛阳，连接鲁阳、宛县、穰县、襄阳以及南郡的治所江陵、武陵郡的治所汉寿，走这条道路就好比上了

“高速公路”，直线距离最短，路也最平坦宽阔。曹操现在只想火速回师以解许县之危，因此想都没有想，指挥人马沿着南方大道向北疾行。谁知，这条行军路线差点让他们全军覆没。

穰县以北是一片山地，地势险要，南方大道穿山而过，在此形成了一处要塞，此地就是安众。曹操包围穰县时没有想过这么快就会撤军，所以忽视了背后的这处要塞。刘表的援军恰恰发现这里很重要，于是分重兵占领，从而断了曹军的后路。刘表的人马进入安众要塞后，立即整修防御工事，以南方大道为轴线，以山地为依托，很快建成了一条东西连绵数十里的防线。

曹操率军抵达安众，突然发现过不去了，如果绕道而行，无论向西还是向东都是山区，道路不畅，费时费力不说，敌军依托有利地形更容易袭击自己。安众防线就像一条铁链，牢牢地缚住了急于回师的曹军。张绣也指挥穰县的人马从后面杀来，曹军面临被前后夹击的不利处境。双方陷入僵持，情况对曹军很不利，虽然人数占优势，但在有限的区域内兵力难以全部展开，在这种情况下，守着有利地形的一方更占优，曹军陷入了所谓的死地。

在此关键时刻，曹操发挥了军事上的天才想象力，指挥人马神不知鬼不觉地突破了看似牢不可破的安众防线，且基本上没有什么损失。曹操是怎么做到从安众突围的呢？史书没有详细记载。《三国志·武帝纪》只是说曹操先给荀彧写了一封信，信中说：“贼来追吾，虽日行数里，吾策之，到安众，破绣必矣。”后来回到许县，荀彧也曾向曹操讨教破敌的方法，曹操说：

虏遏吾归师，而与吾死地战，吾是以知胜矣。

“归师勿遏”出自《孙子兵法·军争篇》，唐代学者杜佑解释：“若穷寇退还，依险而行，人人怀归，故能死战，徐观其变，而勿遏截之。”道理虽然是对的，但并不是所有的归师都能打胜仗，也不是在所有的死地里都能起死回生。所以曹操说的话等于没说，因为他没有具体指出曹军化险为夷的原因。事实上，曹军在安众成功突围，是采取了敌人想象不出的作战方式，那就是“地道战”。曹操白天与敌人对阵，晚上悄悄在最险要的地段挖掘地道。凭借这条地道，曹军才顺利突围。《三国志·武帝纪》记载：

到安众，绣与表兵合守险，公军前后受敌。公乃夜凿险为地道，悉过辎重，设奇兵。会明，贼谓公为遁也，悉军来追。乃纵奇兵步骑夹攻，大破之。

这是一项巨大工程，也颇费了些时日，不是一夜之间可成的。曹军到达安众是五月，回师许县已经是七月了，从侧面印证了安众地道挖掘工程量的巨大。最后，曹军的工兵部队以顽强的毅力挖通了安众防线，曹操指挥人马趁夜遁去。

数万曹军一夕而遁，天亮后张绣才发现这个情况。张绣心有不甘，下令追击。贾诩认为现在不能追，否则会失败。张

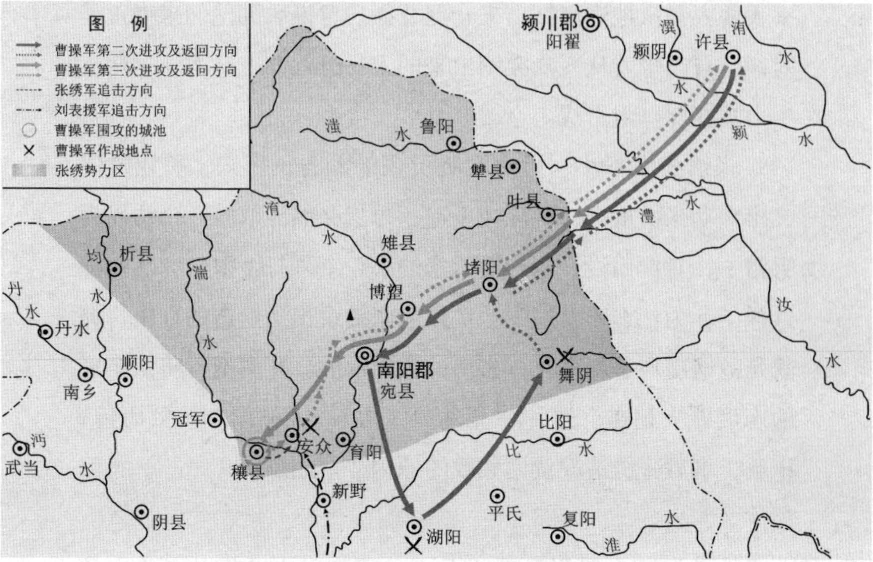

地图5　曹操第二和第三次征张绣示意图

绣觉得曹军已成败寇，此时追击可以扩大战果，为什么不追呢？张绣没有听从贾诩的建议，指挥所部人马以及刘表的参战部队全军压上，沿着曹军撤退路线追击，果然吃了败仗。

张绣率部还没有追上撤退的曹军，却先后迎面遇上了曹军新投入战场的两支生力军，这两支人马不约而同挡住张绣和刘表的联军，上来一顿猛打，把张绣和刘表联军打得大败而回。这是曹仁、李通率领的人马，他们倒不是商量好的统一行动，而是碰巧遇到一起。曹仁没有随曹军主力行动，曹操派他肃清宛县附近几个县的残敌，而李通驻守在南阳郡以东的汝南郡，他的人马是曹军距此最近的部队。这两支人马都是在得知曹军主力被阻于安众防线后前来解围的，赶到时正好遇着曹操率大队人马从地道里钻出来仓促北撤。曹操看到他们来得正是时候，自己带着从安众突围出来的人马继续北上，而让这两支生力军在此打阻击战。

张绣损失不小，后悔没听贾诩的劝告。哪知，贾诩这时又出来劝张绣追击，说现在去追，再战必然能取胜。张绣以为听错了，对贾诩说，当初没听您的话，结果打了败仗，现在都这样了，为什么还要追呢？贾诩向张绣说出了追击的理由，那就是敌情出现了新变化，去追一定能取胜。张绣抱着将信将疑的态度派人追击，这一次竟然打了胜仗。《三国志·贾诩传》记载，事后张绣请教贾诩胜败的原因，贾诩道：

> 此易知耳。将军虽善用兵，非曹公敌也。军虽新退，曹公必自断后；追兵虽精，将既不敌，彼士亦锐，故知必败。曹公攻将军无失策，力未尽而退，必国内有故；已破将军，必轻军速进，纵留诸将断后，诸将虽勇，亦非将军敌，故虽用败兵而战必胜也。

贾诩认为，曹军虽然开始退却，但会派精兵断后，我们追击必然失败。打败了我们的追击，他们又会轻军前进，没有料到我们会再来，所以我们就能取胜。张绣听了，深表佩服。《三国志·荀攸传》记载，回到许县后曹操进行了反思，对荀攸说："不用君言至是！"从实力对比上看，曹操的实力远远强于张绣，但张绣以一支弱旅反而打得曹操十分狼狈，在曹操的军事生涯中这是绝无仅有的事。

二、“四胜”与“十胜”

在南阳郡遭遇一连串失败，不仅让曹操懊丧，也滋长了袁绍的骄傲情绪。连一个名不见经传的张绣都打不过，岂是我的对手？受这种情绪的支配，袁绍对曹操也越来越不客气。之前袁绍就曾给曹操写信，以许县地理位置偏僻、地势低湿为由，要求曹操把汉献帝迁到兖州刺史部鄄城（今山东省鄄城县）。鄄城曾是曹操在兖州时期的大本营，这里虽然仍属于曹操的控制区，但距袁绍的势力范围只隔一条黄河，袁绍的用心很明显，曹操当然拒绝了他的提议。现在，袁绍不依不饶，多次来信催问这件事，信中流露出对曹操的傲慢和不尊重，曹操看了大怒，但又不知如何回击，因而行为都有些失常。

众人看到这种情况，深感忧虑，还以为是因为征讨张绣失利造成的。钟繇就此向荀彧询问情况，荀彧说曹公是一个深谋远虑的人，对既往之事不会过于放在心上，现在必然是因为别的事情。荀彧于是来见曹操，询问缘由。曹操出示了袁绍的来信，并且说：“今将讨不义，而力不敌，何如？”《三国志·荀彧传》记载，针对曹操提出的问题，荀彧其实早有考虑，于是说了一段很长的话：

古之成败者，诚有其才，虽弱必强，苟非其人，虽强易弱，刘、项之存亡，足以观矣。今与公争天下者，唯袁绍尔。绍貌外宽而内忌，任人而疑其心，公明达不拘，唯才所宜，此度胜也。绍迟重少决，失在后机，公能断大事，应变无方，此谋胜也。绍御军宽缓，法令不立，士卒虽众，其实难用，公法令既明，赏罚必行，士卒虽寡，皆争致死，此武胜也。绍凭世资，从容饰智，以收名誉，故士之寡能好问者多归之，公以至仁待人，推诚心不为虚美，行己谨俭，而与有功者无所吝惜，故天下忠正效实之士咸愿为用，此德胜也。夫以四胜辅天子，扶义征伐，谁敢不从？绍之强其何能为！

荀彧指出，古往今来面对成败得失，对于确实有才能的人，即使暂时弱小，以后也必然会强大；如果他不是这样的人，即使暂时强大，将来也必然会被淘汰，刘邦、项羽的事正好说明这一点。荀彧分析说，如今能与您争夺天下的只有袁绍，袁绍这个人外表宽和但内在里猜忌心很强，做不到用人不疑，而您明达不拘，只要有才能就大胆使用，这是在度量上胜过袁绍；袁绍遇事优柔寡断，总是把握不住机会，而您能明断大事，应变有方，这是谋略上胜过袁绍；袁绍治军宽缓，法令不立，士卒虽然多但实在难以为用，而您法令既明，赏罚必行，士卒虽少，都争相效命，这是在武力上胜过袁绍；袁绍凭着世家的出身，经常装模作样以显示自己的智慧，喜欢沽名钓誉，所以那些没有真本事但喜欢虚名的人愿意投奔他，而您待人真诚，推诚相见，从不华而不实，严格要求自己，谨慎勤俭，而奖赏有功之人从来不吝惜，所以天下忠勇之士都愿意追随您，这是德行上胜过袁绍。荀彧最后总结说，您有这“四胜”，凭借它们辅佐天子，匡扶正义，讨伐叛逆，谁敢不从？

袁绍再强大又有什么用！

听了荀彧这番话，曹操心里特别高兴。荀彧所说并非虚言，绝不是为图自己高兴而编出来的奉承话。荀彧在袁绍身边待过，对袁绍的了解还是比较准确的，曹操心里的阴云散去了大半。与此同时，郭嘉也看出曹操的心事，在另一个场合也向曹操说过相似的话。《三国志·郭嘉传》裴松之注引《傅子》记载，郭嘉的分析更为全面，把“四胜”扩展为“十胜”：

绍繁礼多仪，公体任自然，此道胜一也；

绍以逆动，公奉顺以率天下，此义胜二也；

汉末政失于宽，绍以宽济宽，故不摄，公纠之以猛而上下知制，此治胜三也；

绍外宽内忌，用人而疑之，所任唯亲戚子弟，公外易简而内机明，用人无疑，唯才所宜，不间远近，此度胜四也；

绍多谋少决，失在后事，公策得辄行，应变无穷，此谋胜五也；

绍因累世之资，高议揖让以收名誉，士之好言饰外者多归之，公以至心待人，推诚而行，不为虚美，以俭率下，与有功者无所吝，士之忠正远见而有实者皆愿为用，此德胜六也；

绍见人饥寒，恤念之形于颜色，其所不见，虑或不及也，所谓妇人之仁耳，公于目前小事，时有所忽，至于大事，与四海接，恩之所加，皆过其望，虽所不见，虑之所周，无不济也，此仁胜七也；

绍大臣争权，谗言惑乱，公御下以道，浸润不行，此明胜八也；

绍是非不可知，公所是进之以礼，所不是正之以法，此文胜九也；

绍好为虚势，不知兵要，公以少克众，用兵如神，军人恃之，敌人畏之，此武胜十也。

在郭嘉看来，袁绍有“十败”而曹操有“十胜”：袁绍虽然强大，但他没有什么作为，繁礼多仪，而曹操做事自然，没有形式主义，这是道胜；袁绍逆潮流而动，而曹操顺天而行，这是义胜；汉桓帝、汉灵帝以来政治失于宽怠，袁绍以宽治宽，手段不够强硬，而曹操纠之以严，使上下法令顺利施行，这是治胜；袁绍外宽内忌，用人而疑之，所重用的人都是亲戚子弟，而曹操外易简而内机明，用人不疑，唯才是用，不问远近，这是度胜；袁绍多谋少决，抓不住机遇，而曹操有了计划就大力推行，应变无穷，这是谋胜；袁绍是世家后代，喜欢沽名钓誉，喜欢说好话和奉承自己的人，而曹操待人以诚，不为虚美，忠正之士、有才之人都愿意为曹操所用，这是德胜；袁绍看见有人饥寒能给予体恤，马上进行接济，但对于看不到的，他也就想不到了，而曹操对小事有可能忽略，但大事都考虑得周到细致，恩之所加，都超过对方的期望，即使看不到的也都有考虑，这是仁胜；袁绍手下众人争权，谗言惑乱，而曹操对下属治理有方，谗言不能通行，这是明胜；袁绍是非不分，而曹操对待正确的事以礼相待，对待坏事都以法正之，这是文胜；袁绍好虚张声势，不了解打仗的要领，而曹操善于以少克众，用兵如神，使敌兵害怕，这是武胜。

可以说，荀彧和郭嘉对袁、曹优劣的分析都一针见血，做出上述判断虽然不乏一定主观因素，但基本上说的都是实话。《三国志·郭嘉传》裴松之注引《傅子》记载，对于部下的溢美之词，曹操听得有点不好意思，笑着对郭嘉说："如卿所言，孤何德以堪之也！"

落实到具体对策上，荀彧和郭嘉的意见也非常一致，他们都认为应当把南阳郡的事情放一放，先取吕布。荀彧认为如果不先取吕布，那么以后要解决袁绍相当困难。郭嘉认为袁绍正北击公孙瓒，可以趁着他的主力远征时东取吕布，如果失去这个机会，等到袁绍发起进攻时以吕布为外援，那就太危险了。《三国志·荀彧传》记载，曹操同意他们的看法，但心里有一些顾虑："然。吾所惑者，又恐绍侵扰关中，乱羌、胡，南诱蜀汉，是我独以兖、豫抗天下六分之五也。为将奈何？"曹操担忧关中出问题，那里如果处理不好，羌人、胡人加上南面的益州就会与袁绍、吕布等联合起来，到那时将四面都是敌人，虽然自己据有兖、豫二州，却也顶多只占天下的六分之一而已。

针对曹操提出的这个问题，荀彧有自己的看法。荀彧认为关中地区大的割据势力就有十几支，他们彼此不服，其中韩遂、马超最强，他们看见关东相争，必然各自拥兵自保，现在如果主动联合他们，施以恩德，和平的局面虽然不能维持得太久，但也可以坚持到整个关东地区平定之后。荀彧的分析正切中要害，很有说服力，让曹操心中顿时明朗起来。荀彧推荐钟繇出镇关中，曹操同意。建安四年（199），曹操辞去司隶校尉一职，命钟繇以侍中的身份兼任司隶校尉，并授予“特使不拘科制”的特权，即遇到问题可以先处理再上报，以此督抚关中各军。

钟繇是汉末三国最有成就的书法家之一，他与后世的王羲之并称“钟王”，他的字在当时就得到了同是书法家的曹操的喜爱，但此时钟繇在曹操眼中绝不只是一名书法家，而是自己的得力助手。钟繇通达事理，沉着勇毅，具备卓越的行政能力和才干，属于实干型人才，派他到关中总理那边的各项事务，曹操十分放心。

之前曹操曾派谒者仆射裴茂到关中，目的也是联络关中诸将。裴茂到关中后，首先得到凉州军中倾向于朝廷的段煨的支持。建安三年四月，段煨协助裴茂讨伐了李傕，夷灭其三族。裴茂把李傕的人头送往许县。对于这个杀害了朝廷多名重臣的刽子手，从汉献帝到百官无不痛恨，汉献帝下诏将李傕的人头高悬示众，同时下诏拜段煨为安南将军，封为乡侯。钟繇主持关中事务后，给最有实力的马腾、韩遂等人一一去信，向他们陈明利害，劝他们忠于朝廷。经过对形势的分析，马腾、韩遂选择了向许县朝廷靠拢，他们各送一名儿子到许县作为人质，以表明自己的忠心。

西边的事情安顿好了，曹操对南边的事情也得做出一些安排，防备刘表、张绣趁机偷袭。曹操仍然留下曹洪负责守卫南阳郡北部，交给他的任务是坚守不出，绝对保证许县南线的安全。曹操还起用了几个从荆州北归的人，把他们派到“敌占区”开展工作，对曹洪给予策应。在这些人中，杜袭、赵俨成绩最突出。

曹操任命杜袭为南阳郡西鄂县（县治在今河南省南阳市东北）县长，这个县距离张绣的大本营宛县很近，基本上是顶在敌人鼻尖上的一把刺刀，在那么恶劣的情况下，杜袭不仅站住了脚，而且还发动军民一边防卫一边开展生产。一次，张绣联合刘表的人马上万人来攻打西鄂县，杜袭召集所有担负守城重任的官吏百姓五十多人，与他们订立誓约，对于有亲戚在外想去救护的，放他们出城，但众人不愿离去，表示拼死效力。杜袭亲自带领他们合力拼杀，官民士气高昂，临阵斩杀刘表军数百人，而杜袭的手下只死了三十多人，剩下的负了伤。毕竟敌我力量悬殊，最后杜袭带领负了伤的官吏和百姓突出城围，其间没有一个人叛逃。杜袭聚集逃散的百姓，转移到摩陂扎营。摩陂是汉末三国时一座著名的水库，位于今河南省郏县东南。突围出去后，杜袭没有逃到曹洪那边求救，而是收拢散民，转战到敌后开展游击战，大家听说后纷纷赶来向他聚拢，杜袭又重新组织起一支力量，不断阻击张绣的进攻。

如果只从史书记载来看这场西鄂保卫战，简直是一场惊人战例，以五十多名没有经过正式军事训练的官吏、百姓去对抗上万名训练有素的正规军，居然打得如此有气势，指挥者最终还能顺利突围，让人无法想象。推测一下，情况或许是这样的：西鄂城中的官民不至于只有五十多人，这里指的或许只是领头的人，参加这场保卫战的应该还有不少官吏和百姓，当时一个县的百姓通常在一万户上下，直接参加战斗的有几千人是较为合理的。

杜袭的好友赵俨被曹操任命为朗陵县长，该县虽属汝南郡，但紧邻着南阳郡，属于敌我双方展开拉锯战的地方，由于它位置靠南，贴在南阳郡的“腰眼”位置，所以战略地位相当重要。朗陵县有很多黑恶势力，一向无所畏惧，赵俨到任后从打击黑恶势力入手，一下子抓了不少人，全部判处死刑，由此树立了威望。

在曹操南征张绣行动中立下大功的李通长期驻守在汝南郡，他利用自己的影响不断巩固势力，有力地策应了许县以南的安全，曹操根据李通前后立功的情况，将他升任为裨将军。李通和赵俨在汝南郡共事，建立了良好关系。李通妻子的伯父是朗陵县人，因为什么事犯了法，被赵俨抓了起来。妻子哭着向李通求情，希望他能疏通一下，李通说现在大家都全力以赴为曹公效力，不可因私废公。最后李通妻子的伯父被砍了头，李通赞赏赵俨执法严格，跟他成为好朋友。南面有曹洪留守，又有李通、杜袭、赵俨这样的军政人才，曹操可以放下心来，专心考虑东面的事了。

三、激战小沛

东边有袁术、吕布、刘备三个对手。曹操深知，在与北边的袁绍决战前，必须将这些对手一一解决，否则就得两线甚至三线作战。袁绍此时还有公孙瓒牵制着，但解决公孙瓒只是迟早的问题，曹操知道留给自己的时间不多了。正在曹操筹划如何对付这三个强劲对手时，东边的局势突然发生了新变化，主要发生在吕布、刘备之间。

刘备自从到了小沛，好像无声无息了，除了上次纪灵进攻时曾向吕布求援外，这么长时间里小沛方向一直风平浪静。刘备不是一个甘于寂寞的人，越是沉寂越说明有问题。吕布派人到小沛悄悄了解情况，经过一段时间的侦察，大体了解到刘备的动向。刘备趁着别人都在忙的时候，一直埋头扩充势力，对外宣称只有几千人马，其实现在最少也在万人。这还不是最让吕布担心的，有情报说刘备不太跟吕布联络，私下里却跟袁绍、曹操来往密切。汉献帝东归以来，袁绍、曹操的关系由微妙转为紧张，二人有大打出手之势，但刘备与他们都保持着来往，这让吕布极为不快。但仅就这一点还不能与刘备翻脸，因为那样一来等于让曹操难堪。吕布现在需要曹操的支持，只是对刘备的情况必须严加监控才行。

紧接着又传来更让吕布不高兴的事。韩暹、杨奉自恃讨伐袁术有功，事情办完就待在了徐州一带，吕布想把他们收编，但这二位一直不给明确答复。韩暹、杨奉的部下大多出身白波军，他们一向喜欢走到哪里抢到哪里，徐州刺史部各郡县频频来告状，让吕布头痛不已。将这些人留在身边始终是麻烦，但是放弃又有点可惜，毕竟他们人数众多，号召力很强，一旦有事，不指望他们能出大力，在一旁造个声势还是可以的。吕布向韩暹、杨奉提出，让他们向豫州、兖州、青州方向发展，打下的地盘都归他们，只要有事时愿意听从自己的调遣即可，其他一概不问，韩暹、杨奉同意。就这样，吕布将二人“礼送”出境。可没有想到，刚一去就出事了。韩暹、杨奉北上，一路连杀带抢，激起不少民愤。二人不管，仍然到处抢粮食、抢地盘，打的都是吕布的旗号。抢着抢着，就抢到刘备的地盘上。《太平御览》第八百三十八卷引《英雄记》记载：

布令韩暹、杨奉取刘备地麦，以为军资。

吕布命令韩暹、杨奉去抢刘备，似乎没有道理。刘备驻扎在小沛，是吕布安排去的，在人们心目中此时的刘备形同吕布的部属，吕布抢小沛等于在抢自己。但仔细想想，吕布真有可能下这样的命令，一来刘备近段时间悄悄扩充实力，不仅把沛国北部尽归所有，而且还打算吞并相邻的几个县，有些难以控制，必须给他一个提醒；二来刘备与袁绍、曹操来往密切，有改换门庭之势，也要给个警告。

对于打上门来的不速之客，刘备没有客气。刘备没有将此事报告吕布，请吕布加以约束或出面调解，大概他也看出来背后有吕布的影子。刘备使出一计，假意约杨奉相见。杨奉毕竟头脑简单，居然去了，结果让刘备抓了。刘备以杨奉为人质，很快瓦解了他的人马，之后将他杀了。韩暹失去杨奉的支援成为孤军，本想带着残余武装回并州老家，走到沛国境内一个名叫杼秋的地方，被当地屯帅张宣所杀。

刘备没费太大力气就解决了韩暹和杨奉，得了很大便宜，除得到大批俘虏和二人这些年抢来的金银财宝外，还得到许多上乘战马。别看韩暹、杨奉战斗力不强，但二人多年来四处转战，深知战马的重要性，所部配备有大量出自塞外的好马，刘备把它们悉数笑纳。事后，刘备还可以给吕布写去一封信，就说流寇韩暹、杨奉四处烧杀抢掠，民愤极大，更为可气的是他们干了那么多坏事，打的却是您的旗号，这是公然对您的污蔑，为此我把他们解决了，既为民除害，又还了您的清白。吕布接到这样的信，估计只能有苦说不出，谁让韩暹、杨奉名声太差呢？刘备毕竟干了一件老百姓拥护的事，因此跟他计较的话，反而帮了刘备的忙。这件事情让吕布耿耿于怀，一直想找个机会教训刘备一下。吕布还没出手，更可气的事又来了。

这几年来，吕布的战马损耗很大，但补充渠道有限，吕布急需战马，尤其是好马。兖州、徐州包括豫州一带不产良马，无法在当地补充。过去在并州或长安时这个问题好解决，派人到塞外或凉州去买就行，或者从那些马贩子手里收购，可现在困难重重，那些地方离徐州远隔千山万水，别说马贩子不肯来，就是派人专程去买马，大多也无功而返。

建安三年春天，吕布派人出去买马，开始很顺利，马也买了，要带回下邳，中间路过刘备的地盘，结果这批战马被人抢了。《三国志·先主传》裴松之注引《英雄记》记载：“建安三年春，布使人赍金欲诣河内买马，为备兵所钞。”在刘备地盘上敢抢吕布战马的人，不用动脑子就知道是刘备。吕布决定对刘备进行惩罚，命张辽、高顺带队，自己留在下邳做后援。

鉴于刘备已有上万人马，所以此次攻打刘备，吕布拨出了三万人，务求全胜而归。但是，战事却不顺利，刘备一边向曹操求援，一边率部坚守。见小沛一时难以攻克，吕布急了，亲率一支人马来援。吕布率军到达后，攻城部队士气有所回升，吕布抓住机会对小沛发起猛攻，城内的刘备渐渐有点吃不消。转眼间刘备已顽强固守了近三个月，而曹操的援军却没有来，再这样下去刘备就得全军覆没。

就在小沛即将被攻克时，突然传来消息，说有一支曹军正向这里移动。吕布感到有些紧张，难道曹操真想救刘备吗？仔细打探才得知，曹操并没有亲自来，率兵前来的是吕布的老对手“独目将军”夏侯惇，大约有数千人。听到这个消息，吕布稍稍松了一口气。他命高顺在半道上伏击夏侯惇。夏侯惇战败退回。刘备彻底失望，趁夜突围，小沛被吕布攻克。刘备逃得很狼狈，只带着关羽、张飞以及麋竺等人，刘备的妻子甘氏、麋氏都没来得及带上，成了吕布的俘虏。

建安三年十月，曹操亲自率大军向徐州方向进发，增援刘备，走到与沛国西面相邻的梁国时遇到了逃出小沛的刘备一行。这一年曹操四十三岁，刘备三十七岁。刘备见到曹操，力劝他一鼓作气杀往徐州，把吕布彻底消灭。曹操既然出动，自然不会空手而归。曹操在南阳郡连输了两次，需要来一场胜利提振士气。

如何处理刘备呢？曹操有些犹豫。手下有人劝曹操借机杀了刘备，持这种意见的人有不少。《三国志·武帝纪》记载，程昱劝曹操：“观刘备有雄才而甚得众心，终不为人下，不如早图之。”曹操不听，认为：“方今收英雄时也，杀一人而失天下之心，不可。”曹操不仅接纳了刘备，还以汉献帝的名义正式任命刘备为豫州牧。对刘备而言这项任命来得太迟了，但对朝廷而言，做出这项任命已经算是破例。汉献帝东归以来，对这些年各地自行任命的官职一直采取不承认态度，当初曹操握有整个兖州，朝廷可以承认他的实力，拜他为镇东将军，但对于他希望得到的兖州牧一职，朝廷拖了很久才给。

曹操虽然没有跟刘备打过交道，但承认刘备是个英雄，也不否认日后刘备会发展成为一个可怕的对手，但现在却不能杀他，不是不想杀，而是担心会让天下英雄寒心。程昱的想法是基于战术上的考虑，而曹操的想法是建立在战略层面上的。从以后情况的发展看，程昱的建议有一定道理，刘备确实成为曹操最重要的对手之一。但曹操的想法也不错，不久后张绣、臧霸、张杨、张燕等实力派纷纷投降曹操，在袁曹决战中坚定地站在曹操一边，如果把刘备杀了，这些人是否还会选择投降就不好说了。对曹操来说，收留刘备固然是一项“风险投资”，但也许会有高额的回报。

四、陈宫的无奈

从梁国一直往东就是小沛，但现在再去小沛意义已不大。

曹操进攻的重点是吕布的大本营下邳，所以他指挥大军向东南方向的彭城开进。

听说曹操亲自来了，吕布多少有点意外。在战术方面，吕布一向感觉很准，他知道敌人摆出的阵式哪里最薄弱，也知道如何在最短的时间里完成一次突击，但在战略方面吕布却经常找不着感觉。所谓战略，就是能分清谁是敌人谁是朋友，尽可能增加朋友、减少敌人，而吕布一会儿跟人称兄道弟、亲密无间，一会儿又翻脸不认人、大打出手，几乎所有人都跟他合作过又都动过手，他的战略是混乱的。

来到徐州后的这段时间里，吕布曾和刘备联手，也和曹操、袁术结盟，结果跟刘备至少打了两仗，跟袁术打了一仗，现在曹操又亲自来找他打仗，四面都是敌人，看不到一个朋友。到了这个地步，已经不是战术、战略问题了，应该在人品上找原因。吕布长于短线操作，只重眼前利益而无长远打算。如果决定联合袁术，就应该坚定不移地走下去，把自己与袁术牢牢绑在一起，没准也能搞出点什么名堂，历史的格局也许会重写。现在说什么都没用了，吕布赶紧让高顺、张辽从小沛撤回，把主力部署到彭城一线，依托彭城周围的低矮山丘以及汳水、济水、泗水等河流，构筑保卫徐州的第一道防线。

吕布亲临前线，誓死守卫彭城。但是，曹操是他的老对手，对他相当熟悉。在以往与曹操的交手中吕布败多胜少，这一次也没出意外。面对吕布，曹军在心理上占有优势，加上对彭城这个地方也很熟悉，几年前在这里他们曾与陶谦的军队交锋，所以打起来很顺手。就在曹操遇到刘备的当月，曹军很快取得了胜利，俘虏了吕布任命的彭城相侯谐，攻克彭城。吕布率军退到下邳国境内，构筑起第二道防线。《三国志·武帝纪》记载：

冬十月，屠彭城，获其相侯谐。

如果将这里的“屠”理解为屠城，那就是曹操对彭城军民的第二次大屠杀。当年南征陶谦，曹操曾在此搞过一次屠城。但如前所述，这里的“屠”只是攻占的意思，打江山就是占地盘，但地盘其实是不值钱的，值钱的是地盘上的人与物，尤其现在，人口锐减，生产凋零，无论发展兵源还是组织生产，人口都是最重要也是最稀缺的资源。屠城这种手段只有在一种情况下可以理解，那就是打下的地盘守不住，地盘上的人也带不走，不想留给敌人，于是消灭。根据此时的形势来看，曹操再屠彭城已毫无理由。况且，曹操现在是汉朝的司空、代理车骑将军，屠城这种严重的犯罪行为，对名声毫无益处。

曹军攻克彭城后继续进军，直抵下邳城外。下邳城有泗水为依托，城池相对坚固。《三国志·吕布传》裴松之注引《献帝春秋》记载，陈宫向吕布提出一个建议：“宜逆击之，以逸击劳，无不克也。”与其固守挨打，不如主动出击，陈宫的这个建议在战术上还是有道理的，趁曹军尚未渡过泗水主动出击，把敌人拒于泗水河西岸，这个打法比较主动。但吕布好像正在研究兵法，对兵法上说的“半渡可击”深信不疑，认为“不如待其来攻，蹙着泗水中”。

吕布可能还不知道，曹操才是研究兵法的大家，是公认的研究《孙子兵法》的鼻祖和权威，那时候《孙子兵法》的知名度还不是很高，曹操发现了这部兵书，爱不释手，为了给手下将领们当教材，他一边研究，一边进行批注，连吕布这个“兵法爱好者”都能想到的事，曹操肯定早有准备，所以曹军渡河的动作异常迅捷，没有给吕布留下发动突然袭击的机会。曹操率大军很快就推进到了下邳城下，但没有急于攻城，而是给吕布写信劝降。吕布接到信后有所犹豫，但现在就投降还有点不甘心，投降后曹操会不会来个秋后算账？他也吃不准。

这时，传来了令吕布感到揪心的消息：广陵郡太守陈登临阵倒戈，已杀到下邳。作为曹操安插的卧底，陈登其实早就在等待着这一天。上次出使许县，陈登被朝廷任命为广陵郡太守，陈珪后来也应朝廷之召去了许县。没有负担，才好反叛。吕布如果认真想一想，对陈登就该防上一手。曹军围下邳，陈登立即率人马从广陵郡来了，说是支持吕布，到阵前才亮明卧底的身份，回马一枪，吕布损失很大。盛怒之下，吕布亲率人马冒险出城，寻找陈登的踪迹，想将他抓住。但陈登很狡猾，迅速撤退，转眼便到了曹军的背后。而吕布经过一番苦战，才勉强脱身回到城内。陈登的三弟还在城中，吕布把他抓了起来，想以此为条件与陈登谈判，遭到陈登断然拒绝，攻城反而更急。困守孤城，吕布手下一些人信心动摇，担任刺奸一职的张弘也在给自己找出路，他负责看管陈登的三弟，便趁夜将其护送出城，交给陈登。

吕布只有依托下邳城坚固的城防进行抵抗，他拿定主意，不再主动出击了。曹操愿意攻城就攻去吧，下邳至少不比雍丘差，守个一年半载，看谁能耗过谁！但曹操的大军围住了下邳城，却没有发起进攻。曹操给吕布写了一封信，射进城内，信里还是在劝他投降，吕布接信之后有些动摇，陷入沉思。《三国志·吕布传》裴松之注引《献帝春秋》记载，一天，吕布带着陈宫到城墙上观察敌情，见城外曹军连营密集，阵形整齐，士气很旺，心中投降的念头更强了。吕布冲着城外的曹军喊道："卿曹无相困，我当自首明公！"话音未落，一旁的陈宫急了，厉声道："逆贼曹操，何等明公！今日降之，若卵投石，岂可得全也！"陈宫苦劝吕布千万不能投降，现在敌人声势虽猛，但时间有利于我们，曹操不敢在下邳城外多停留，就在不久前张绣以区区一个南阳郡、至多一两万人马而已，面对曹操一攻再攻仍拼力死战，两次将曹操打败。

陈宫劝吕布丢掉幻想，还是回到如何加强防守上来，把敌人挡在下邳城下。经陈宫一说，吕布又犹豫了，心里想守几个月肯定不是大问题，为什么把命运交给别人摆布呢？于是吕布不再提投降的事，专心守城。应该说，这是吕布最后的机会，这时如果肯投降，曹操杀他的可能性较小，但吕布忽略了陈宫竭力反对投降的真实原因。在曹操眼中，陈宫跟吕布不一样，吕布投降了只是降将，而陈宫则是叛徒，曹操一向爱才，对于降将他很少杀害，而对于叛徒，则必杀无疑。所以，吕布此时如果还有九分活路的话，陈宫仅有一分。陈宫坚决反对投降，为的是保他的命，可惜吕布没有想到这些，还认为陈宫说得对。

为提高士气，陈宫提出一个反败为胜的计划，他建议派兵出城偷袭曹军的粮道。曹军长途作战，粮食供应困难，一旦粮食被劫，军心必乱。吕布认为有道理，他事先已得知曹军的粮食主要经泗水河道运输，距此一百多里外的彭城国吕县是其后勤基地，如果一举将其捣毁，把他的粮食全部烧掉，曹军撤退的速度将更快。陈宫认为成败在此一举，建议吕布亲自率队前往。吕布想了想，同意了这个建议。吕布下令做好准备，打算当天夜里就杀出城，留陈宫、高顺守城。

安排完，吕布回到府中，想跟妻子再交代一下，毕竟要出城，随时面临危险，也许一去就回不来了。《三国志·吕布传》裴松之注引《英雄记》记载，吕布的妻子很有主见，对吕布说："将军自出断曹公粮道，是也。宫、顺素不和，将军一出，宫、顺必不同心共城守也。如有蹉跌，将军当于何自立乎？愿将军谛计之，无为宫等所误也。妾昔在长安，已为将军所弃，赖得庞舒私藏妾身耳，今不须顾妾也。"一番话，让吕布产生了动摇。吕布也许在想，陈宫力劝自己亲自出城，难道真有阴谋？一般情况下，陈宫是不会主动投降曹操的，因为他与曹操之间的积怨太深，但当此关头，如果陈宫以下邳城作为献礼投降曹操的话，就是另一回事了。而且，除曹操外陈宫还可以投降袁术，他打开城门，带着鼓动起来的一帮人去寿春投奔袁术，这也是有可能的。当初逃出长安城时，吕布曾将妻子抛下，幸亏庞舒相救，才逃过一劫，这次孤军出城，一旦情况有变，妻子的安危难料。这么一想，吕布便决定放弃出城袭取曹军粮道的打算，专心防守。

陈宫听说吕布放弃了他的作战计划，很失望。但陈宫没再坚持，而是重新提出了另一个计划。陈宫建议，孤守下邳城不是上策，可以由吕布亲率一半人马出城，在城外寻一个立足之处，不断向曹军发起袭扰，与城内形成配合。敌人原来对付的是一个目标，可以倾全力来围城，如果目标变成两个，他们不得不分兵来攻，攻城的力量也就减少了一半。敌人如果弃城外部队不顾，那就会不断受到袭扰。这当然是上策，一半人马出城，还可以减轻城中的粮草压力，是打破僵局的一着好棋。吕布又同意了，但吕布的妻子仍然反对，《三国志·吕布传》裴松之注引《魏氏春秋》记载，这一次她的理由是：

昔曹氏待公台如赤子，犹舍而来。今将军厚公台，不过于曹公，而欲委全城，捐妻子，孤军远出，若一旦有变，妾岂得为将军妻哉！

吕布的妻子说，当初曹操待陈宫那么好，事事听他的，对他十分器重，可陈宫仍然背弃了曹操，将军想想看，现在将军待陈宫有没有曹操待陈宫好？陈宫在这里的前途有没有比在曹操那里更远大？如果想清楚了，也就知道该不该冒险了。吕布听完心里更乱，陈宫的新计划暂时也不再提了。

五、水攻下邳城

曹操见劝降不成，下令继续攻城。曹军在攻城方面很有经验，他们打过雍丘之战那样艰巨的攻城战，所以攻势一上来就很猛，四门同时进攻，城里的守军一点都不敢怠慢。好在下邳城很坚固，城里准备的弓弩等守城器具很充足，曹军一时不能得手。但吕布也不想坐以待毙，好歹也得去找找援军才行。

现在有可能给予支援的有两个人，一个是袁术，一个是张杨。吕布的老朋友张杨仍活跃在河东郡、河内郡一带，他们与黑山军、白波军相互呼应，因为迎请汉献帝东归有功，张杨有一个大司马的头衔，说起来这是一个极其崇高的职务，属上公，比袁绍的大将军和曹操司空的地位都要高。查《后汉书》《后汉纪》《三国志》，均未见朝廷将张杨大司马一职免去的记载，万斯同《东汉将相大臣年表》仍将张杨担任此职列于建安三年内，处于文武百官"置顶"的位置。

张杨的实力虽然有限，但若能出兵来救，至少可以提振吕布的士气。吕布于是给张杨写了一封信，派人潜出城去，送往河内郡。至于袁术，吕布跟此人矛盾太多，不久前又拒绝了人家和亲的请求，还扣留了他的使者，已是仇人。但是，曹操是吕布的敌人，也是袁术的敌人，敌人的敌人是朋友，根据这个逻辑，联络袁术并非不可能。既然没有更好的办法，吕布决定试试。

一天夜里，吕布率一支人马突然自城中杀出，曹军没有防备，仓促上前迎战，双方乱杀一阵。杀了一会儿，吕布下令撤回城中。有几人就这样趁乱出了城，其中有许汜和王楷，他们都是吕布的谋士，吕布派他们冒死去寿春向袁术求援。下邳去寿春有数百里路，中间隔山隔水，还有重重敌兵，情况很复杂，许汜和王楷都是文人，他们能顺利到达寿春吗？吕布不知道。但除了派他们去也再没有合适的人了，因为此去不仅仅是给袁术送封信那么简单，还要想办法说服袁术，让他赶紧出兵来救，这是武将们不擅长的。

然而，一去多日，音讯全无。曹军攻城虽然一月有余，但攻势不减反增，看来不达目的誓不罢休，还能不能坚守半年吕布心里没了底。吕布没办法，想出最后一招，他要亲自送女儿出城前往寿春，给袁术送去当儿媳妇，以此换取袁术发兵相助。吕布的女儿此时年龄不详，吕布找了副软甲给她穿上，戴上头盔，然后让她跟自己同骑一匹马出城。吕布与围上来的敌兵展开了激战，虽然奋力拼杀，但大队曹军向吕布扑来，吕布只得退回城中，送女儿出城的计划没能成功。

城里陷入一片低迷气氛中。吕布手下原本是一支能征惯战的队伍，但此时被困在城内，擅长的战法施展不出来，粮草一天天快速消耗着，外面没有援兵的消息，人心惶惶。慢慢地，城里与外界断绝了联系，越是这样越让人觉得恐怖。转眼三个月过去了，曹军攻城的劲头还是那么足。

其实攻城的一方也不顺利，下邳城久攻不下，曹操也很头痛。大军长期滞留在徐州一带，南阳郡的张绣，荆州的刘表，冀州的袁绍，关中的韩遂、马腾，这些人此刻都在紧盯着徐州的战局，他们会不会趁火打劫，真的很难说。如果出现那样的情况，曹操仓促回军，岂不是兴平元年兖州之叛的重演？曹操人在徐州，心里一直惦记着许县。

这时传来情报说张杨在东市起兵，打出援救吕布的旗号，向下邳杀了过来，这加重了曹操的担忧。《三国志·张杨传》记载："杨素与吕布善。太祖之围布，杨欲救之，不能。乃出兵东市，遥为之势。"曹操不怕张杨杀过来，他怕张杨杀到许县去，以张杨现在的实力虽然构不成致命威胁，但他带头一闹，四周的实力派们更要蠢蠢欲动了。张杨起兵的东市不知在何地，应该在河内郡，胡三省、赵一清都认为是野王县东市。还有人认为是下邳城的东市，那肯定是不对的，张杨此刻应该距下邳很远。《三国志·郭嘉传》裴松之注引《傅子》记载，曹操想撤军，被郭嘉劝阻：

> 太祖欲引军还，嘉曰："昔项籍七十余战，未尝败北，一朝失势而身死国亡者，恃勇无谋故也。今布每战辄破，气衰力尽，内外失守。布之威力不及项籍，而困败过之，若乘胜攻之，此成禽也。"

郭嘉认为到了这个节骨眼上一定不能泄气，如果让吕布缓过这口气，日后再解决他就更困难了。郭嘉分析说，当年项籍身经七十余次战斗，从来没有打过败仗，但一朝失势导致身死国亡，这是他恃勇无谋造成的。现在吕布每战必败，已经气衰力尽，内外皆困，吕布的实力比项籍差得远，而现在的情况比项籍还不如，如果乘势攻之，一定可以将其擒获。郭嘉的建议得到荀攸的支持，荀攸也认为吕布自彭城之战以来连战皆败，锐气已衰，对三军来说将领是其核心，将领衰弱军队就丧失了斗志，陈宫虽然有些智谋，但现在他的计谋来不及施展，趁着这股劲猛攻，一定可以拿下吕布。见主要智囊都不主张退兵，曹操决心打下去。

为实现突破，荀攸、郭嘉给曹操出了大水灌城的主意。如今下邳城所在的江苏省睢宁县一带没有太大的水系，但在汉末，附近的泗水是黄河故道的一部分，这里水系很发达。不缺水，自然可以用来灌城，可如何实施呢？当时要完成一项引水工程，花费巨资不说，往往还得旷日持久，因为这类工程的土方量一般都非常大，时间短了根本不行。而且，城里的人还得让你来灌才行，如果他们不同意，你在城下“施工”，人家在城头弓箭、滚木等不停地招呼，也干不成啊。但曹军似乎完成了灌城的任务，结果下邳城内很快成为一片汪洋，守军叫苦不迭。

曹军是怎么做到的呢？这与下邳城特殊的城池结构有关。那时，下邳城外河道纵横，下邳城的一段城墙就沿着城外的一条河流修筑，这段天然的河道也成为护城河的一部分。这样做一来省工，二来天然河流水量更丰富，水面也更宽阔，利于防卫。但这样做也有不利的地方，那就是容易遭遇洪灾，也容易受到水攻。据考古发掘，汉末的下邳城已埋在如今五米以下的泥土里，其消失的主要原因就是发生在清康熙七年（1668）的一场大洪水。现在，曹军只要在紧邻下邳城的这条河流的下游修起一座大坝，把河水堵住，就会形成一个堰塞湖，水量到达一定程度，就能轻松把水引到城里去。那时的城墙很少有砖石结构的，大多是夯土墙，用水一泡，自然就不行了。《水经注·沂水》记载：

沂水于下邳县北西流，分为二水。一水于城北西南入泗。一水迳城东屈从县南，亦注泗，谓之小沂水。水上有桥，徐、泗间以为圯，昔张子房遇黄石公于圯上，即此处也。建安二年，曹操围吕布于此，引沂、泗灌城而擒之。

俗话说“水火无情”，水攻与火攻具有同样的威力，《孙子兵法》说“以火佐攻者明，以水佐攻者强”。但发动水攻也有需要注意的事项，《孙子兵法》说水攻可以断绝敌人的来往或退路，但不能夺取物资，也就是说可以杀伤、消耗敌人，而不能使自己一方的资源和实力得到增长。曹操是研究兵法的大家，对水攻十分重视，他在注解《孙子兵法》时曾提出“水佐者，但可以绝敌道，分敌军，不可以夺敌蓄积”，意思是用水辅助进攻只可以断绝敌人的通道、分割敌军，不能夺取敌人的物资储备，如果敌方的物资积蓄对自己非常重要，那就不能采取水攻了。

派往袁术那里的许汜和王楷运气还算不错，到了寿春，见到了袁术，但袁术还在生吕布的气。《三国志·吕布传》裴松之注引《英雄记》记载，袁术对许汜、王楷说：“布不与我女，理自当败，何为复来相闻邪？”许汜、王楷急了，对袁术说：“明上今不救布，为自败耳！布破，明上亦破也。”袁术大概也想到了唇亡齿寒的道理，最终决定出兵。

袁术的救兵出发了，并且是由他亲自率领的，不过人马少得可怜，只有一千多骑兵。《三国志·吕布传》记载：“布遣人求救于术，术自将千余骑出战。”这分明不是去打仗的，而只是一个“战场观察团”。结果可想而知，曹军稍一出动，袁术就退了回去，不敢再出来。袁术这么做大概有两种可能，一是救吕布的意志并不坚决，率兵增援，只是做做样子；二是想再等等，等吕布消耗得差不多，曹操那边也付出更大代价时再出手，所以没动真格。

六、白门楼上话短长

袁术指望不上，张杨那边更不顺利。张杨刚一起兵就被手下将领杨丑杀了，杨丑转而投降曹操。没过多久，张杨手下另一个将领眭固又把杨丑杀了，准备率部投降袁绍。外援没有希望，吕布只能靠自己。现在城里到处是水，吕布心情烦闷到极点。

一天，吕布回到府中，下人们呈上的饭菜较往日丰盛，不仅有肉，还有酒。吕布有些纳闷，问这些东西是哪里来的。

下人回答说这些是侯成将军派人送来的。吕布一听大怒，因为他刚刚颁了禁酒令，现在又是肉又是酒，不是公然抗命吗？吕布命人把侯成唤来，当面训责。侯成毫无思想准备，赶紧解释说前日他有十五匹好马被人偷走，有人想趁夜打开城门叛逃，事情被他侦知，把这几个人抓起来杀了，马也没有丢，诸将来为他庆贺，他就拿出自家之前酿的酒，又杀了几头猪，他一向敬重吕布，这些酒和肉没敢先吃，特地奉上聊表寸心。虽然如此，吕布仍然不依不饶，质问侯成说城里被围，粮食匮乏，我下令禁酒，你难道不知道吗？吕布大概近来心情很坏，所以越说越离谱，说你们又吃又喝，称兄道弟，想结伙谋害我吗？侯成一听害怕了，赶紧跪倒在地赔罪求饶。吕布的怒气这才稍稍消减些，但还是又责备了侯成几句，要他下不为例。侯成回到家，把诸将送的礼都退了，把酒和肉都扔了，心中仍惴惴不安。这件事寒了侯成的心，最终侯成决定投降曹操。不仅是他，吕布的部将宋宪、魏续等人也有了反叛的想法。

城外，在攻城战异常激烈之时，刘备的部将关羽私下里来见曹操。关羽跟随刘备来投奔，曹操对他很器重，对于特别能打的猛将，曹操一向很赏识。有曹操另眼相看，关羽于是向曹操提了一个私人请求，想在城破后迎娶吕布部将秦宜禄的妻子杜氏，请曹操成全，曹操想这不是什么大事，就一口答应了。可关羽说了一次还不够，就在城池将要攻破前又多次向曹操请求，害怕曹操把这件事忘了，这反而勾起了曹操的好奇心。《三国志·关羽传》裴松之注引《蜀记》记载：

曹公与刘备围吕布于下邳，关羽启公，布使秦宜禄行求救，乞娶其妻，公许之。临破，又屡启于公。公疑其有异色，先遣迎看，因自留之。

建安三年十二月里的一天，下邳城终于被攻破了。不是曹军强攻进的城，而是宋宪、魏续等人把陈宫抓了起来，打开了城门，投降曹操。城破前，吕布带着一部分手下登上最后一处据点白门楼，也就是下邳城南门的城门楼。吕布看到回天无力，于是走下城楼投降。吕布投降后，被人捆了起来。曹操偕刘备等人随后进城，由于城里大多数地方仍泡在水里，所以曹操干脆把临时指挥部设在白门楼上，手下把吕布等人带了上来。吕布被五花大绑，曹操被人簇拥着上了楼，身旁不少武将和谋士。对于曹操身边的人，吕布大多不认识，但有一个人他很熟，那就是刘备，不过刘备现在是座上宾，他是阶下囚。《三国志·吕布传》裴松之注引《英雄记》记载，吕布对曹操说："布待诸将厚也，诸将临急皆叛布耳。"曹操说："卿背妻，爱诸将妇，何以为厚？"吕布一听，默然无语。《三国志·吕布传》裴松之注引《献帝春秋》也记载了白门楼上的谈话，内容更为详尽：

布问太祖："明公何瘦？"

太祖曰："君何以识孤？"

布曰："昔在洛，会温氏园。"

太祖曰："然。孤忘之矣。所以瘦，恨不早相得故也。"

布曰："齐桓舍射钩，使管仲相；今使布竭股肱之力，为公前驱，可乎？"

布缚急，谓刘备曰："玄德，卿为坐客，我为执虏，不能一言以相宽乎？"

太祖笑曰："何不相语，而诉明使君乎？"意欲活之，命使宽缚。

主簿王必趋进曰："布，勍虏也。其众近在外，不可宽也。"

太祖曰："本欲相缓，主簿复不听，如之何？"

为了跟曹操套近乎，吕布主动说当年在洛阳的温氏园中见过曹操，这件事可能是真的，只是曹操记不起来了。这时有人把陈宫押了上来，见到老熟人，曹操问陈宫想不想让老母亲和妻儿活命。陈宫的母亲和妻儿都在下邳，看来已在曹操手中。《三国志·吕布传》裴松之注引《典略》记载了陈宫与曹操之间的谈话：

太祖谓宫曰："公台，卿平常自谓智计有余，今竟何如？"

宫顾指布曰："但坐此人不从宫言，以至于此。若其见从，亦未必为禽也。"

太祖笑曰："今日之事当云何？"

宫曰："为臣不忠，为子不孝，死自分也。"

太祖曰："卿如是，奈卿老母何？"

宫曰："宫闻将以孝治天下者不害人之亲，老母之存否，在明公也。"

太祖曰："若卿妻子何？"

宫曰："宫闻将施仁政于天下者，不绝人之祀，妻子之存否，亦在明公也。"

太祖未复言。宫曰："请出就戮，以明军法。"

陈宫认为，眼下的失败是因为吕布不听自己的计谋。陈宫自请一死，态度很坚决，直接往外走，拉都拉不住。曹操无奈，命人把他杀了。《三国志·吕布传》记载："太祖泣而送之，宫不还顾。宫死后，太祖待其家皆厚于初。"史书虽有上面这样的记载，但并不意味着曹操真的想留陈宫一命。曹操可以接纳降将，但他也最恨叛徒，在曹操心中陈宫就是一个叛徒，曹操曾经很信任陈宫，史书里的说法是待陈宫如"赤子"，陈宫本应以"赤子之心"回报曹操，但在关键时刻背叛了曹操，差点让曹操彻底崩盘，之后陈宫又辅佐吕布与曹操为敌，害得曹操在下邳城外围攻了好几个月，对于这样的人，曹操肯定恨之入骨，没有不杀的理由。从史书记载的曹操与陈宫最后的谈话来看，曹操其实并没有表态说不杀陈宫，也没有挽留，只是问他还有什么可说的，服不服气，还有哪些后事要交代。

陈宫与曹操打交道这么多年，也深知曹操的为人与个性，所以明白自己的处境，对生死不再抱什么期望，因而临终前态度无比坚决。陈宫是一个有本事的人，虽经历了反复，最后为吕布这样的人陪葬，似乎死得不那么光彩，但他其实是一个有原则的人，不是那种唯利是图、贪生怕死的小人。所以，在最后的关头陈宫才表现得如此大义凛然。

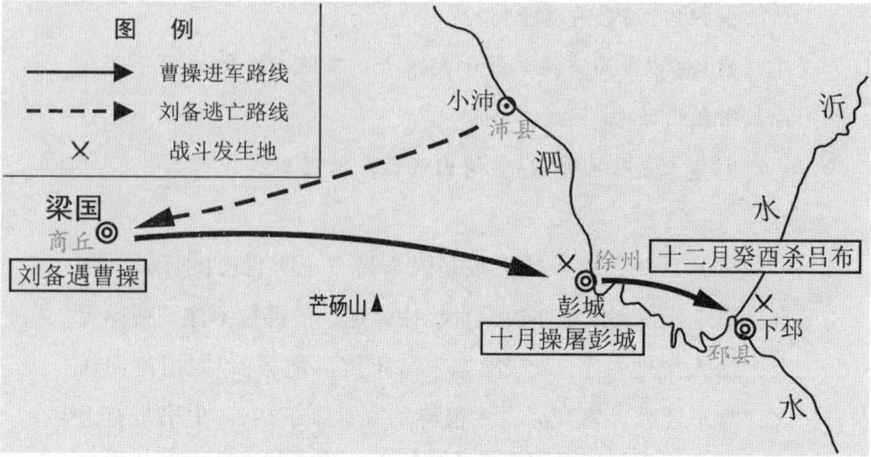

地图6　曹操消灭吕布之战示意图

吕布此时仍有求生的欲望，他想做最后的努力。《三国志·吕布传》记载，吕布对曹操说："明公所患不过于布，今已服矣，天下不足忧。明公将步，令布将骑，则天下不足定也。"曹操有些动心，旁边的刘备一看急了，对曹操说："明公不见布之事丁建阳及董太师乎！"曹操一听，频频点头。吕布大怒，骂刘备道："是儿最叵信者！"曹操下令把吕布杀了。叱咤风云的一代"飞将"就这样谢幕了，死时四十岁左右。

曹操难道真的动过不杀吕布之心？也许有可能。曹操很爱才，吕布作为将才在同时代几乎无人匹敌，他虽然不是一个帅才，却是一件攻击敌人的利器。当年张燕很难打，袁绍一筹莫展，吕布出马就能迅速搞定。曹操也不会过于在意那些过往的经历，从给曹操造成的伤害来看，吕布似乎比不过张绣，后来张绣投降曹操，曹操欣然接纳。曹操顾忌的是吕布能否被驯服，最终为我所用。正如刘备所言，吕布这个人诚信度较低，政治伦理意识淡漠，凡与他合作过的，丁原、董卓也罢，袁绍、袁术、刘备也罢，都吃过他的亏，这一点才是曹操所要考虑的。

所以，曹操最终仍会杀吕布，他爱才，但不会干养虎为患的事。至于王必的相劝，有可能是事先安排好的双簧。领导经常会有一些想法不能明说，或者经常说一些跟心里想法刚好相反的话，需要有人勇敢地站出来“背锅”，王必就是替曹操背黑锅的。这也就是荀攸不来劝，郭嘉也不来劝，而是从未在重大场合出谋划策过的王必出面相劝的原因。至于刘备相劝，那正中曹操的下怀。曹操作势要解吕布绑绳的时候一定拿眼睛瞟着刘备，他估计刘备肯定会急，刘备一急，就顺势将这把火烧给了刘备。刘备出于对吕布种种切身的感受，肯定不希望吕布有东山再起的机会，他或许意识到曹操在把祸水往自己身上引，但他没有别的选择。不过，也有另一种观点，认为刘备之所以不肯为吕布说情，并非出于对吕布的忌恨，也不是因为担心曹操不好驾驭此人，而是担心曹操得到吕布后实力大增。明代学者于慎行就认为：

吕布，剑客之雄耳，非大豪也。……然使得为操用，夏侯、许褚之流远出其下。以操御之，正自有余，何至如丁原、董卓？而玄德不肯一言，非忌布也，乃忌操也。先主此等识见，又操所不能参。(《读史漫录》)

不管怎么说，吕布终究死了，而且是被勒死的。《三国志·吕布传》记载："于是缢杀布。布与宫、顺等皆枭首送许，然后葬之。"既然是"枭首"，为什么先多一道"缢杀"的程序呢？这涉及对吕布适用的刑罚问题。一般而言，"缢杀"可保留全尸，较"枭首"轻，吕布有诛董卓的大功，又有县侯的爵位和左将军的军职，理应受到优待。吕布死后，曹操要向朝廷报告此事，同时显示军威，所以要将吕布在许县示众，但转运吕布的全尸较为困难，也没有太大必要，"枭首"更方便。吕布的妻女下落如何史书没有记载，但比照曹操对待陈宫家人的做法，应该也受到了优待。

吕布是汉末三国一位匆匆的过客，是乱世里的一个搅局者，他的一生是短暂的，他在历史上所留下的东西看上去虽令人眼花缭乱，有价值的、值得称道的却不多，人们在吕布的身上总结出来的更多是教训而非经验，从这个意义上说，吕布更像是一个反面教材，提醒人们不要去犯他曾经犯过的错误。吕布犯过哪些错误呢？总结一下，至少有以下几点：

一是不注重政治信誉，致使四面皆敌。三国史也是"忠"与"义"的历史，无论世道多乱，这两面大旗都始终高扬。后世看重三国人物的往往也在这一点，凡是被后世褒扬和肯定的，在"忠"和"义"的问题上一定没有亏欠，有不少人还成为后世楷模。而那些有不忠或者不义记录的，无论本事多大，有过多么了不起的成就，都难以被大家所认同。强调"忠"和"义"，不是说不能投奔别人再离开，在汉末三国这样的乱世中，一生即使委身于很多人，也不算什么，刘备先后依靠过的人跟吕布差不多，但大家说吕布“轻狡反覆”，却没有人这样说刘备。事情或许相同，但做法完全两样，吕布或降或叛，看中的只是个人利益，投靠时卑躬屈膝，翻脸时挥刀相向，刘备做得就比较周全，迫于形势离开时从不恶语相加。吕布缺乏信誉，这是他“善变”的一面，由于善变，吕布也就失去了根基，注定干不成大事。

二是只搞短线操作，没有长远规划。吕布人生中最活跃的十年基本是在颠沛流离中度过的，他也很辛苦，但经常忙活半天最终一无所获，原因就在于他缺乏长远规划，这是他“少谋”的一面。乱世争雄，说到底就是创业，创业要有基础、有团队、有起码的资本，但比这些更重要的是要有规划，吕布缺乏曹操、刘备、孙权那样的雄才大略，手下也没有荀彧、诸葛亮、鲁肃那样的规划师，他的奋斗历程看起来总是起伏不定，没有方向、没有目标，这也是吕布干不成大事的原因之一。

三是只知道“用人不疑”，不懂得“疑人不用”。除了“善变”和“少谋”，吕布在用人上也有问题。吕布其实还是有一定人格魅力的，他手下有不少将领一路追随他，有的“三国迷”把他们总结为吕布的“八健将”，即高顺、张辽、臧霸、侯成、宋宪、魏续、郝萌和曹性，这是吕布带队伍有长处的体现。但与此同时，吕布还存在识人不明的问题，他走向失败，与两个人有很大关系，一个是陈登，一个是陈宫，吕布其实对他们都怀疑过，尤其是陈宫，前面提到，吕布手下曾发生过一场叛乱，致使吕布差点送命，追查期间，有人亲口向吕布揭发，说陈宫也参加了叛乱，当时陈宫恰好在场，听到这话脸色都变了，但不知何故吕布听完竟不再提了，就当没发生过一样。“疑人不用”是用人的原则，吕布不懂这个道理，所以吃了大亏。吕布被俘前是有机会向曹操投降的，至少能保住性命，但陈宫百般阻止，使吕布失去了最后的机会。吕布败于陈登、陈宫，显示他在用人上还不成熟，如果说袁绍最终败给了为人太世故，那吕布就是败给了人情。

七、安抚“泰山帮”

随吕布一同被杀的还有高顺。高顺一生跟随吕布，他为人清白有威严，不饮酒，不受贿，训练出一支数百人的精锐部队，被称为“陷阵营”。这支部队攻无不克，战无不胜，是汉末一支劲旅。但吕布更信任魏续等人，经常把高顺训练好的兵交给魏续带，让高顺带魏续的兵，即使如此，高顺仍然毫无怨言。像高顺这样品才皆优的将领实在难找，吕布被杀后，曹操不应该再杀高顺，但最终还是杀了，也许是因为高顺执意要陪吕布一死，曹操没有办法才杀的，高顺的死法跟吕布一样，也是被勒死的。

吕布手下有名的将领还有张辽，论资历他一点都不比吕布差，二十多岁就做了郡太守。吕布、高顺死后，曹操提拔张辽为中郎将，把吕布集团保留下来的力量经过整编后交由张辽来统率。这支队伍在张辽手里继续保持了很强的战斗力，在其后的历次大战中均有出色表现，张辽逐渐成长为曹魏阵营里的一流大将。此时曹操手下至少有两位著名的降将，一个是徐晃，一个是张辽，曹操对他们很信任，他们也很忠于曹操，这得益于曹操不同一般的识人智慧和用人胆略。曹操善于发现人才，善于辨别人才的品行和节操，一旦认定就用人不疑，让各种人才发挥最大的潜能。

曹操灭掉吕布，吕布、陈宫都被曹操杀了，但吕布手下的人马还在，吕布的部将侯成、宋宪、魏续"临阵起义"，投降曹操，他们算是功臣，曹操不能杀，需要对他们进行妥善安置。但是，侯成、宋宪、魏续这几个人到曹营后再没有相关记载了，估计曹操没有给他们太高的军职，到中郎将或者是校尉、都尉这一级应该就到头了。

曹操不用张辽，另找一个人来统领吕布的旧部难道不行吗，比如把这些人马打乱，分编到各个部队中？但这是近现代的做法，在那时却未必是好主意，因为这相当于把一个风险源扩大成了若干个风险点。曹操的习惯做法是，对这样的部队进行整编，淘汰一批，留下的仍然整建制存在，青州兵就是这样的情况。而且，吕布的旧部大多是"起义部队"，也不适合打散重编，也许这些人起义前曾提出过一些条件，比如将领的军职、人马如何安置等，出于减少攻城伤亡代价的考虑曹操应该会答应。

既然要找一个人来当统领，曹操找的为什么是张辽而不是高顺？这是因为，张辽的情况跟高顺不同，高顺一直是吕布的部下，而张辽在很长时间里是吕布的同事、同僚，早年在并州，他们二人与张杨是丁原手下的三位得力干将，地位相差不大，互不统属。后来吕布杀了丁原投靠董卓，张杨走了，张辽留了下来，但张辽直接归董卓指挥，与吕布仍互不统属。张辽成为吕布部下是在董卓被杀后，吕布立下大功，享受三公的待遇，随着地位骤升，张辽所部人马并入吕布手下，张辽这才成为吕布的下级。从以上经历可以看出，吕布、张辽的资历一开始差不多，这使得二人的关系并非亲密无间，吕布杀董卓时没找张辽帮忙就是佐证。高顺不同，他一直是吕布的下级，忠于吕布，跟吕布有着很深的感情，高顺有时受到一些不公正对待，也都毫无怨言，这是值得称道的品质，但也是曹操不敢把队伍交给他的原因。

还有一点很重要，《后汉书·吕布传》说侯成"与诸将共执陈宫、高顺，率其众降"，也就是说，侯成等人是"起义将领"而高顺并不是，高顺是被起义的这些人绑起来交给曹操的，这中间发生过什么事？史书没有交代。但可以推测，也许侯成等人起义前也找了高顺，邀他一同起事，但高顺没答应，所以被大家绑了。也可能大家没有找过高顺，觉得他对吕布是死忠，不会参与起事而只会坏事，所以先把他绑了。不管哪种情况，曹操这时想再用高顺就困难了，即便不考虑高顺与吕布的关系，也得考虑侯成、宋宪、魏续等人的感受。既然旁边还有一位现成的张辽，曹操为何不把复杂的问题简单化处理呢？

杀了吕布、陈宫和高顺，剩下的就是奖赏和重用了。此次消灭吕布，最大的功臣是陈登，正是他临阵倒戈给了致命一击，吕布才死得这么快。曹操任命陈登为伏波将军，让他继续以广陵郡太守的身份主持徐州一带的军政事务。陈登此后便在江淮地区与袁术周旋，不断拓展势力，成为曹操在华东地区的重要支柱。

曹操在下邳还见到了滞留在吕布军中的陈纪和陈群，作为颍川郡陈氏家族的重要成员，曹操一定早就听荀彧等人讲过他们的事，所以见到陈氏父子特别高兴。陈氏父子见到曹操时都行叩拜之礼，曹操以汉献帝的名义征陈纪为九卿，任命陈群为司空西曹掾属。陈群从此进入曹魏阵营，一开始主要从事人事工作，他是一名称职的“人事干部”，曹操后来想提拔王模、周逵两个人，任职文件都拟好了，送到陈群这里，陈群知道这二人品行很差，于是将文件退了回去。但曹操仍坚持用了这两个人，后来他们都犯了严重错误，为此曹操专门向陈群道歉。陈群真正大放光彩是在魏文帝曹丕和魏明帝曹叡时代，他由人事工作先后转向军事参谋以及监察工作，后来被曹丕赋予军权，与司马懿一起成为能在曹魏阵营里统兵的世家大族人物，在魏文帝、魏明帝时期地位显赫。

在陈氏父子给曹操叩拜时有一个人也在场，但他站着不动，只是稍稍作了个揖，这个人名叫袁涣。袁涣曾为郡吏，后被举为朝廷的侍御史，天下大乱后回到豫州家乡，在曹操老家谯县担任过县令。刘备担任豫州刺史期间举袁涣为茂才，后来他又辗转到袁术那里，最后被吕布扣留。吕布与刘备翻脸后，命令袁涣写信辱骂刘备，袁涣因为刘备曾举他为茂才，不愿意写这样的信。吕布大怒，拿刀架在他的脖子上，威胁说写了就让你活命，不写就让你死。袁涣脸色不变，笑着对吕布说，我以前事奉刘将军，就像现在事奉将军您一样，如果今后离开您，就开始骂您，可以吗？吕布听了很惭愧，不再勉强。曹操听说了袁涣的事，很欣赏这样的人，就让他去搞屯田。袁涣后来担任过梁国相，是曹操在豫州刺史部的重要行政官员。曹操攻入下邳后，给手下将领和谋士每人几辆车子，让他们随意从缴获的战利品中挑选自己喜欢的东西，袁涣也享受了这个待遇。众人都挑了值钱的东西，装得满满的，唯有袁涣挑的是几百卷书。

攻入下邳城后，关羽最关心的人是杜氏，但他怎么都找不着，因为曹操已先他一步，命人把杜氏带到了自己那里。《三国志·关羽传》裴松之注引《蜀记》记载，关羽的一再请求勾起了曹操的好奇心，他要看看杜氏到底长得有多漂亮，于是“先遣迎看”。一见面，曹操就看上了，没有给关羽。这件事对关羽的内心多少有一定影响。在对待女人的问题上，曹操一向积极而开放。他一生妻妾不少，在杜氏之前，除了发妻丁氏、已故的刘氏和最宠爱的卞氏，曹操的夫人中至少还有环氏、孙氏和尹氏等。杜氏有一个儿子名叫秦朗，他随母亲到了曹家，像何晏一样，曹操也很喜欢他，出席一些公开活动时经常把他带在身边，曹操还指着秦朗对大家说：“世有人爱假子如孤者乎？”

如何安排刘备呢？曹操有点踌躇。刘备在下邳城又见到了自己的夫人甘氏和糜氏。糜氏还不太适应，甘氏已对这种当俘虏的日子习以为常了。对她们来说，这种临阵被抛弃的事情不是第一次，也不会是最后一次。刘备现在是朝廷正式任命的豫州牧，还是镇东将军，豫州刺史部的大部分地区已在曹操控制之下，治所是曹操的老家谯县，按照制度，刘备理应到那里上任。但曹操不会这么做，豫州牧连颍川郡和许县都管，相当于昔日的司隶校尉，也就是清代的直隶总督，这么重要的职务怎能交给刘备？同样的道理，徐州也不能交给刘备，刘备这样的人，论危险性比吕布差不了多少，只能让刘备待在自己的身边，待在能看见的地方。曹操任命的徐州刺史是一个名叫车胄的人，后来被刘备所杀。

曹操最后以汉献帝的名义拜刘备为左将军，这是四方将军之一，比镇东将军要高两级。此前，袁术担任过左将军，那是董卓主持朝廷时任命的，曹操主持朝政后曾把左将军给过吕布，吕布刚死，曹操又把这个职位给了刘备。张飞和关羽也都升了职，他们原来一直是司马，曹操提拔他们为中郎将。

曹操攻克下邳，杀掉吕布，但并不意味着徐州乃至整个东方的局势可传檄而定，这时的局势其实还相当严峻。徐州的南面是袁术，袁术的背后是正在快速崛起的孙策，他们都有向北扩张的冲动；徐州的北面虽然是相对稳定的兖州，但已经越来越强烈地感受到来自袁绍的压力；徐州的东北面是青州，袁绍和公孙瓒长期在那里经营，曹操在彼处基本上还没有什么影响力。

攻克下邳后，曹操也可以乘胜追击，继续巩固在徐州的基础，进而夺取青州。但那样一来必须冒张绣反攻、袁绍南下袭击许县以及关中诸将趁机作乱的风险。曹军的主力不能长期滞留在徐州一带，他得尽快班师。但曹操知道，回去之前必须找到一个人，不管多难找，也得把他找出来，不见着他，曹操回去以后心里也会不踏实。

这个人就是臧霸。下邳城破后，臧霸躲了起来。曹操悬赏搜寻，竟然把他找到了。曹操见到臧霸后特别高兴，说服臧霸归顺了自己，并通过他找来了昌豨、吴敦、尹礼、孙观以及孙观的哥哥孙康等人。曹操任命臧霸为琅邪国相，昌豨为东海郡太守，吴敦为利城郡太守，尹礼为东莞郡太守，孙观为北海国相，孙康为城阳郡太守。这些地方处于徐州、青州交界地带，这些郡太守以臧霸为核心，“泰山帮”成员之间联系更加紧密了。

曹操当年在兖州时，徐翕、毛晖是曹操的部将，二人也参与了兖州叛乱。叛乱平息后，徐翕、毛晖逃到臧霸那里。《三国志·臧霸传》记载，曹操之前曾让刘备传话给臧霸，让臧霸把二人的首级送来。臧霸对刘备说：“霸所以能自立者，以不为此也。霸受公生全之恩，不敢违命。然王霸之君可以义告，愿将军为之辞。”臧霸认为之所以有人肯追随自己，正是因为自己从不干出卖朋友的事，所以请刘备向曹操说情。刘备将臧霸的话转达曹操。曹操见到臧霸，叹息道：“此古人之事而君能行之，孤之愿也。”于是也任命徐翕、毛晖为郡太守。

曹操不担心臧霸等人结成帮派，只要他们服从自己就行。曹操的战略是，以陈登在南线牵制袁术，以臧霸等人在北线牵制袁绍和公孙瓒，这样他就可以腾出手来优先解决南面之敌。

臧霸从此据守于徐州、青州一带，这里成为曹魏势力的“边缘地带”，虽然他们服从曹操的领导，在后面的战事中，尤其在官渡之战中，他们坚定地站在了曹操的一边，但也保持了相当大的独立性。

臧霸等人不具备与曹操分庭抗礼的实力，但曹操也不能以武力解决他们，因为这里不是曹操的主战场，以和平收编的方式处理“泰山帮”无疑是明智的。但随着形势的发展，曹操战胜了袁绍，统一了整个北方，解决“泰山帮”就提上了议事日程。曹操多次动过彻底解决该问题的念头，但后来他遭遇了赤壁之败，敌人的名单依然很长，臧霸在这个名单上一直排在后面。直到曹操去世，臧霸和“泰山帮”问题都没有解决。作为具有独立性的非嫡系武装集团，它一直是曹魏帝国的软肋。曹丕继位后，才下定决心解决了这个问题。

八、易京陷落

建安四年春天，曹操由徐州班师许县，路上又做了一件事：斩杀眭固。眭固和杨丑都是张杨的部将，张杨死后杨丑掌握了他的队伍，投降了曹操，意味着曹操不费力气白得了一块地盘。这块地盘还相当重要，那就是张杨长期经营的河内郡，它处在曹操的大本营许县与袁绍的大本营邺县之间，在黄河岸边，曹操如果控制此地，日后与袁绍决战就抢占了先机。但后来眭固杀了杨丑，率张杨旧部投奔袁绍，这块地盘又成袁绍的了，袁绍命眭固驻扎在黄河北岸的射犬（属河内郡野王县，今河南省沁阳市东北）。《三国志·张杨传》裴松之引注《典略》记载，眭固字白兔，杀了杨丑，又屯驻于射犬，有个术士劝他：

将军字兔而此邑名犬，兔见犬，其势必惊，宜急移去。

对于术士的话，眭固并不相信。建安四年四月，曹操率军来到黄河岸边，命曹仁率部渡河攻击眭固，双方交战于犬城，此地位于射犬与袁绍的大本营邺县之间。战斗结束，眭固被斩杀，应了术士之言。曹操随后围住射犬，守城的是原先张杨的长史薛洪和袁绍任命的河内郡太守缪尚。董昭这时已由洛阳令升任河南尹，当年他曾在袁绍和张杨手下待过，跟薛洪、缪尚都有交往。董昭只身入城，在他的劝说下薛洪和缪尚率众投降。之后曹操还军敖仓，任命董昭为冀州牧，任命魏种为河内郡太守。这个魏种，就是之前在兖州叛乱期间因背叛而令曹操大为愤怒的人，但他是一个干才，曹操很惜才，抓住魏种后原谅了他，还委他以重任。

射犬和犬城的两场战斗，论规模比不上下邳之战，但这两仗意义也很重大，因为这是曹操与袁绍之间首次直接动手，标志着“袁曹联盟”彻底不存在了。曹操占有了河内郡的一部分，势力深入到黄河北岸，袁绍得知后一定气急败坏。做完这些，曹操回到了许县，同行的还有刘备、关羽、张飞等人。曹操给刘备以充分礼遇，《三国志·先主传》记载："表先主为左将军，礼之愈重，出则同舆，坐则同席。"但实际情况是，刘备等人被曹操软禁在了许县。

刚回到许县，曹操就遇到了袁绍派来的人。袁绍不是为眭固被杀来讨说法的，而是给曹操送来一个"礼物"。这个"礼物"盛放在一只木匣内，曹操让人打开，凑近一看，竟然是一个人的首级，把曹操吓了一跳。《三国志·公孙瓒传》裴松之注引《魏略》记载，当曹操听说这是谁的首级时，感到了窒息与不安，"孤自视忽然耳"，也就是头突然有些眩晕，看东西都模糊起来了。

这个首级，是公孙瓒的。

公孙瓒杀了刘虞，实力一下子增强了不少。但此人打仗有一套，搞地方治理却不怎么在行，尤其在用人上很失败。在公孙瓒手下，世家大族出身的人没有发展的机会，无论多么有才都进步缓慢，不少人抑死于穷苦之地。用人不拘一格是对的，但过了头就属于另类了，靠算命先生、布贩子等人给公孙瓒出谋划策，能有多高的水平？《三国志·公孙瓒传》裴松之注引《英雄记》记载，公孙瓒手下如果有部将被敌人围困而向他求援，公孙瓒一般不会出兵相救，他的理由是："救一人，使后将恃救不力战；今不救此，后将当念在自勉。"公孙瓒认为，如果救了这一个，以后将领们再遇到类似情况就有了依赖心理，就不会力战了，如果不救，以后大家肯定会奋力自救。这个说法貌似有道理却不实用，因为人都有求生的本能，在生死考验面前有人选择玉石俱焚，也有人会选择投降以求活命，公孙瓒的想法未免理想化了。面对敌人大军压境，公孙瓒手下的将领肯定会想，守是守不住，又没有救兵，干脆投降算了。公孙瓒的这个愚蠢决定不知道是他自己的创意还是跟他称兄道弟的刘纬台、李移子等人的建议，他手下如果有荀彧、贾诩、程昱这样的智囊，绝不会让他干这种傻事。

公孙瓒不识人，因而身边没有真正有水平的人才，即便有也纷纷离他而去。刘备、关羽、张飞、赵云等人都曾在公孙瓒手下待过，但他们都很聪明，早早脱离公孙瓒自立门户去了。一流人才的思想是一流的，一流的思想才能开创一流的事业，庸人不可能提出一流的规划。群雄相争，人才是最稀缺的资源，大家都在拼命地抢人才，尤其那些最优秀的人才更是让群雄心驰神往。公孙瓒靠一己之力起家，也开创了不小的局面，发展到一定阶段时应该把人才战略放在最突出的位置，但他偏偏不重视人才，也不会识才、用才和留才，身边缺少顶尖人才，这是他最终失败的主要原因。

界桥之战后袁绍的主力被臧洪牵制于东武阳，公孙瓒乘机把主力集结到易水一带，在此修筑了闻名于世的易水河防线。易水位于幽州刺史部与冀州刺史部的交界处，由上游的卢水、雹水、顺水、徐水等河流交汇而成，这是一条古老的河流，战国时期燕国太子丹送荆轲刺秦王时就在此作别，高渐离击筑而歌，使此河名扬天下。公孙瓒被朝廷封为易侯，封地易县（县治位于今河北省雄县以北）在易水之上。当时流传着这样的童谣："燕南垂，赵北际，中央不合大如砺，惟有此中可避世。”公孙瓒认为，童谣里说的这个地方指的就是易县及周围的地区。公孙瓒趁袁绍腾不出手来进攻自己的空当，以易县为中心，沿着易水河两岸大修军事工事。

公孙瓒在易水的北岸挖了十多重战壕，每隔一段又堆起五六丈高的土山，在土山上修起楼观，大大小小的楼观数以千计，公孙瓒手下的将领分别居住在这些楼观里。这其实就是由密网交织的交通壕所联结的碉堡群，这种碉堡被称为京。“京”在甲骨文中是象形字，即筑起的高丘，上面有耸起的尖端。这上千个碉堡筑起了一道坚固的防线，其核心地带是公孙瓒自己居住的易京，其下的土山高达十多丈，足有十多层楼高，在上面修有楼观，下面用铁门封死，公孙瓒平时居住在楼上，楼里只有婢女和女官，有需要公孙瓒批阅的公文，都通过绳子吊上去，等公孙瓒批示完再用绳子吊下来。《三国志·公孙瓒传》记载，公孙瓒在这些堡垒里囤积了三百万斛粮食，他告诉手下：“昔谓天下事可指麾而定，今日视之，非我所决，不如休兵，力田畜谷。兵法，百楼不攻。今吾楼橹千重，食尽此谷，足知天下之事矣。”公孙瓒构筑的易京防线十分坚固，虽然几经攻毁，但直到一百多年后的后赵时期仍然可以起到防御的作用。《水经注·易水》记载：

（瓒）自蓟徙临易水，谓之易京城，在易城西四五里。赵建武四年，石虎自辽西南达易京，以京障至固，令二万人废坏之。今者，城壁夷平，其楼基尚存，犹高一匹。余基上有井，世名易京楼，即瓒所保也。

公孙瓒大筑易京防线，还说了那番话，这让人想起董卓修筑的郿坞，看来越是狠角色内心里越是软弱，也越有避世的一面，打了无数的仗，最后得出的结论竟然是躲起来才幸福。公孙瓒说的“百楼不攻”不知道出自哪部兵书，《墨子·备城门》中有“百步一木楼，二百步一大楼”之句，是讲守城的，也许公孙瓒的话出自此处，或者这只是公孙瓒个人的军事思想。如前所述，汉代一斛约可盛小米十五千克，三百万斛约合四千五百万千克，这么多的粮食不大可能都囤积在公孙瓒居住的一座碉堡里，应该是易水岸边上千座碉堡囤粮的总和。公孙瓒发明的易水河防线是对传统城池型防御工事的颠覆，它更注重立体作战和协同作战，一改拒敌于城外的战法，把敌人放进来打，凭借坚固的工事和充足的粮食，待敌军进入碉堡网后四处出击，将其击败。

袁绍费了九牛二虎之力，在付出巨大牺牲后终于将东武阳的臧洪解决了（参见第二卷第七章），等他缓过劲来重新审视北部，这才吃惊地发现横亘在眼前的是一道数百里长的、从未见过却牢不可破的超长防线。在袁绍的强大攻势下，公孙瓒干脆待在易京防线里不出来。这条东西方向延伸开来的防御网巧妙地利用河流走向，并以人工壕、人造土丘为依托，在强大的后援保障系统支持下，通过交叉配合，足以将任何来犯之敌消灭在城下。袁绍攻了几次，收效不大，只得改打持久战。袁绍拉来了两股势力为自己助阵，一股是忠于刘虞的鲜于辅、阎柔等人，另一股是乌桓首领蹋顿。

刘虞死后，他的旧部鲜于辅、齐周、鲜于银继续坚持反抗公孙瓒的敌后斗争，他们共同推举阎柔为乌桓司马，领导幽州西北部一带反抗公孙瓒的各路势力。阎柔是汉人，小时候被乌桓人、鲜卑人俘虏，在少数部族中长大，熟悉这些民族的语言和风俗，所以得到了这些部族首领的信任。担任乌桓司马后，阎柔率领反公孙瓒的武装活跃于代郡、广阳郡、上谷郡、右北平郡等地，攻杀公孙瓒任命的官员。阎柔、鲜于辅还联合刘虞的儿子刘和，利用刘虞的号召力不断打击公孙瓒。袁绍派人找到阎柔、鲜于辅，与他们结成同盟，并派麹义支援他们，双方联合作战，在潞水之北取得胜利，斩杀了公孙瓒的部将邹丹以及四千多兵卒。

在袁绍与公孙瓒交战中，乌桓首领蹋顿经过观察，发现袁绍更有前途，于是主动联络，请求和亲，帮助袁绍进攻公孙瓒。袁绍在袁氏家族中选了一个女子，认作自己的女儿，把她嫁给了蹋顿，同时矫诏拜蹋顿等乌桓首领为单于，让他们从北面进攻公孙瓒。《三国志·武帝纪》记载："三郡乌丸承天下乱，破幽州，略有汉民合十余万户，袁绍皆立其酋豪为单于，以家人子为己女，妻焉。"得到北部少数部族首领的支持，又有阎柔等汉人武装呼应，袁绍对公孙瓒形成了南北夹击之势。袁绍采取迂回的办法一点点蚕食公孙瓒的势力，最终把公孙瓒逼退到易水河边的几座高大堡垒里。《三国志·公孙瓒传》裴松之注引《汉晋春秋》记载，袁绍试图不战而屈人之兵，给公孙瓒写去一封一千一百多字的长信，核心内容是"壮而筹之，非良策也。宜释憾除嫌，敦我旧好"，公孙瓒对此不予回应。

当时唯一可能被公孙瓒引为外援的是黑山军首领张燕，公孙瓒派儿子公孙续去联络他，没想到张燕相当痛快，立即表示站在公孙瓒一边。建安四年初，就在曹操准备从下邳回师时，张燕集合所部人马，号称有十万人，兵分三路来救公孙瓒。《三国志·公孙瓒传》裴松之注引《献帝春秋》记载，援兵快到时公孙瓒做了一个梦，梦见昔日的大本营蓟县城门崩塌，他认为这是大凶之兆。裴松之注引《典略》记载，公孙瓒感到最后的时刻到了，必须绝地反击，于是给儿子公孙续写了一封信，让他赶紧通知张燕，大军到后在北面燃起烽火。信中写道：

袁氏之攻，似若神鬼，鼓角鸣于地中，梯冲舞吾楼上。日穷月蹴，无所聊赖。汝当碎首于张燕，速致轻骑，到者当起烽火于北，吾当从内出。不然，吾亡之后，天下虽广，汝欲求安足之地，其可得乎？

看来公孙瓒确实急了，似乎对儿子也不太放心。要命的是，这封重要的信竟然落到了袁绍的手中。袁绍看到信，让人如期在北边燃起烽火，公孙瓒以为救兵到了，于是从堡垒里杀出，结果中了埋伏。公孙瓒大败，赶紧退回堡垒，依靠坚固的城防继续苦守。即便如此，易京仍固若金汤，袁军居然奈何不了。袁绍的智囊们最后想出了一个笨办法，一边正面佯攻，一边让人往城堡下面挖地道。地道一直挖到公孙瓒藏身的超级堡垒的正下方，在没有任何先进仪器指引的情况下，施工的技术难度可想而知。

袁绍的工兵一面向前掘进，一面用木头支撑巷道，跟现在开挖平峒式煤窑的工序差不多。经过测算，估计挖到易京的下方时，他们停了下来，尽可能扩大掘进面，在公孙瓒的楼观下面掏出一个大洞，不断用木头加固，差不多时开始放火，人员撤离。支撑的木头被烧坏，支架坍塌，不可一世的易京终于倒了。在易京倒塌的同时，公孙瓒知道大势已去，杀死了老婆孩子，然后自杀。公孙瓒在世时曾重用太原人关靖，此人一贯对上逢迎，对下酷虐，没什么才能，但在城破后却也死得英勇。裴松之注引《汉晋春秋》记载，“关靖曰：‘吾闻君子陷人于危，必同其难，岂可独生乎！’乃策马赴绍军而死”。

建安四年春天，即距吕布被杀还不到三个月，公孙瓒也死了。虽然只是巧合，却预示着群雄兼并步伐的加快。袁绍特意把公孙瓒的首级送往许县，一来公孙瓒杀过大司马刘虞，是朝廷的罪人，袁绍把他杀了归案；二来袁绍借机向曹操炫耀和示威。

第六章

命运浮沉

199—200年

一、汉献帝的“衣带诏”

吕布死了，公孙瓒也死了，相对于他们，刘备的处境算是好的。下邳之战结束后刘备随曹操来到许县，除了担任左将军，仍领豫州牧。不过，此时的豫州刺史部大部分为曹操所控制，这个职务与左将军一样都只是个荣誉。但不管怎么说，刘备是曹操的客人，曹操对他也格外礼遇，所以刘备在许县的生活表面上还是风光的。

早期追随刘备的一些人，如关羽、张飞、简雍、麋竺、麋芳、刘琰、陈到等人都随刘备同行，在许县期间唯一的新人是孙乾。孙乾是青州人，汉末著名学者郑玄的学生。郑玄跟刘备的老师卢植是同学，说起来孙乾与刘备还有同门之谊。孙乾被郑玄推荐到徐州任职，刘备在徐州时任命他为从事，从此孙乾跟随刘备。除关羽、张飞外，其他人此时的职务不详，一种可能是在刘备的左将军府或豫州牧府里任职，但这种可能性似乎又不大，刘备的这两项职务虽然显赫，曹操却不大会让他真的开府治事，尤其是在戒备森严的许县。另一种可能是，他们这些人被分散在各官署中任职，关羽和张飞以中郎将的身份领兵，除了他们以及陈到外，其他人大多担任着文职。

许县是一个是非之地，一切都在曹操的严密控制下，刘备知道自己的处境，所以来到许县后就闭门不出。刘备的老朋友孔融也在许县，刘备连他都不见，避免曹操对自己产生怀疑。一天，刘备在自家院子里指挥人种一种叫芜菁的菜，曹操派的密探来了，从门缝往里看，想知道刘备在家干什么。刘备很老到，发现门外有人，但装作没察觉，该干什么干什么。密探走后，刘备对张飞和关羽说我岂是干种菜这种活的人？曹操必然会生疑，这里不能再待了。当天夜里，他们打开后门悄悄逃出许县，临走前把汉献帝和曹操赐予或赠送的衣物等全部整理好留下。刘备一行逃出许县，直接前往小沛，这里是他多年经营的根据地，他在此重新整合旧部，打出反曹的旗号。

这件事记载在胡冲的《吴历》中，类似的在《华阳国志·刘先主志》中也有，说曹操派手下人偷偷监视刘备，“见其方披葱”。刘备指挥仆役干活，仆役干得不好，刘备生气，拿着棍杖打那个仆役。有人报告给曹操，曹操说：“大耳翁未之觉也。”其实，刘备也是在演戏，他已发现有人监视，所以故意做给监视的人看。监视的人一走，刘备感觉不妙，连夜逃走了。不过，裴松之认为这一类的记载并不可信：

> 魏武帝遣先主统诸将要击袁术，郭嘉等并谏，魏武不从，其事显然，非因种菜遁逃而去。如胡冲所云，何乖僻之甚乎！

裴松之提到的“郭嘉并谏”，指的是刘备初投时程昱等人劝曹操将其杀了，那时劝谏的也有郭嘉。《三国志·郭嘉传》裴松之注引《傅子》记载，郭嘉劝曹操：“备有雄才而甚得众心。张飞、关羽者，皆万人之敌也，为之死用。嘉观之，备终不为人下，其谋未可测也。古人有言，‘一日纵敌，数世之患’，宜早为之所。”不过，曹操对他们的意见均未采纳。裴松之认为，既然曹操反对杀刘备，为什么还会对刘备如此严加防范呢？裴松之的看法未必正确，因为不杀与严加防范之间并不矛盾，曹操派人监视刘备是在情理之中的。不过，《吴历》《华阳国志》均未指出刘备急于脱离曹操控制的真实原因。刘备之所以急于离开许县，并不完全因为曹操对他的监视，而是他牵涉进一桩大案，在没有暴露前必须赶紧脱身。

这是一场预谋中的政变，发起人是董承。一开始，董承对曹操充满了好感，在别人都往后退缩的情况下曹操挺身而出，使朝廷不至于陷入困顿或离散。但随后曹操大权独揽的做法让汉献帝产生反感，汉献帝此时虽然还不到二十岁，但经受的磨难已经很多了，他是一个有远大志向的皇帝，从地狱般的长安逃出来，心中越来越强烈地渴望刘汉江山能在他手中重新振兴。

如此一来，曹操与汉献帝之间不可避免地产生了矛盾，就在不久前，还在曹操从徐州班师的途中，汉献帝突然发布了一项人事任命，将董承由卫将军擢升为车骑将军。曹操把大将军让给袁绍后，自己一直代理着车骑将军的职务，汉献帝把车骑将军正式授给自己的老丈人，意味着曹操兼任的这个职务被免除了。曹操通过司空抓行政权，通过车骑将军抓军权，还有一个算兼职的录尚书事，抓朝廷的日常事务，所以车骑将军的职务对曹操来说并不是摆设，没有这个职务他直接指挥军队就有些名不正言不顺了。汉献帝的这项决定肯定出于自己的想法，没有跟曹操商量过，他这样做可能是表达对曹操独揽大权的行为不满，也可能另有打算。

从这件事可以看出，汉献帝与曹操之间的关系正在发生微妙变化，而董承是汉献帝最寄予厚望的人，这影响到董承对曹操的看法。还有一点十分关键，那就是董承是武将出身，而且有一支自己的武装，当初护驾东归的几个人中，张杨、杨奉、韩暹等先后落幕了，而董承一直都在。

现在，董承正秘密筹划着一场针对曹操的政变，他需要发展一批同伴，而刘备是董承的重点发展对象。印象中，刘备与汉献帝刘协关系十分密切，几乎所有人都知道刘备是"刘皇叔"，也就是汉献帝的叔父辈。根据这个说法，刘备来到许县，见到汉献帝，把自己家世一说，大家都是一个大家族的，汉献帝马上跟刘备叙了叙家谱。双方共同的谱系可以从汉景帝开始算起，刘备于是跟汉献帝一辈一辈往下叙，他们几乎把每一代人的名字都提了一下，最后发现刘备比汉献帝长一辈，汉献帝很高兴，立即认下了这个"皇叔"，并郑重地行了叔侄之礼。但这是小说虚构的，真实的情况是，如果从汉景帝开始往下数，汉献帝刘协是他的第十四世孙，而刘备是汉景帝的第十九世孙，刘备比汉献帝低了五辈，所以任何一部严肃史书都不敢说刘备是"皇叔"。

在当时的政治氛围下，刘备是不敢主动向汉献帝表示亲近的，即便曹操给了他许多这样的机会，刘备也会谨慎行事。有一个流传很广的说法，说刘备在许县期间参加了一场汉献帝主持的狩猎活动，曹操携关羽、张飞等人也参加了，狩猎过程中曹操轻慢汉献帝，惹恼关羽，关羽要杀曹操，被刘备拦住。关于这件事，无论正史还是杂史、杂著均未记载，也是小说虚构出来的，推测一下也是不可能发生的，因为刘备在许县只待了三四个月，正面临着各方面巨大压力的曹操也没有时间更没有心情去打猎。而且，刘备来许县是春末夏初，离开时夏天还没有结束，狩猎一般在秋天进行，没有大夏天出去打猎的。退一步说，即使有这么一场狩猎活动，刘备和关羽等人也参加了，在戒备森严的环境里，仅凭关羽一己之力就想当场诛杀曹操，那也是不合理的。

虽然刘备与汉献帝的关系并没有想象中的那么亲密，虽然刘备反抗曹操的意志也没有想象中的那么坚定和明显，但董承仍认为刘备值得发展。因为刘备也姓刘，是汉室宗亲，而从刘备与曹操的关系上也不难看出，他与曹操其实并不是一条心。在董承看来，刘备手里尚有一定实力，他的人马虽在小沛被打散，但收拾残部后，手下还有一些人马，他们应该在关羽、张飞、陈到等人的指挥下，曹操想必对这些人马看得很紧，也可能被分编于各部，可一旦有事，把这些人发动起来就是一股力量。所以，董承找到了刘备，策动他秘密除掉曹操。为了增加刘备的信任和信心，董承还拿出一份汉献帝亲笔书写的密诏，在这份密诏里，汉献帝直接表明让刘备去诛杀曹操。

《三国志·先主传》记载：

先主未出时，献帝舅车骑将军董承辞受帝衣带中密诏，当诛曹公。

董承是汉献帝的岳父，这里为什么称他为“献帝舅”呢？裴松之的解释是：“盖古无丈人之名，故谓之舅也。”对刘备来说，这其实是一件棘手的事。经过多年来的摔打磨炼，刘备成长得很快，他已不是意气用事的小青年，已经成长为成熟的政治家。以刘备的眼光不难看出董承的密谋胜算很小，许县是一个小地方，上上下下、里里外外都是曹操的人，周边都是曹操的嫡系和重兵，曹操的情报工作做得很细，可谓无孔不入，一旦泄密，参与的人都将万劫不复。

刘备此时可以选择向曹操告密，以换取曹操对自己的信任，但他实在做不出来，一来他对曹操并无好感，如果能除掉曹操，他也乐意为之；二来选择告密就等于和汉献帝作对，如果曹操一怒之下来个废帝弑君，之后顺势把“功劳”往自己身上一推，那刘备可就成了千古罪人，要遗臭万年了，这个刘备也不能做。所以，刘备选择了暂时不动。《三国志·先主传》记载：“先主未发。”可以理解为，刘备答应了董承，但却没有任何行动，既没有去告发，也没有再去联络他人，这大概也是刘备唯一能做的。这样做可以拖一拖，但拖不了太久，刘备不行动，董承还会联络其他人，一旦败露，曹操会追查下去，结果还是一样。为了这件事，刘备恐怕每天都有如坐针毡的感觉。

二、煮酒论英雄

刘备不行动，董承却等不及了。董承不断发展新同志，至少又成功发展了三个人：长水校尉种辑，偏将军王子服，议郎吴硕。这几个人的背景史书没有详细交代，从职务上看，种辑和王子服手里大概也有一点兵权，而吴硕能经常接触到曹操，别看他们名气不大，如果给他们机会的话，确实也能干出惊天动地的大事来。《三国志·先主传》裴松之注引《献帝起居注》记载，在动员王子服时，董承说："郭多有数百兵，坏李傕数万人，但足下与我同不耳！昔吕不韦之门，须子楚而后高，今吾与子由是也。"郭多即郭汜，当年与董承都属于凉州军，董承说郭汜只有几百人就打败了李傕的几万人，以此鼓励王子服，还用吕不韦与子楚的事加以激励。子楚是秦始皇嬴政的父亲秦庄襄王，他曾在赵国做人质，后来在吕不韦帮助下成为秦国国君，秦始皇统一天下，追封其为太上皇。但是，王子服仍然犹豫："今京师岂有所任乎？"董承无奈，只得透底道："长水校尉种辑、议郎吴硕是我腹心办事者。"王子服听了，"遂定计"。董承等人的计划是"举事讫，得曹公成兵"，也就是给曹操来个"斩首行动"，曹操伏诛，他手里人马再多也群龙无首，再由汉献帝出面征调曹操的人马，完全可行。董承敢这么想，并不是他太天真，而是东汉后期发生过多次政变，有宦官发起的，有外戚发起的，也有皇帝本人亲自发起的，经常以弱胜强，把不可能变为可能，只要出其不意，强大到坚不可摧的堡垒也会瞬间轰然垮掉。董承在王子服面前没有提及刘备，也许觉得身为左将军的刘备与种辑、吴硕等人不同，身份更重要，所以事先予以保密，也许是刘备长时间没有动静，董承已对他不抱太大希望。对刘备来说，这段时间的心情想必比王子服等人紧张多了。许县已不能久留，尽快脱身是唯一出路。正在刘备忐忑不安时，机会来了，给刘备提供这个机会的竟然是袁术。

袁术的故事我们下节详述，简单说，此时袁术已经走投无路，想北上投奔袁绍，这就会路过曹操的地盘。曹操得到情报，决定派一支人马前去截住袁术。刘备果断向曹操提出，由他率兵执行这一任务。

按理说，曹操是不会答应的。然而他不仅答应了，还给刘备摆酒送行。这是历史上的一场著名饭局，虽然主角只有两个人，但一样十分有名。《三国志·先主传》记载，席间，几杯酒下肚后，曹操突然意气风发起来，对刘备说了一句很有名的话："今天下英雄，惟使君与操耳。本初之徒，不足数也。"曹操说，当今天下的英雄，依我看只有玄德你和我曹操罢了，袁绍那些人，根本排不上号！这是夸人的话，刘备听了却心惊胆战，手不由得一抖，吓得"失匕箸"。刘备是一个聪明人，知道曹操最不放心什么样的人。笨不怕，傻不怕，怕的是聪明过了头，被曹操视为英雄的人危险系数自然大增。刘备到许县后一直低调做人，遇事装傻，平时只在家种瓜种菜，目的就是不引起曹操的怀疑和防范。刘备的失常行为曹操看在眼里，好在这时外面响起了震雷，刘备借此打了个圆场。裴松之注引

《华阳国志》记载：

于时正当雷震，备因谓操曰："圣人云'迅雷风烈必变'，良有以也。一震之威，乃可至于此也！"

这场著名酒局在史书中虽然有记载，过程也较为详细，但史书只提到酒而没有提到"青梅"，"盘置青梅，一樽煮酒"是《三国演义》虚构的细节。不过，这个细节也有一定的科学道理，青梅中含有丰富的柠檬酸，有助于预防动脉硬化，也有调节血压的功效。曹操有头风的毛病，很大可能是慢性高血压所引起的，吃青梅有助于降血压。而且，以青梅佐酒又是一种风雅的象征，后世的苏东坡、晏殊等都十分喜爱，晏殊曾写词："青梅煮酒斗时新，天气欲残春。东城南陌花下，逢着意中人。"大意是：又是残春天气，青梅煮酒正应着时节，春游时与意中人不期而遇，欣喜之情溢于言表。

刘备最终如愿领到了任务，率部前往袁术北上的必经之路展开阻击，随他前往的有关羽、张飞、陈到等部人马，这些都是追随刘备多年的旧部。曹操对刘备并不完全放心，所以又派了一部人马跟着刘备前往，由朱灵、路招率领。朱灵是袁绍的旧部，曹操在兖州期间朱灵曾奉袁绍之命率兵支援曹操，一来二去就留在了曹营。路招的情况不清楚。此次行动由刘备统一指挥。刘备的军职是左将军，比朱灵、路招高得多，自然由他担任主将。

程昱、董昭等人听说曹操派刘备去徐州执行任务，赶紧跑来劝曹操收回命令，或者干脆把刘备杀了。《三国志·程昱传》记载，程昱担心曹操又像上次那样不听自己的劝谏，所以特意拉上郭嘉一同前来，对曹操说："公前日不图备，昱等诚不及也。今借之以兵，必有异心。"《三国志·董昭传》记载，新任冀州牧的董昭也同意这样的看法："备勇而志大，关羽、张飞为之羽翼，恐备之心未可得论也！"曹操没有采纳他们的建议，而是说："吾已许之矣。"

听口气，曹操并没有觉得派刘备去徐州执行任务有什么风险，之所以有这样的想法，主要有以下几点原因：一是刘备对徐州、豫州一带的情况最熟悉，对袁术也熟悉，去执行这项任务，是最合适的人选；二是曹操的人手比较紧张，此时已到了建安四年夏天，袁绍那边已开始了行动，袁绍还派人去联络刘表和张绣，想给曹操来个两面夹击，孙策所部也有北上的意图，在曹操眼里到处都是敌人，都得分兵应对，相对来说阻击袁术的任务次要一些，能挡住最好，挡不住也改变不了大局，在派不出太多人马的情况下，让刘备去，利用他的名气和在徐州一带的影响力来弥补人马的不足，也是一个恰当的安排；三是刘备虽然不一定可靠，但派朱灵、路招一同前往，可以起到监视的作用，刘备如果有异心，也有应变之策；四是大概曹操也分析过刘备有没有冒险反叛的可能性，在曹操看来，这种可能性似乎并不大，在刘备的亲眼见证下，自己消灭了比刘备势力更大的吕布，吕布的下场刘备应引以为戒，刘备也不可能与袁术合作，他跟袁术打过仗，在现在这种情况下还与袁术合作，那将是一步险棋。

但是，至少还有两件事曹操没有料到：一是刘备在许县虽然待的时间不长，但并不只是在种菜、喝酒，刘备还参加了一场仍在酝酿中的政变活动，这件事一旦大白于天下，刘备就不得不反；二是刘备虽然跟袁术关系不怎么样，但跟袁绍的关系却不错，二人素无积怨，已经有过一些来往，只要找到了共同的利益点，随时有站到一起的可能。

阻击任务并不复杂，很快完成了。按理说刘备应该率部返回许县，但他没有。这时袁绍已完成兵力集结，准备向南运动，曹操不敢怠慢，也离开了许县，亲率主力北上迎击袁绍。一天夜里，有几个贴身卫士在徐他带领下突然闯进曹操的军帐试图行刺，这是一场蓄谋已久的刺杀活动，负责保卫工作的许褚一直不离曹操左右，徐他等人害怕许褚，迟迟不敢行动，这天许褚休息，所以他们身上藏着刀来杀曹操。不巧的是，许褚虽然已经回到了住处，但心里总觉得有什么事要发生，于是又返回值班岗位。徐他等人不知道，进了曹操的营帐，突然看见许褚在那里，大吃一惊，神色慌乱。许褚看到徐他等人的异常表现，觉得有诈，立刻将他们击杀。

现在最想刺杀曹操的恐怕是袁绍，买通曹操身边的人把他神不知鬼不觉地干掉，这个仗就好打了，甚至可以不打。但是，曹操一定认为不那么简单，所以他下令严格彻查。徐他谋刺是不是董承密谋中的一环？史书没有这方面的记载。不过，徐他谋刺未成对曹操无疑是一个警醒，这或许促使了董承等密谋的败露。

三、刘备起兵徐州

建安四年底，刘备在下邳杀了曹操任命的徐州刺史车胄，与曹操公开决裂。朱灵、路招没有阻止，推测起来可能刘备在行动之前已经把他们打发回去了，刘备可以假称任务完成，让朱灵、路招先行回师，待他们离开徐州后就动手。接到报告，曹操怒火中烧，终究被刘备算计了，这让他又恼又愧。曹操一向识人很准，但在刘备的问题上他看走了眼，手下那么多人都劝他不要相信刘备，他都没有听，结果发生了今天这样的事。

这件事非同小可。与袁绍决战在即，两翼的安全很重要，左翼的关中、右翼的徐州和兖州，两边都不能有闪失。曹操费好大的劲才消灭了吕布和袁术，保证了右翼的安全，如果徐州轻易被刘备占领，右翼就没有了，前面的努力也就白费了。曹操的脑子里甚至会立即浮现出一幅新的势力版图来：刘备在徐州站稳脚，南联孙策，北联袁绍，近联臧霸、昌豨等"泰山帮"，呼呼啦啦就连成了一大片，许县南边的张绣、刘表以及关中诸将趁火打劫，自己就被围在了正中间，这个仗不用打就已经失败了。

曹操迅速作出部署，派出一支人马去征讨刘备。但他派出去的人很奇怪，一个是刘岱，一个是王忠。汉末有两个刘岱，一个是关东联军首领之一的前兖州刺史刘岱，另一个就是这位。这个刘岱是曹操的同乡，此时的职务是司空府长史。王忠是关中人，逃荒到了荆州一带，聚众袭击刘表的部下娄子伯后投奔曹操，此时的职务是中郎将。人们对历史上的王忠有些印象，主要因为一件事：曹丕当皇帝后，王忠有一次随驾出行，曹丕想跟他开开玩笑，就让随行的艺人找了些坟地里的骷髅挂在王忠的马鞍上，以此取乐。

曹操现在派出去的这两个人，一个是文职出身，一个是杂牌军将领，让他们去打刘备，显然有些冒险。果然，刘备没费多大力气就把刘岱、王忠打败了。《三国志·武帝纪》裴松之注引《献帝春秋》记载，刘备还教训刘岱、王忠："使汝百人来，其无如我何；曹公自来，未可知耳！"敢临阵起事，刘备应该是经过周密考量的，他大概觉得趁着曹操在前线抽不开身的时候正好大干一场，胜算是很大的。刘备可能认为，曹操无论如何都不敢分神来进攻徐州，所以他占据徐州可以坐观袁曹相斗，乘机壮大自己。如果是这样，刘备确实走出了一步好棋，不仅一举摆脱困境，而且可以迅速翻身，进可攻，退可守。

打败曹操派来的人马，刘备立即做出几项决定，以左将军的身份表奏关羽代理下邳国相，让他守在下邳，自己率张飞等人驻守小沛，做好与曹军进一步周旋的准备。同时，刘备派孙乾前往袁绍那里联络，再次表明支持袁绍的态度，还联络"泰山帮"以及徐州、兖州、青州一带的反曹力量，结成联盟。袁绍此时正准备倾尽全力南下，志在必得，孙乾见到袁绍，表明来意，袁绍自然求之不得。联络"泰山帮"方面也有收获，虽然臧霸仍然支持曹操，不愿与刘备结盟，但同属"泰山帮"的东海郡太守昌豨被争取过来，响应刘备。有了昌豨的支持，刘备在下邳、小沛一带的势力迅速壮大，手下有了几万人马。

这个数字有些水分，至少其中掺杂乌合之众，刘备的实力还没有那么强大，不过造声势是足够了。

刘备的宣传发动工作做得很广泛，不仅“泰山帮”，与徐州相邻的豫州、兖州一带有些地方官员也响应了刘备，其中包括豫州刺史部沛国铚县县长秦宜禄。《三国志·明帝纪》裴松之注引《魏氏春秋》记载，杜氏的前夫秦宜禄奉吕布之命到袁术那里搬救兵，后来跑回来投降了曹操，被曹操任命为铚县县长。张飞到了铚县，对秦宜禄说：“人取汝妻，而为之长，乃蚩蚩若是邪，随我去乎！”秦宜禄于是跟着张飞走了，但只走出几里就后悔了，想跑回来，张飞把他杀了。

张飞大概是奉刘备之命来到豫州刺史部沛国一带发展势力的，这里是曹操的老家，说明这段时间刘备扩张的速度真的很快。张飞在这里还有了个人的收获，他娶了妻子。《三国志·夏侯渊传》裴松之注引《魏略》记载，张飞在沛国期间，有一天领兵外出，在半路上遇见一位打柴的姑娘，十三四岁，长得特别漂亮，张飞“知其良家女，遂以为妻”。张飞的这个妻子是抢来的，只是他应当不知道，这个女子有着不凡的身世，她是夏侯霸的表妹，而夏侯霸是曹操手下重要将领夏侯渊的儿子。夏侯渊就是沛国人，这个夏侯姑娘在兵荒马乱之际怎么还跑出来打柴呢？不太清楚。总之，张飞就这样把她带走了，他自己也成了夏侯渊的表侄女婿。夏侯姑娘随张飞南征北战，后来生下一个女儿，这个女儿嫁给了刘备的儿子刘禅，刘禅当皇帝后，张飞的女儿成为皇后。按照这层关系算，刘禅成了夏侯渊的表外孙女婿。夏侯氏和曹氏世代联姻，如此一来，刘备的孙子跟曹操的后代也有了亲缘关系。一次偶然邂逅，成就了一起涉及几大豪门的战地姻缘。

转眼到了建安五年（200）正月。看到刘备在徐州坐大，曹操有些紧张，决定亲征徐州。《三国志·武帝纪》记载，大多数智囊和将领对此都表示反对，他们的理由是："与公争天下者，袁绍也。今绍方来而弃之东，绍乘人后，若何？"众人认为当前最大的敌人是袁绍，现在袁绍已率主力南下，如果弃之不顾而去东征刘备，袁绍这时趁机抄我们的后路，那时该怎么办？曹操不同意大家的看法，认为："夫刘备，人杰也，今不击，必为后患。"这句话引自孙盛的《魏氏春秋》，不过稍有不同，《魏氏春秋》中曹操说的是："刘备，人杰也，将生忧寡人。"而《魏氏春秋》的这句话又来自《左传·哀公二十年》所载吴王夫差之语："句践将生忧寡人，寡人死之不得矣。"所以，曹操也许说过类似的话，但像"生忧寡人"这样的说法是史家"润色"出来的。裴松之就此发表了一段评论：

臣松之以为史之记言，既多润色，故前载所述有非实者矣，后之作者又生意改之，于失实也，不亦弥远乎！凡孙盛制书，多用左氏以易旧文，如此者非一。嗟乎，后之学者将何取信哉？且魏武方以天下励志，而用夫差分死之言，尤非其类。

裴松之认为，史家写史，因"润色"造成了与历史事实的不符，这很不严肃，孙盛用《左传》旧文来写曹操说的话，这种情况不止一次两次了，况且引用得也不合适，因为夫差所说是一种“分死之言”，与曹操此时的情况完全不一样。

曹操的想法得到了郭嘉的支持，郭嘉认为只要此次行动速度快，可以做到两边不耽误。于是曹操亲率一支人马直扑徐州。刘备没料到局势到了这种程度，曹操还有精力“照顾”他一下，当侦察兵向刘备报告说曹操亲自来了，刘备大吃一惊，仍不太相信。刘备亲自带着几十名骑兵到前面察看情况，看见曹操的旗帜，于是连打一仗的信心都没有了，不战而逃，小沛、下邳先后失守。刘备手下大部分人马都做了曹军的俘虏，其中包括刘备的两位夫人和关羽。对甘氏、糜氏来说，做俘虏快成家常便饭了，而关羽的被俘让刘备损失巨大。曹操很喜欢关羽，升他为偏将军，十分厚待他。刘备率张飞等残部向北逃走，幸好之前联络过袁绍，现在只有去那里了。

四、袁刘“机”与“谋”

刘备在徐州起事，作为盟军的袁绍却在此次曹操征讨徐州之战中毫无作为，放任刘备轻易被打败，似乎不好理解。其实，很多人都看到这是一次机会，田丰就曾劝袁绍利用这个机会向曹操发起进攻，袁绍则以儿子有病为由拒绝了。田丰很是生气，用拐杖锤击地面说：“夫遭难遇之机，而以婴儿之病失其会，惜哉！”袁绍也算是汉末的一代强人，经历过很多大事，在关键时刻并不缺乏胆魄，为什么如此糊涂呢？即便自己有事抽不开身，至少也可以派将领率兵攻击曹操的后方，但袁绍也没有这样做，简直不可思议。清代学者何焯就深为袁绍惋惜：“若用田丰之言，即使许不可拔，而绍据临大河以争其北，徐州出兵扰其东南，过于彭越之在梁地，操奔命不遑矣。”针对袁绍为何不出兵的问题，明末清初学者王夫之在《读通鉴论》中有一个分析：

曹操东攻先主，田丰说绍乘间举兵以袭其后，绍以子疾辞丰而不行，绍虽年老智衰，禽犊爱重，岂至以婴儿病失大计者？且身即不行，命大将统重兵以蹑之，亦讵不可？而绍不尔者，绍之情非丰所知也。操东与先主相距而绍乘之，操军必惊骇溃归，而先主追蹑之，操且授首；先主诛操入许而拥帝，绍之逆不足以逞，而遽与先主争权；故今日弗进，亦犹昔者拥兵冀州，视王允之诛卓而不为之援，其谋一也。

王夫之认为袁绍之所以按兵不动，是因为他内心里有一些盘算，而这些话是不能明说的，儿子有病只是他的借口，其真实想法田丰等人并不知道。王夫之分析，如果曹操与刘备交战时袁绍乘机袭击曹军的后方，曹军必然会惊慌失措，甚至大败而归，而刘备肯定会跟踪追击，曹操就有可能被杀。刘备杀掉曹操，进入许县拥戴汉献帝，这又是袁绍不愿意看到的，因为那样一来自己就得与刘备争权。袁绍不出兵支援刘备，就像之前是他拥兵冀州，看着王允诛杀董卓而不去支援一样，藏着很深的机谋。

至于刘备方面，也有不可理解的地方，那就是起兵的时机选择。建安五年初，曹操与袁绍之间的决战之势已十分清楚，在二人正式决战前起兵，对刘备而言似乎不是一个好时机。站在刘备的角度，更好的时机也许是在二人开战以后，最好是相攻不下的时候，那时刘备再起兵，将起到“四两拨千斤”的奇效。刘备提前起兵，结果反将自己置于被动地位，成为首先被消灭的对象。当然，“衣带诏”事件的败露或许是刘备不得不起兵的原因，徐他刺杀事件发生后不久董承等人的密谋也败露了，所有参与这件事的人全部被诛三族，其中包括董承的女儿董贵人。不过，究竟董承等人密谋败露在前还是刘备在徐州起兵在前？史书有不同的记载：

备之未东也，阴与董承等谋反，至下邳，遂杀徐州刺史车胄，举兵屯沛。遣刘岱、王忠击之，不克。……五年春正月，董承等谋泄，皆伏诛。（《三国志·武帝纪》）

遂与承及长水校尉种辑、将军吴子兰、王子服等同谋。会见使，未发。事觉，承等皆伏诛。先主据下邳。灵等还，先主乃杀徐州刺史车胄，留关羽守下邳，而身还小沛。（《三国志·先主传》）

会术病死，操悔遣备，追之不及。备遂据下邳。五年春正月壬午，车骑将军董承、偏将军王服谋杀曹操，发觉，伏诛。（袁宏《后汉纪·孝献皇帝纪》）

以上三条记载中，《三国志·先主传》认为董承等人密谋败露在前，言下之意，是刘备听说此事后担心曹操追查，不得不抢先起兵。但《三国志·武帝纪》《后汉纪·孝献皇帝纪》都认为刘备起兵在前，起兵的原因与董承之事无关。究竟哪一种记载是正确的呢？司马光在《资治通鉴考异》中认为："《蜀志》先叙董承谋泄，诛死，备乃杀车胄。《魏志》备杀车胄后明年，董承乃死。袁《纪》备据下邳亦在承死前。《蜀志》误也。"在司马光看来，刘备先起兵于徐州，之后董承等人的密谋才暴露。既然如此，刘备为何那么着急起兵呢？王夫之同样有一段分析：

岂徒绍哉！先主亦固有此情矣。绍之兴兵而南，众未集，兵未进，虽承密诏与董承约，抑可姑藏少待也；待绍之进黎阳、围白马，操战屡北，军粮且匮，土山地道交攻而不容退，乃徐起徐、豫之兵，亟向许以拒曹之归，操且必为绍禽。而先主遽发以先绍者，亦虑操为绍禽，而己拥天子之空质，则绍且枭张于外而逼我，孤危将为王允之续矣。惟先绍而举，则大功自己以建，而绍之威不张。绍以此制先主，先主亦以此制绍，其机一也。

王夫之认为，岂止袁绍有心机，刘备也有着自己的盘算。如果刘备暂且隐蔽起来，稍等一段时间，等到袁绍与曹操打成持久战，曹操军队又不能抽身的时候突然在徐州起兵，迅速开向许县，以堵曹操的归路，那么曹操有可能被袁绍擒获。然而，刘备却在袁绍行动前率先起兵征讨曹操。刘备这么做，也是考虑到假如曹操被袁绍擒获，而自己却拥奉着一位毫无实权的皇帝，那么袁绍在外就会气焰嚣张，自己则有可能成为王允第二。在刘备看来，只有在曹操之前举兵，大功才能由自己来建，也才能以此限制袁绍以后的发展，所以不惜冒险先起兵。

王夫之的分析有一定道理，毕竟涉及生死存亡以及今后如何发展的大事，袁绍也罢，刘备也罢，都不可能不竭尽全力为自己做好谋划，也都会试图为自己营造利益最大、风险最小的方案，袁绍有心机、刘备有谋算是可以理解的。不过，以刘备当时的实力和处境来说，他似乎还想不到那么远，袁绍如果能打败曹操，刘备是不会搞破坏的，因为那样对自己并无好处。至于杀了曹操进而挟天子以令诸侯，刘备之前大概不曾想过，之后也不可能这样去畅想。

刘备之所以抢先起兵，除了王夫之分析的“其机一也”外，还有一种可能性，那就是刘备认为曹操不会来进攻自己。刘备或许认为曹操正承受着袁绍的强大压力，是不敢冒险以主力来进攻自己的，这个想法与曹操手下大多数谋士、将领的想法相近。但曹操在雄才大略方面更胜一筹，他看得更高也更远，所以果断出击。至于袁绍，除了王夫之分析的“其谋一也”外也还有一种可能性，那就是刘备受攻，也向袁绍求援了，袁绍也打算增援，援军之所以没能及时到达，主要原因是来不及反应。求援、决策、派兵需要一定时间，一来一往就有些来不及了。曹操率领一支快速机动部队果断出击，打了一个时间差，让袁绍想救也救不了。

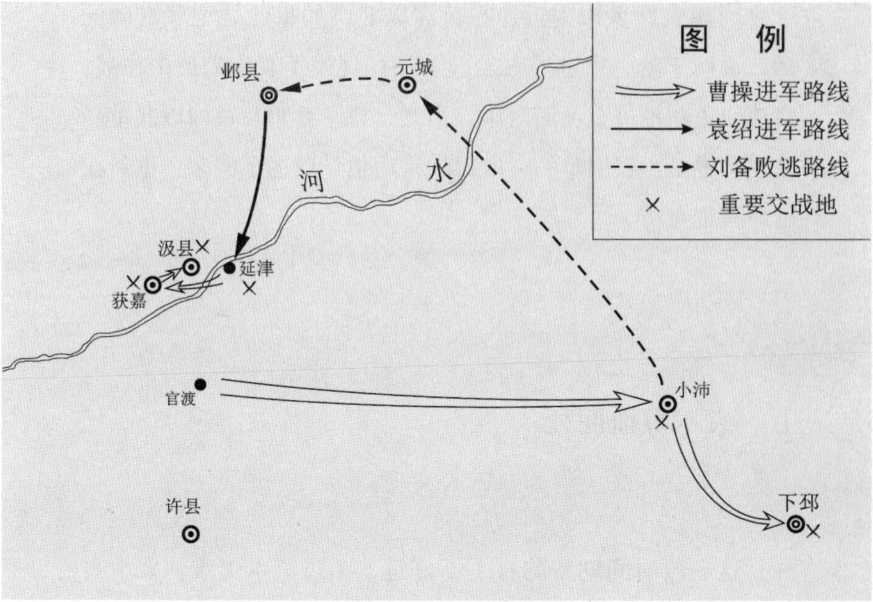

地图7　曹操东征刘备示意图

其实，袁绍看到曹操东击刘备，也并非完全坐视不理，他也有所行动，只是规模有限，没有什么效果。《三国志·于禁传》记载，曹军退至黄河以南后，于禁主动提出愿意担任先锋。曹操称赞于禁，遣步卒两千人由于禁统领，驻守延津以拒袁军，曹操自率主力归至官渡。曹操东击刘备后，袁绍虽然没有采纳田丰的建议立即率主力进攻曹操的后方，但也派出一些人马渡过黄河，去攻打延津。于禁坚守延津，使袁军无法取得进展。于禁抓住战机，“复与乐进等将步骑五千，击绍别营，从延津西南缘河至汲、获嘉二县，焚烧保聚三十余屯，斩首获生各数千，降绍将何茂、王摩等二十余人”。汲县、获嘉县位于今河南省新乡市附近，在黄河以北，如果此处记载准确的话，说明于禁、乐进等人发起了一场规模不算小的反击作战，将战线重新推进至黄河对岸。当然，曹军要想在黄河以北重新站住脚也是比较困难的，取得战果后估计就退了回来，重新在延津一带布防。

五、袁术呕血而死

这一段时间刘备的日子不好过，不过袁术更难。袁术自从称帝后，走到哪里都人人喊打。一千多年后也有个姓袁的军阀，势头比袁术还猛，也想过把皇帝瘾，结果也称了帝，他就是袁世凯。他们的祖籍也相同，有人考证说他们是同宗。袁世凯跟袁术差不多，没当皇帝时还是个人物，一旦宣布当皇帝就迅速走向灭亡，袁世凯当了八十多天皇帝，袁术比他强一点，好歹当了一年多。

汉末天下大乱，但官职可以表奏，皇帝却不能自封。此时好多有实力的人想向外扩充地盘，正愁找不到合适的理由，当了皇帝，就给人家送上一个打你的理由。大家一哄而上，这些人中既有曹操那样本来就想打你的人，也有孙策那样的聪明人，同时也有吕布那样心里本不想打但也不得不跟着打的人。当皇帝不仅要有政治资本、军事资本，还要有经济实力，皇宫、百官、后宫嫔妃、羽林卫队，光是备齐这些也得有相当实力。袁术的地盘并不大，核心区域仅是扬州刺史部六个郡里江北的二郡，再加上豫州刺史部的一些游击区而已，以这点实力，不用别人打上门来，就是自己关起门来过日子都难。曹操从徐州撤退前起用陈登主持徐州南部以及扬州一带的军务，陈登很有本事，在江淮一带干得有声有色，整天扬言说不用曹公亲自来他就能打下寿春。《三国志·陈登传》裴松之注引《先贤行状》记载："布既伏诛，登以功加拜伏波将军，甚得江、淮间欢心，于是有吞灭江南之志。"袁术在寿春实在待不下去了。

建安四年夏天，袁术下令一把火烧了寿春的宫室，前往大别山区的灊县（县治在今安徽省霍山县东北），投靠他的部将陈兰、雷薄。皇帝当到这个份上，简直生不如死。不幸的是，陈兰、雷薄二人翻脸，拒绝袁术加入。袁术很愤怒，但又无奈，身边的人看到此情此景，有些干脆溜之大吉。袁术又恨又忧，不知道下一步如何办。实在不知道该往哪里去，袁术想到了哥哥袁绍。虽然是势不两立的敌人，虽然这些年中原一带的乱仗大多数与他们兄弟俩有关，但毕竟是同胞兄弟，别人都不管，自家亲人不能不管吧？《三国志·袁术传》裴松之注引《魏书》记载，袁术给袁绍写了一封信，表示愿意将帝号让给他。信中写道：

汉之失天下久矣，天子提挈，政在家门，豪雄角逐，分裂疆宇，此与周之末年七国分势无异，卒强者兼之耳。加袁氏受命当王，符瑞炳然。今君拥有四州，民户百万，以强则无与比大，论德则无与比高。曹操欲扶衰拯弱，安能续绝命、救已灭乎？

袁术对袁绍说，汉朝之失天下已经很久了，现在正是豪雄角逐、分裂疆宇之时，与周朝末年诸侯国分治没有什么不同，都是强者兼并弱者，我们袁氏应当接受天命称帝，各种符瑞都昭示了这一点，现如今您拥有四州，民户百万，论势力无比强大，论德行无人比高，曹操即使想扶衰拯弱，又怎么能延续快绝命的王朝来与我们抗衡呢？袁术摸准了袁绍的脉，知道袁绍想当皇帝的瘾一点都不比自己小，于是专从这方面下手。袁术虽然没落了，但手里还有两大"法宝"，一是他建立的新王朝，二是传国玉玺。有这两样东西，称帝路上的障碍会小得多，对于既要面子又要里子的袁绍来说，这两样东西都相当有价值。果然，袁绍接到这封信，"阴然之"。

事情就是这样，看别人往火坑里跳都会觉得人家太傻，可轮到自己站在火坑旁边的时候脑子又常常犯迷糊。袁绍立即派长子袁谭从青州刺史部动身来迎接袁术。袁术已没有能力一路打到黄河以北，只能等侄子来接。袁谭南下，必须经过已经是曹操控制区的兖州刺史部和徐州刺史部。曹操已与袁绍公开翻脸，自然不会放袁谭过去，于是就有了之前的一幕，曹操命刘备、朱灵、路招率兵拦截，袁谭南下受阻。袁术还想冒险试试，可到了徐州刺史部境内就再也过不去了，只得折返回来，又回到寿春。寿春城里的皇宫已被袁术下令放火焚毁，这里也待不下去了。袁术只得继续往南，勉强又

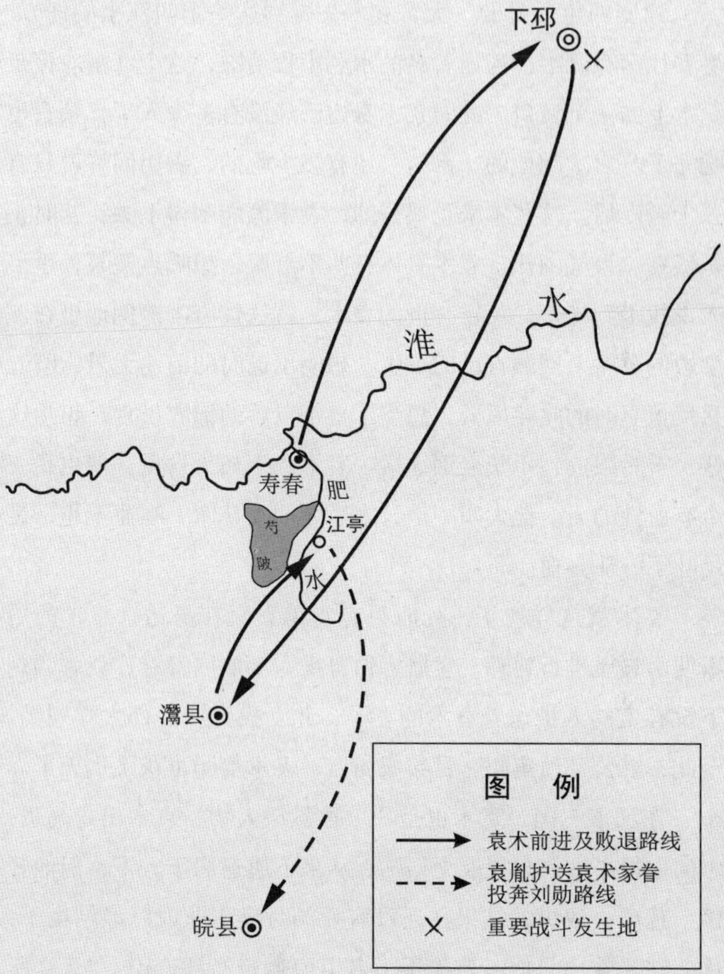

地图8　袁术败亡路线示意图

走了八十来里。

建安四年六月的一天，袁术一行到达一个叫江亭的地方。寿春往南有淝水，连通著名的水利工程芍陂，这个江亭应该是淝水上的一个渡口。此时袁术身边已经没有多少人了，粮食也吃完了。袁术问他的“御厨”还有多少吃的，御厨回答说只有三十斛麦屑。这些本来是喂马的，袁术怎能咽得下去？这时正是盛夏，天气闷热，袁术身体有些不舒服，想喝点蜜浆，手下人说找不到蜂蜜。英雄一世的袁术，就这样穷困潦倒地坐在江亭边的草席上回顾自己的一生，想刚出道时的前途无量，刚起兵反董卓时的叱咤风云，想当了皇帝以后的锦衣玉食，想想这些，看看眼前，不禁老泪纵横。袁术一生颇为自负，但也是一个有血性的人。他大叫一声，之后瘫倒在草席上呕血不止，足足吐了一斗多血。

袁术就这样死了，死时只有堂弟袁胤在身边，袁术的后事便由袁胤进行料理。袁胤害怕曹操，不敢回寿春，就率领剩下没有走的人护送着袁术的妻子、儿女投奔庐江郡太守刘勋。至此，继公孙瓒集团、吕布集团后，袁术集团也灰飞烟灭了。

在汉末三国，袁术也是一个重量级人物。袁术出身高贵，志向也很高远，自视能力很强，从来不愿意居于人下，但他奢侈、荒淫、放纵，结果在还没有死的时候事业就已经结束了，这实在是咎由自取。曹操手下名臣何夔曾经评论说：“天之所助者顺，人之所助者信。术无信顺之实，而望天人之助，此不可以得志于天下。”袁术不具备当皇帝的素质和实力，但一味迷信权力，妄窥神器，又被邪佞之徒包围，结果误入歧途。西晋的司马伦、十六国时期的石虎、金朝的海陵王完颜亮等都是这样的人，他们一门心思在乱世夺权，没有掂量清自己的斤两，贸然宣布荣登大位，结果落得个被人唾弃，被历史嘲笑的结局。

袁术的自信从心理学上分析是“优越感过盛”，心理学家认为有些人有狂妄的优越感，经常不加掩饰地表现出自己的优越感目标，他们希望成为整个世界注意的中心，成为四面八方景仰膜拜的对象，成为掌握有超自然力量的主宰，并且能预言未来，能以无线电和整个世界联络并聆听他人所有的对话。心理学家还认为，人类无时无刻不在面临自卑的压力与挑战，为了消除这种压力，个人会发展出各种补偿机制来战胜自卑感，而其过分补偿有可能导致优越感过剩，具体表现为自我感觉良好、自以为是、自命不凡，同时目中无人、虚荣心强，不能反省自己，漠视他人。

对照袁术的一生，刚好符合心理学揭示的这一切。袁术就是一个自信心和优越感过剩的人，一个狂妄的自大者，一个集矫情与骄傲于一身的人，他不自量力，无法正确分析现在、把握未来，他的虚荣心极强，总想炫耀自己的门第出身，但又总显得外强中干。优越感过剩就会产生寡恩刻薄、嫉贤妒能、相互拆台的情况，袁术的性格也正如此，包括自己的哥哥袁绍在内，为了达到相互拆台的目的无所不用其极，对于孙坚、孙策这些为他的事业立下大功的人，他表现得寡恩而冷酷，对自己做出的承诺一变再变，让人寒心。

六、孙策锐不可当

袁胤带着袁术的妻子、儿女投奔刘勋，原本以为刘勋是袁术任命的，应该收留并厚待袁术的家眷，但袁胤不知道的是，刘勋跟曹操关系相当亲密，推测起来他们应该在年轻时便相识，刘勋于是将袁胤等人扣留。与此同时，袁术的另外一批旧部在杨弘、张勋等人带领下准备渡江投奔孙策，随身还带着袁术积攒下来的大量珍宝。刘勋得知，在半道上对他们进行了伏击，把他们全部俘虏，缴获了许多珍宝。

孙策大怒，密谋除掉刘勋。孙策假装与刘勋结好，并且向刘勋提供情报，说上缭（今江西省永修县境内）的宗族民众屡次欺负我，我打算进攻他们，只是路途遥远，上缭很富庶，希望您进兵讨伐，我愿出兵做外援。孙策还让人送去许多珠宝、葛布等礼物。刘勋大为高兴，手下也都来向他道贺。只有一个人不以为然，认为这是一个圈套，分析说上缭城虽小但很坚固，易守难攻，十天之内是无法攻克的，大军被困在坚城之下，后方空虚，孙策如果乘虚袭击我们，我们将进退不得。刘勋不听，依然按与孙策的约定行事。

这个人名叫刘晔，扬州刺史部成德县（今安徽省寿县）人，汉光武帝刘秀的儿子阜陵王刘延的后人。刘晔的父亲名叫刘普，事迹不详，不过比刘备小时候的家庭情况要好得多，因为刘普家里能雇得起仆人。《三国志·刘晔传》记载，仆人中有一位心性不正，"有谄害之性"，刘晔的母亲对此很担忧。刘晔七岁时母亲得了重病，临终前对刘晔说这个仆人将来“必乱家”，所以“汝长大能除之，则吾无恨矣”。刘晔还小，对此尚无能为力，但一直将母亲的嘱托记在心头。到十三岁时，刘晔找了个机会“入室杀侍者”，之后径直到母亲墓前祭拜，父亲刘普不明就里，大怒，把刘晔找回，刘晔说这是母亲临终前的嘱托，刘普最后原谅了他。用现在的观点看，刘晔的行为属于擅杀，人有罪应该让法律去惩处，不能自行其是，但在当时大家认为这是一种义举，也是一种孝行。汝南郡人许劭善于品评人物，他当时正好在扬州避难，很看好刘晔，称刘晔有“佐世之才”。

名气大可能有好事，比如有人主动来“三顾茅庐”，但也可能遇到麻烦，比如找上门来的不是“皇叔”而是江洋大盗。刘晔就遇到了后面这样的麻烦。当时扬州一带有不少人拥兵自重，论实力又达不到袁术、陶谦那样的层次，其实就是土匪，实力最强的有郑宝、张多、许乾等部，其中郑宝最强悍，为一方所惮。《三国志·刘晔传》记载，郑宝也知道人才难得的道理，他找到刘晔，要刘晔为他出谋划策。此时刘晔才二十岁，他不愿跟郑宝这样的人搅在一起，所以“心内忧之”。这时曹操派人到各州巡视，刘晔一看机会来了，就去拜见使者，跟他一起议论时事，使者要回去，刘晔请他再待几天。郑宝听说曹操的使者来了，也想巴结一下，带着几百人，牵着牛、担着酒来慰问使者，刘晔主动替使者安排招待事宜，设酒宴在中门外招呼郑宝的随从，而把郑宝让到内室宴饮。刘晔事先密置勇士，让他们看郑宝喝得差不多就动手，之后将郑宝诛杀。但郑宝不好酒，警惕性又高，大家不敢动手。刘晔急了，抽出佩刀亲手把郑宝杀了。刘晔随后向郑宝的手下宣布："曹公有令，敢有动者，与宝同罪！"众人都以为这件事是曹操安排的，吓得不敢反抗。之后，刘晔骑着郑宝的马到了他的大营，把他们的头领都叫出来，晓以利害，靠着连哄带吓，郑宝的手下都表示听从刘晔的命令，"推晔为主"。刘晔的智慧和胆识堪称一流，但他不愿意出头，后来带着手下去拜见庐江郡太守刘勋，表示归附，就连刘勋都感到惊讶。刘勋问刘晔为什么这样做，刘晔回答："宝无法制，其众素以钞略为利，仆宿无资，而整齐之，必怀怨难久，故相与耳。"刘晔对刘勋说郑宝不讲法纪，手下部属平时抢掠惯了，我没有什么财富，要整顿他们，他们必然心怀不满，即使当了他们的头领也难以持久，所以不如送给您。但这不是刘晔的心里话，看到天下大乱，各派势力整天打打杀杀，对未来信心不足才是刘晔不愿意出头的原因，刘晔于是成了刘勋的手下。

刘勋不听刘晔的劝告，率主力进攻上缭。上缭在长江以南，刘勋的前锋渡江后到达海昏（今江西省永修县境内）。上缭宗族民众听到风声，全都转移财物逃跑了，刘勋什么都没有抢到。另一边，孙策见刘勋上当，就派堂兄孙贲、孙辅率领八千人马驻扎在彭泽（今江西省湖口县），自己与江夏郡太守周瑜率领两万人袭击刘勋的大本营皖县（治今安徽省潜山县）。经过一番战斗，孙策将皖县攻克，俘虏了袁术与刘勋的家眷以及部曲三万余人。袁术的妻子、孩子尽归孙策之手。孙策把袁术的女儿许配给自己的弟弟孙权。袁术的儿子袁燿后来入仕孙吴，担任过郎中等职。

孙策很想找回一件东西，却没有找到，这就是袁术逼孙策的母亲吴氏交出的传国玉玺。事后得知，这枚玉玺到了徐璆手上。徐璆是广陵郡人，父亲徐淑曾任度辽将军。徐璆少时博学，辟公府、举高第，后升任荆州刺史。《后汉书·徐璆传》记载，汉灵帝的母亲董太后有个侄子名叫张忠，担任南阳郡太守，因势放滥，贪赃枉法，董太后派人给徐璆递话，让徐璆照顾自己的侄子，徐璆凛然回答："臣身为国，不敢闻命。"董太后大怒，但也无奈，只好将张忠调任为司隶校尉。徐璆到荆州后，举奏张忠在任时贪污公款上亿，又奏其他官员贪污案件，"悉征案罪，威风大行"，张忠恼怒，与宦官勾结，构织罪名，徐璆获罪免官。汉献帝迁到许县后，因为徐璆素有声望，深得民心，于是征拜为廷尉。徐璆前往许县上任，路上被袁术所劫。袁术正要建立伪朝廷，需要有声望的人为他装点门面，欲授徐璆以上公之位，徐璆坚决不从，表示："龚胜、鲍宣，独何人哉？守之必死！"看到徐璆真有以死明志的决心，袁术不敢狠逼。袁术死后，徐璆不知如何得到了传国玉玺，并辗转来到许县，献给朝廷，使这件本属于汉室的东西重新回到主人手里。徐璆担任廷尉，在履行新职务前他把此前担任过的朝廷官职的所有印绶一并交还有关部门。战乱时代人们四处游离，生命尚随时不保，有几个人能把官印这样的东西认真保管好并随时带在身边呢？徐璆在个人安危难料的情况下，不仅保管着传国玉玺，还保管着数枚自己之前用过的官印，最后根据制度规定将它们一一上交，堪称汉末三国最称职的"印章保管员"。

司徒赵温为此感叹："君遭大难，犹存此邪。"徐璆恭敬地回答说："昔苏武困于匈奴，不坠七尺之节，况此方寸印乎？"

孙策表奏汝南人李术担任庐江郡太守，拨给他三千人马守卫皖县，把被俘的人都东迁到自己控制的吴郡。刘勋率军返回，到达彭泽，被孙贲、孙辅阻止，大败，退守流沂（今湖北省黄石市东）。刘勋向江夏郡太守黄祖求救。周瑜、黄祖都是江夏郡太守，他们分别是孙策、刘表表奏的，说起来都不合法。孙策的父亲孙坚死于黄祖之手，双方是死敌，黄祖派儿子黄射率五千名水军援助刘勋。孙策率军进攻刘勋，刘勋大败，向北投奔曹操去了，刘晔也跟着刘勋加入曹操集团。刘勋在曹操那里担任过河内郡太守、平虏将军等职，他自恃与曹操有旧，为人傲慢，又贪财不法，最终没有多大建树，后来还因为得罪曹操而被杀了，但刘晔从此却干得风生水起，成为曹魏著名的智囊之一。

孙策收编了刘勋部下士兵两千多人，俘获了一千艘船只，乘势进攻黄祖。建安四年十二月，孙策进军到黄祖控制的沙羡县（治所在今湖北省武汉市江夏区），刘表派侄子刘虎与部将韩晞率五千名士兵来救黄祖。两军交战，孙策大败敌军，斩杀韩晞。黄祖虽然逃脱，但所部死伤甚众，家眷及六千艘战船被孙策俘获。

打败黄祖后孙策没有继续向西攻击，因为刘表实力强大，如果攻入荆州腹地，结果很难预料。孙策将进攻的重点转向了豫章郡。豫章郡太守华歆是一位名士，孙策不想刀兵相见，于是让虞翻前去劝降。《三国志·虞翻传》裴松之注引《江表传》记载，孙策对虞翻说："华子鱼自有名字，然非吾敌也。加闻其战具甚少，若不开门让城，金鼓一震，不得无所伤害，卿便在前具宣孤意。"虞翻领命而去，戴上葛巾，身穿便服，径直来到豫章郡郡治南昌（今江西省南昌市）见华歆。当初王朗曾派虞翻拜会过华歆，商量联合起来共同对抗孙策的事，所以华歆对虞翻并不陌生。见到华歆，虞翻问他："君自料名声之在海内，孰与鄗郡故王府君？"虞翻所说的是王朗。华歆想了想说："不及也。"虞翻又问："豫章资粮多少？器仗精否？士民勇果孰与鄗郡？"华歆仍然道："不如也。"虞翻于是劝道：

讨逆将军智略超世，用兵如神，前走刘扬州，君所亲见，南定鄗郡，亦君所闻也。今欲守孤城，自料资粮，已知不足，不早为计，悔无及也。今大军已次椒丘，仆便还去，明日日中迎檄不到者，与君辞矣。

虞翻对华歆说，孙策将军足智多谋，用兵如神，连败刘繇、王朗，这个您都听说了，现在您想守住孤城，那太难了，如果不早做打算，后悔都来不及，现在孙将军的大军已近在眼前，我现在回去，如果明天中午前得不到回信，那豫章郡的事我就不管了！虞翻回去后，还没等到第二天中午，华歆已经派人来迎接孙策进城。

孙策知道华歆有德有才且年长于自己，故待之以上宾之礼。有人认为华歆缺乏节义，如《魏氏春秋》的作者孙盛批评

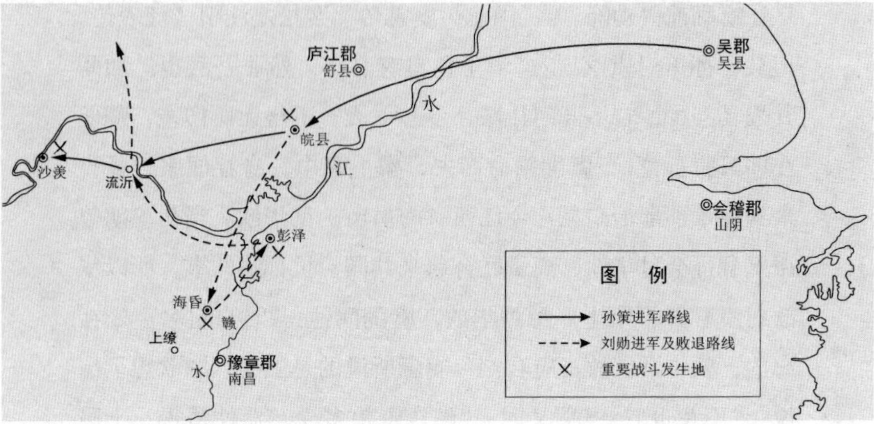

地图9　孙策夺皖城及豫章郡示意图

道："歆既无夷、皓韬遯之风，又失王臣匪躬之操，故挠心于邪儒之说，交臂于陵肆之徒，位夺于一竖，节堕于当时。"孙盛同时批评了虞翻、孙策，认为虞翻是"邪儒"，孙策是"陵肆之徒"，他主张抵抗到底。清代乾隆年间官修的《御批历代通鉴辑览》也持这类观点，认为华歆不如王朗：

华歆、王朗虽同一堕城亏节，然朗犹力尽而降，歆则葛巾迎谒。名士厚颜，孰甚于是！

问题在于，王朗抵抗孙策却没能成功，自己成为俘虏不说，成百上千的士兵因此战死，更多的百姓因此四处流亡，这种结局难道更好吗？孙策自开拓江东以来一路攻伐，势不可当，华歆看到了这一点，知道抵抗是徒劳的，不愿意生灵涂炭而选择投降，这难道错了吗？孙盛强调华歆是“王臣”，但忽视了孙策也有“王臣”的身份：不久前朝廷刚刚任命孙策为明汉将军。在群雄混战阶段，朝廷对很多地方失去了控制，这时强调谁才是正义的其实没有多少意义，能早些结束战乱，让百姓少受一些苦难才是王道，与不顾百姓死活而空持道德高标的人相比，华歆似乎才更值得尊重。

孙策夺取豫章郡的时间约在建安四年底，第二年曹操便以汉献帝的名义征召华歆去许县任职。《三国志·华歆传》记载，华歆动身北上前，好友及昔日同事一千多人赶来送行，并赠送了许多钱物。华歆来者不拒，暗中却在钱物上做了标记。临行之日，华歆把这些东西全摆了出来，对送行者说：“本无拒诸君之心，而所受遂多。念单车远行，将以怀璧为罪，愿宾客为之计。”众人只好收回原来的赠予，并佩服华歆的品德。华歆到许县后被任命为议郎兼司空军事，后来升任尚书、侍中等职，再后来成为曹魏的重臣。

汉末风云人物、曾与荀攸等人谋除董卓的郑泰的弟弟郑浑、儿子郑袤也随华歆北上。郑泰已于九年前去世，郑浑携侄子郑袤到淮南避难。郑氏出身世家，在汉末政坛很有影响，因而受到袁术的礼遇。但郑浑认为袁术必败，听说好友华歆在豫章郡当太守，于是前往投奔，后来也应曹操的征召北上。郑浑历仕曹魏三代，官至将作大匠。郑袤在曹魏时官至九卿，入晋后任司空。

之前提到过，袁术杀害了陈国国相骆俊。骆俊的一个妾改嫁给了华歆，仍为妾室。华歆北上时带着她，她的儿子骆统作为骆氏的血脉却只能留在江东，随骆俊的正妻生活。《三国志·骆统传》记载，骆统这时只有八岁，与亲戚一道回家乡会稽郡乌伤（今浙江省义乌市），母亲来送别。以后如果没有意外的惊喜发生，这将是母子二人在世上的最后一面。骆统拜辞母亲，上车后脸朝前而不往后看。母亲哭着跟在车后，赶车的人说："夫人犹在也。"骆统说："不欲增母思，故不顾耳。"回到家乡，骆统侍奉嫡母甚为恭谨。骆统后来被孙权发现，二十岁便任乌程国相，后升任骑都尉、建忠中郎将、偏将军、濡须督等职，成为孙权麾下成长较快的年轻将领之一，只可惜三十六岁时便早逝了。

第七章

外围争夺战

199—200年

一、郑玄的“龙蛇之年”

徐州的问题解决了，曹操于建安五年初重新回到了官渡前线。官渡是位于鸿沟之上的一个渡口，鸿沟是沟通黄河水系与淮河水系的诸多人工运河之一。中国北方自古以来有两大水系，即黄河水系和淮河水系，为方便交通，自战国起人们就在两河之间挖了很多人工运河，最后形成由鸿沟、汴渠、蒗荡渠等组成的运河体系，将南北水域连接在一起，成为沟通南北经济和人员往来的水路交通要道。汉末，这条水路的两岸依然很繁华，经济、文化及军事方面的重要性远远超过现在，鸿沟是其中最重要的一段。鸿沟大约呈西北—东南走向，当年楚汉相争时曾以这条河为界，两边分别为项羽和刘邦占有，留下了“楚河汉界”的典故。袁绍的大本营是冀州刺史部魏郡邺县，由此南下赴许县有一条陆路交通大通道，它与鸿沟的交汇处就是官渡，具体位置在今河南省中牟县境内。

刘备被打败后无路可走，只得投奔袁绍。离刘备最近的袁绍控制区是青州刺史部，北上必须穿过曹操控制下的兖州刺史部，刘备所部被打散后，关羽被曹操俘虏，身边只有张飞、麋竺、孙乾、简雍、刘琰、陈到等人，不断收拢一些残卒，人马大约只有数百人。这是一场生死考验，只有越过兖州才能求得生存。好在曹操这时已经把几乎所有能调动的主力部队都调到了官渡前线，兖州兵力薄弱。

曹军在兖州的实际负责人是程昱，他以济阴郡太守的身份为曹操把守着东部防线，但手上只有七百人。当程昱发现刘备率领一支人马从他的防区北上时，并没有轻易前去拦截，就这样，刘备在建安五年二月到达了青州刺史部辖区，青州刺史袁谭得到消息后，率领一支人马前来接应。

袁谭不仅是袁绍的儿子，与刘备之间还有一层特殊关系。刘备担任豫州刺史时曾推举袁谭为茂才，按照当时的习惯看法，这种关系类似于师生之谊。《三国志·先主传》记载："先主走青州。青州刺史袁谭，先主故茂才也，将步骑迎先主。"刘备为什么能推举袁绍的儿子为茂才？这是因为茂才、孝廉必须由祖籍所在地的行政长官推举，袁氏的祖籍汝南郡属豫州刺史部，所以由豫州刺史来推荐。刘备先被陶谦表奏为豫州刺史，又从陶谦手中接掌徐州，立即改变了徐州与袁术结盟的做法，主动向袁绍靠拢，举袁谭为茂才就是行动之一。袁谭把刘备接到了青州刺史部平原国，这里是刘备曾经战斗四年之久的地方。随后，袁谭派人到邺县向袁绍报告。

袁绍大喜，命令袁谭护送刘备来与他会合。袁绍对刘备很重视，派人一路相迎。这时袁军终于完成了集结，已经开始向南进发。为了节约时间，也为了表示对刘备到来的隆重欢迎，袁绍一边让大军南下，自己则由邺县向东去迎接刘备，一口气走出了二百里。这个礼仪够隆重的，一方面是刘备的面子很大，另一方面是袁绍还有别的打算。

之前，袁绍曾派袁谭去接大学者郑玄，想让郑玄随自己一同出征。袁谭接到郑玄，走到元城（今河北省大名县境内）时郑玄病倒了。汉代二百里约合今七十公里，邺县以东七十公里正是元城，袁绍在元城迎接刘备，同时也为了看望病中的郑玄。作为当代最知名的学者之一，郑玄是天下读书人心中的标杆。郑玄曾应何进的征辟到过洛阳，何进失败后回到家乡青州刺史部的北海国居住，聚众讲学，研究经术，著书立说。郑玄的名气实在太大了，从四面八方投到门下的有一千多人，日后有名气的学生有赵商、崔琰、公孙方、孙乾、王基、国渊、郗虑等。北海国是袁绍控制的地盘，袁绍经常把郑玄拉来参加聚会，出席各种活动，为自己撑门面。

郑玄在洛阳时就认识袁绍，对于这个比他小得多的政坛名人并没有太多好感，但出于无奈，也不敢驳袁绍的面子。一次，在袁绍主持的聚会上，大家听说郑玄要出席，一些自认为肚子里有点学问的人不禁跃跃欲试，精心准备了一些问题想为难郑玄一下，顺便让自己出名。没想到郑玄对所有问题都对答如流，知识之渊博、思路之敏捷让人叹为观止，大家无不折服。整天迎来送往、钩心斗角，只是抽空看两眼书，也敢叫板每天都钻在书堆里的学术大师？郑玄给大家上了一课。

袁绍还以冀州牧的名义推荐郑玄为茂才，并表奏他担任左中郎将。袁绍的想法有些幼稚，如果郑玄肯接受，袁绍就成了郑玄政治上的恩主，这虽然是别人巴不得的好事，但对郑玄不好使。后来汉献帝在许县征召天下名士，诏书也到了北海国，汉献帝还派来一辆专车，接郑玄到许县就任大司农。郑玄这一次答应了，不为别的，能摆脱袁绍的骚扰也值得一去。但动身不久，郑玄就感到身体不舒服，病倒了。建安五年是农历庚辰年，也就是龙年，次年是辛巳年，也就是蛇年，按照五行学说的说法，每遇“龙蛇之年”会对圣人不利。郑玄于是请求告老还乡，他虽然没有正式就任大司农，但后世一般称他为郑司农。这时郑玄已经七十多岁了，在当时已是绝对的高龄，他感觉身体越来越不适。

建安五年春天，郑玄梦见了孔子，听到孔子对他说了“今年岁在辰，来年岁在巳”的话。辰为龙年，巳为蛇年，在谶纬学看来，龙蛇混杂而争，有凶相而不吉。郑玄深通谶术，对五行学、易学也深有研究，把这个梦与“龙蛇之年”联系在一起，总觉得预示自己将不久于人世，心中闷闷不乐。这时青州刺史袁谭亲自来到高密县，要接他到邺县去，郑玄以为袁绍又让他陪酒吃饭，有点不想去，但袁谭的态度很坚决，不去不行。郑玄只得收拾行李，随袁谭出发，结果病倒在元城，只得停在那里。

刘备的老师卢植跟郑玄是同学，论起来郑玄是刘备的师叔。刘备手下的孙乾还是郑玄的学生，说起来大家都是熟人。袁绍与刘备相见的地方应该就是元城，此前他们二人并不相识，但早已互闻大名，所以格外亲热，袁绍、袁谭对刘备也十分敬重。袁绍、刘备等人陪着郑玄相会于元城，少不了谈经论儒，互道寒暄。《风俗通义》的作者、前泰山郡太守应劭因曹操的父亲曹嵩被害一案逃到袁绍处避难，见到郑玄，当面自荐，愿为郑玄的弟子，被郑玄婉拒。《后汉书·郑玄传》记载：

时汝南应劭亦归于绍，因自赞曰："故太山太守应中远，北面称弟子何如？"玄笑曰："仲尼之门考以四科，回、赐之徒不称官阀。"劭有惭色。

孔子的门人只考德行、言语、政事、文学四科，所以颜回、子贡等人不以官职相称。应劭自报家门，本想炫耀一番，哪知郑玄根本看不上眼。郑玄如果想当官，早就步入三公的行列了，他一生拒绝各类征召多达十三次，只愿意做一名学者。郑玄在元城病倒，只好留在那里养病。袁绍携刘备等人由元城返回邺县，随后率兵南下。

建安五年六月，郑玄病逝于元城，时年七十四岁。郑玄立下遗嘱，要求葬礼从简，但自郡太守以下的官员和受业弟子仍有一千多人披麻戴孝来送葬。《后汉书·郑玄传》记载："不得已，载病到元城县，疾笃不进，其年六月卒，年七十四。遗令薄葬。自郡守以下尝受业者，縗绖赴会千余人。"在军情相当紧急的当口，袁绍为什么还要关照一下郑玄呢？袁绍这么做是有深意的，他让郑玄陪同南下有重要安排。这一仗袁绍志在必得，此行不仅带上了全部主力，还带着大量图书典籍，其中不乏关于典章制度方面的资料，显示出袁绍不仅着眼于这一仗能否打赢，而且已经开始考虑打赢之后的事。袁绍规划，待打败曹操后他就立即接管朝廷，如果汉献帝肯合作，就还让他当这个傀儡皇帝，如果不愿意合作，就另立他人。让郑玄同去，着眼的是未来“新政权”的舆论工作和典章制度建设。

二、张绣的选择

袁谭是袁绍的长子，袁绍此外还有两个儿子，分别是次子袁熙和三子袁尚。袁绍消灭公孙瓒后任命三个儿子以及外甥高干各负责一个州，袁谭为青州刺史，袁熙为幽州刺史，袁尚为兖州刺史，高干为并州刺史。按照嫡长子继承制，袁谭应该是袁绍的接班人，但袁绍和妻子刘氏更喜欢三子袁尚，所以接班人一直没有明确下来。袁绍的说法是，给这几个孩子提供一个平等竞争的机会，看看他们谁的才能更强。《三国志·袁绍传》裴松之注引《九州春秋》记载，许多人反对袁绍的做法，沮授就对袁绍说：

世称一兔走衢，万人逐之，一人获之，贪者悉止，分定故也。且年均以贤，德均则卜，古之制也。愿上惟先代成败之戒，下思逐兔分定之义。

沮授举例子说，一只兔子跑到街上就会有许多人追逐它，有一个人把它捕住了，想逮它的人就会住手，因为这只兔子已经有主人了，希望您能看一看前人失败的教训，想一想逐兔分定的含义。但袁绍不听，对沮授说："孤欲令四儿各据一州，以观其能。"沮授大失所望，出来后对人说："祸其始此乎！"沮授的话并非危言耸听，因为在一般人的心里嫡长子继位是乱不得的，不管老大多笨多傻，都不能轻易另立他人，否则就会引起混乱。这种混乱，放在普通百姓家里顶多是摔个碗、砸口锅，但在君王家里，就足以引起时局的动荡。

袁绍已经是一方诸侯，所以他的家事已不再是普通人的家事，而与这几个州数百万人的前途命运息息相关，所以沮授那么着急。可惜的是，袁绍看不到这一点，以为家事就是自己家里的事，与外人无关。袁绍打破常规的举动果然在部属中造成了混乱，审配、逢纪等人看到袁绍偏爱袁尚，就聚拢到袁尚周围，而辛评、郭图支持袁谭，派系就此形成，并愈演愈烈。一个集团里一旦有派系存在，派系的利益就会凌驾于集团整体利益之上，就会有人不惜牺牲集团的利益以换取少数人的利益，历史上很多有前途的集团就是这样走向覆灭的。

袁军虽然大举南下了，但内部对这次南征仍然有争论。袁绍的主要谋士旗帜鲜明地分成了反对派与赞成派两个阵营。反对派的代表人物是沮授、田丰，赞成派的代表人物是审配、郭图。反对派认为连年征战，百姓已经苦不堪言，现在应该发展生产，积蓄力量，可以用三年时间而不是毕其功于一役来打垮敌人。这个看法遭到赞成派的反对，他们认为现在正是最佳的战略时机，而机会稍纵即逝，不能慢慢拖着，应该一举击败曹操，否则等曹操势力更加壮大，要收拾他就难了。《三国志·袁绍传》裴松之注引《献帝传》记载，对于赞成派的言论，沮授反驳道：

盖救乱诛暴，谓之义兵；恃众凭强，谓之骄兵。兵义无敌，骄者先灭。曹氏迎天子安宫许都，今举兵南向，于义则违。且庙胜之策，不在强弱。曹氏法令既行，士卒精练，非公孙瓒坐受围者也。今弃万安之术，而兴无名之兵，窃为公惧之！

沮授认为，救乱诛暴是义兵，恃众凭强是骄兵，骄傲的军队最先失败，曹操迎奉天子，定都许县，现在率兵攻打他属于不义，曹操推行法令，训练军队，情况跟公孙瓒完全不一样。沮授警告，现在发动没有理由的战争，而放弃最安全可靠的策略，真让人担心！沮授搬出了战争的正义与非正义论题，扯得有些远，听起来冠冕堂皇，但在现实局面下却显得苍白空洞。沮授和田丰之所以不愿意打仗，是因为他们有自己的私心，他们代表的是冀州本土人士普遍的观点，本土派都不希望打仗，就像当年兖州人士不支持曹操打徐州一样。而审配、郭图这些"外来户"普遍赞成打，因为他们心里默念的就是打回老家去。袁绍也是一个"外来户"，所以他最终采纳了审配、郭图等人的观点。将公孙瓒消灭后，袁绍心中统一天下的想法越来越强烈，甚至有些等不及了。

袁绍不仅组成南下兵团向黄河一带开进，还做了很多战争准备，其中最重要的就是连续派出多路使者去拉拢同盟军，试图建立起一个统一战线，给曹操搞出一个包围圈。袁绍拉拢的人主要是南阳郡的张绣、荆州的刘表和江东的孙策。

派往南阳郡的使者最先到达，见到了张绣，陈述了袁绍的主张。袁绍深知贾诩在张绣面前的分量，所以专门给贾诩写了信，派使者暗中去做贾诩的工作。张绣看到袁曹大战一触即发的形势，在他看来，也许想都不用想就应该站在袁绍这一边，不仅因为袁绍的势头更猛，而且因为自己与曹操是敌人，两人已不共戴天。《三国志·贾诩传》记载，袁绍的使者说明来意，张绣当场就准备答应，但在这时，贾诩站了出来，当着张绣的面对袁绍的使者说了一句令人震惊的话：

归谢袁本初，兄弟不能相容，而能容天下国士乎？

贾诩让来人回去转告袁绍，说兄弟尚不能相容又怎么能容天下人呢？这里的“兄弟”，当然是袁绍与袁术。张绣闻言大吃一惊，不由得脱口而出：“何至于此？”但张绣一向听贾诩的，知道凡是听了贾诩的话准没错，不听准吃亏，所以这一次仍然按贾诩的意见办了。打发走袁绍的使者，张绣心中的疑问没有消失，问贾诩下一步该怎么办。贾诩的回答更让张绣吃惊：“不如从曹公。”张绣以为听错了，问贾诩：“袁强曹弱，又与曹为仇，从之如何？”贾诩这才不慌不忙地说出了理由：

此乃所以宜从也。夫曹公奉天子以令天下，其宜从一也。绍强盛，我以少众从之，必不以我为重。曹公众弱，其得我必喜，其宜从二也。夫有霸王之志者，固将释私怨，以明德于四海，其宜从三也。愿将军无疑！

贾诩认为，选择站在曹操一边有三条理由：曹操奉天子以令天下，这是第一条理由；袁绍强大，我们弱小，在这种情况下归顺他，他必然不会重视我们，而曹操弱小，得到我们必然欣喜，这是第二条理由；有霸王之志的人肯定会把个人恩怨放在一边，而让普天之下都知道他的宽容，这是第三条理由。经过贾诩分析，张绣认为确实有道理，于是决定投降曹操。这是一个非常大胆的决定，曹操只有如贾诩分析的那样，是一个胸怀远大志向、把个人恩怨抛于脑后的人，做这项决定才不会后悔。张绣结盟袁绍，基本上不用担什么风险，而投降曹操则面临着生死考验。所幸的是，一向料事如神的贾诩在这个重大问题上依旧保持了他的一贯正确。曹操在官渡前线听说张绣投降自己，惊讶之余，顿时感到欣喜若狂。

建安五年初，张绣为表达诚意，亲自偕贾诩到官渡前线，面见曹操。曹操拉着张绣的手不放，这个人曾经差点要了他的命，而且欠他一个儿子、一个侄子和一员爱将的命，是一个他做梦都想诛杀的敌人，现在就站在面前，只要愿意，可以轻而易举地向他复仇。但是，现在曹操已经不那么想了，所有的仇恨顷刻间瓦解。曹操设宴款待张绣和贾诩，任命张绣为扬武将军，封列侯，将张绣带来的人马就地编入官渡前线兵团。为打消张绣的顾虑，曹操主动提出两家结为儿女亲家，为自己的儿子曹均讨张绣的女儿为妻。曹均是曹操的夫人周氏所生，后来过继给曹操之弟曹彬，被封为樊侯。曹均有一个儿子名叫曹琬，后来过继给了曹昂。曹操娶了张绣的婶娘，曹琬是曹操的孙子，也是张绣的外孙，曹琬过继给了曹昂，而曹昂又死于张绣之手，有人认为这样的安排有些混乱。《三国志集解》的作者卢弼认为：

操纳张济妻，济从子绣降而复反，昂为绣所害。操为子均取绣女，又以均子后昂，颠倒错乱，匪夷所思。

其实并不乱，因为将曹琬过继给曹昂的并不是曹操，这件事发生在黄初三年（222）。那时曹操、张绣均已去世，是魏文帝曹丕下的诏。一种解释是，亲身经历过南阳之战的曹丕对兄长曹昂之死念念不忘，无法原谅张绣，故意这样做的。《三国志·张绣传》裴松之注引《魏略》甚至认为，张绣最后是在曹丕逼迫下自杀的，曹丕曾在公开场合多次逼问张绣："君杀吾兄，何忍持面视人邪？"张绣"心不自安，乃自杀"。不过，就官渡之战前的曹操而言是真心接纳张绣的，因为他深知张绣此时来投奔意味着什么。

对于贾诩，曹操更加喜欢。虽然这是一个可怕的对手，让自己多次吃苦头，但今天终于得到了他，曹操有如获至宝的感觉。《三国志·贾诩传》记载，曹操也拉着贾诩的手，对他说："使我信重于天下者，子也！"曹操以汉献帝的名义封贾诩为都亭侯，给他安排更高的职务，委任他为执金吾，这是九卿级的高官，负责宫外的保卫工作。但这只是一个虚职，曹操不会让贾诩在许县给汉献帝站岗，委任贾诩一个很高的荣誉性职务，目的是先把他从张绣身边挖过来，他要把贾诩留在自己身边。董昭改任徐州牧后，冀州牧一职空缺，曹操于是任命贾诩为冀州牧。张绣主动来降，曹操不费一兵一卒居然解决了困扰心头很久的一道难题。

三、刘表坐山观虎斗

但是，曹操对南边的形势仍然不敢松气，因为南边还有一个刘表。此时的天下群雄如果按综合实力排名，排在前三位的应该是袁绍、曹操、刘表。“老大”跟“老二”恶斗，理论上坐收渔利的是“老三”，但很多历史经验表明，“老三”也最容易受伤。所以，对即将发生的袁曹决战，刘表内心也是相当紧张的。二虎相争必有一伤，但也必有一胜，谁打赢了这一仗，谁就是北方的霸主，也就是天下实力最强的人，到那时不管愿意不愿意，刘表都得跟他打交道。尽管现在与谁联合决定权在刘表，但这是一场赌博，一旦押错了宝，今后就被动了。

究竟该支持谁呢？刘表对此一直犹豫不决。袁绍也派人来到了襄阳，向刘表表达了结成同盟共同对付曹操的愿望，刘表没有拒绝，口头上答应了，但并不做任何实际行动。刘表虽然更看好袁绍，但也不敢十分确定，万一最后赢的人是曹操呢？现在，刘表只准备坐山观虎斗，保存实力，这反映出刘表在战略上的游移，更反映出刘表的私心。刘表如果真心支持其中的一方，无论是袁绍还是曹操，那另一方基本上就是失败的命运了。如果支持曹操，袁绍在人马、地盘上的优势将被逆转；如果支持袁绍，给曹操来一个前后夹击，曹操将被包围。

如果刘表能真诚与人合作，天下大局基本上就定了。但在刘表内心深处，更关心这场决战以后的事，可以说无论谁打赢对他都不是好消息，最符合他的战略利益的局面是败的惨败、胜的惨胜，他好坐收渔利。但是，刘表的这个策略受到一些部下的反对。《三国志·刘表传》记载，别驾刘先、从事中郎韩嵩劝刘表道：

豪杰并争，两雄相持，天下之重，在于将军。将军若欲有为，起乘其弊可也；若不然，固将择所从。将军拥十万之众，安坐而观望。夫见贤而不能助，请和而不得，此两怨必集于将军，将军不得中立矣。夫以曹公之明哲，天下贤俊皆归之，其势必举袁绍，然后称兵以向江汉，恐将军不能御也。故为将军计者，不若举州以附曹公，曹公必重德将军；长享福祚，垂之后嗣，此万全之策也。

刘先、韩嵩劝刘表说，豪杰并争、两雄相持，天下人都在看您的选择，您如果想有所作为，可以乘此机会崛起，如果不然，也应该选择其中的一方给予支持，您已拥有十万之众，怎么能坐而观望呢？二人认为，若对任何一方都不出面相助，袁绍、曹操必然都会埋怨您，中立的想法只是一厢情愿，曹公是一个明是非、有远见的人，天下贤俊纷纷归附，他必然会打败袁绍，之后就会举兵来取江汉，到那时恐怕将军您无法战胜他，替您考虑，不如率荆州人马归附曹公，曹公必然尊崇敬重将军，长享福祚，垂之后嗣，这才是万全之策。榜样的力量是无穷的，曹操善待了一个张绣，马上引起后续效应，就连刘表的手下都认为应该走张绣的路。刘表事业上的重要支持者、老朋友蒯越也持这种观点，他也建议刘表率部投降曹操，这让刘表很犹豫。

蒯越、刘先、韩嵩等人看好曹操，与其说曹操更有魅力，不如说天子更有号召力。刘先的履历不详，但他对汉室的典籍制度非常熟悉。韩嵩、蒯越曾在朝廷任职，对汉室怀有深厚感情。他们这些人未必多么喜欢曹操，但对汉献帝是拥戴的。袁绍兴兵讨伐曹操，在他们看来就是讨伐汉室，他们当然反对。

在这种情况下，刘表决定派人到曹操那里走一趟，观察一下那里的情况后再做决定。派谁去合适？刘表想了想，决定派韩嵩去。刘表把韩嵩找来，说了自己的想法。韩嵩不愿意走这一趟，对刘表说曹操是一个很英明的人，必然得天下，如果能上顺天子、下归曹公，派我去没问题；如果主意还没有拿定，我去京师，若天子给我一官半职的话，我接受了就成为天子之臣、将军之故吏，不能再为将军尽忠了，请您慎重考虑。

韩嵩的话很委婉，意思却是明确的：想投降就干脆点，跑这一趟纯粹多余。刘表还以为韩嵩害怕出使，非让他去不可。韩嵩无奈，只得领命，临行恳请刘表记住他说的话，以后无论发生什么事都不要怀疑自己的一片忠心。《三国志·刘表传》裴松之注引《傅子》记载：

表谓嵩曰："今天下大乱，未知所定，曹公拥天子都许，君为我观其衅。"嵩对曰："圣达节，次守节。嵩，守节者也。夫事君为君，君臣名定，以死守之；今策名委质，唯将军所命，虽赴汤蹈火，死无辞也。以嵩观之，曹公至明，必济天下。将军能上顺天子，下归曹公，必享百世之利，楚国实受其祐，使嵩可也；设计未定，嵩使京师，天子假嵩一官，则天子之臣，而将军之故吏耳。在君为君，则嵩守天子之命，义不得复为将军死也。唯将军重思，无负嵩。"表遂使之。

建安五年初，刘表的特使韩嵩一行北上，在官渡见到了曹操。曹操对韩嵩一行十分热情，给予盛情接待。韩嵩对曹操和曹军也有了深刻印象，之后又去许县拜见天子。在曹操授意下，汉献帝拜韩嵩为侍中，韩嵩大概不愿意接受，表示想回荆州，汉献帝于是改任他为荆州刺史部零陵郡太守。韩嵩回到襄阳，向刘表汇报所见所闻，对曹操大加赞扬，力劝刘表送儿子到许县做人质，以证明自己的诚意。韩嵩的这些话刘表特别不爱听，不过没有发作。

一天，刘表通知众人开会。来参加这次会议的有数百名部属，会场上还安排了带着兵器的武士，让人感觉这次会议非同一般。会上，刘表突然发难，对韩嵩加以指责，认为韩嵩怀有二心。刘表越说越激动，拿出天子颁发给自己的符节，意思是要斩杀韩嵩。众人吓坏了，有好心人赶紧劝韩嵩给刘表主动认个错。韩嵩不干，对刘表说将军有负我，我不负将军，就把自己临行前跟刘表的对话说了出来。

刘表的面子挂不住，非杀韩嵩不可，谁都劝不住。有人情急之下搬来了刘表的妻子蔡氏。刘表未必像吕布一样是个“妻管严”，但妻子蔡氏的话在他面前很有用，因为蔡家是荆州大族，树大根深，刘表能坐稳荆州，蔡家起了很大作用。蔡氏劝刘表说韩嵩在荆州深得民望，他所说的也是出于忠心，杀他没有罪名啊！刘表只得收起怒火，为了给自己找个台阶下，下令囚禁韩嵩，同时审问和韩嵩一同出使曹营的有关人员。审问的结果是没有发现什么不妥行为，韩嵩这才捡回一条命。《三国志·刘表传》裴松之注引《傅子》记载：

天子拜嵩侍中，迁零陵太守，还称朝廷、曹公之德也。表以为怀贰，大会寮属数百人，陈兵见嵩，盛怒，持节将斩之，数曰：“韩嵩敢怀贰邪！”众皆恐，欲令嵩谢。嵩不动，谓表曰：“将军负嵩，嵩不负将军！”具陈前言。表怒不已，其妻蔡氏谏之曰：“韩嵩，楚国之望也；且其言直，诛之无辞。”表乃弗诛而囚之。

这件事情就这么平息了，不过此后劝刘表投降曹操的话没人敢再提，刘表继续他原先制定的策略，对袁绍那边尽量敷衍，答应结成同盟却不做任何实质性动作，对曹操则不和不战，继续保持中立。刘表突然问罪韩嵩，表面上看是疑心病犯了，看到韩嵩不加掩饰地称赞曹操，加之接受了汉献帝的任命，心里很不痛快，所以发难。刘表虽外貌儒雅，但内心多疑忌，这样的事情发生在他的身上不奇怪。

但是，刘表这样做恐怕还有更深层次的原因。作为举足轻重的一方诸侯，刘表一开始的想法就是坐山观虎斗，谁都不支持，谁也不反对。投降曹操或袁绍，对于蒯越、韩嵩等人来说是无所谓的事，但对刘表来说差别就大了。自己当老板挣得再少也是老板，给别人打工挣得再多也是打工仔，刘表不糊涂。若干年后孙权也面临同样的问题，孙权手下大多数人也如韩嵩、蒯越一样主张投降，而孙权宁可冒灭亡的危险也不愿意投降，道理相同。

刘表想中立，但韩嵩、刘先等人劝他投降曹操，也许劝他的人还有不少，尤其是蒯越这样的实力派，他的意见刘表不能置之不理，无奈之下，只得派韩嵩到曹操那里走一趟，说是考察，实际上是做给“亲曹派”看的。韩嵩是“亲曹派”成员，他考察的结果早在刘表意料之中，刘表向他发难其实是早就想好的，因为如果他对韩嵩不满意，可以把韩嵩叫来私下谈话，也可以把他交给有关部门审查，完全没有必要当着手下数百人的面进行。刘表此举，正是明告那些有同样想法的人闭上嘴。

四、李通与桓阶

被袁绍寄予厚望的两路盟军，一路投靠了曹操，一路态度消极，袁绍渴望给曹操来一个包围圈，这个计划看来无法实现了。不过，袁绍拉拢的对象还有其他人，他的老家汝南郡也是一个重点目标。摊开地图，可以看到汝南郡紧邻许县所在的颍川郡，位于许县的东南方向，是曹操的后方。袁氏在汝南郡一带很有影响力，如果能把这个地方策反过来，等于给曹操肋上顶了一把刀。

曹操在汝南郡的主要负责人是李通，他的职务是裨将军。为了策反李通，袁绍给出很高的价码，直接任命李通为征南将军，刻好了印章，准备了绶带，由使者带给李通。裨将军之上是杂号将军，再到征南将军，一下子连升了好几级，但面对袁绍的厚礼，李通却坚定地站在曹操的一边。李通的亲戚及一些手下主张投靠袁绍，他们看到袁绍势力强大，担心曹操没有多少胜算。《三国志·李通传》记载，争论相当激烈，李通的亲戚和手下人苦口婆心地劝道："今孤危独守，以失大援，亡可立而待也，不如亟从绍。"李通手按着剑，厉声道："曹公明哲，必定天下。绍虽强盛，而任使无方，终为之虏耳。吾以死不贰！"李通杀了袁绍派来的使者，把使者首级以及袁绍给他的征南将军印绶呈报给曹操。

汝南郡是袁绍的老家，听说袁绍就要杀回来，社会上谣言乱飞，人心浮动。赵俨在汝南郡任朗陵县长，李通与他关系最要好，遇事常一块商量。《三国志·赵俨传》记载，李通找赵俨商量征户调的事，赵俨对他说："方今天下未集，诸郡并叛，怀附者复收其绵绢，小人乐乱，能无遗恨！且远近多虞，不可不详也。"现在形势严峻，征户调一事如果照常进行的话，赵俨担心可能激起叛乱。征户调就是征税，曹操的大军在前线打仗，开销很大，虽然搞了一些屯田，但此时主要的财政来源还是税收。李通也看到了这个问题，但他有顾虑："绍与大将军相持甚急，左右郡县背叛乃尔。若绵绢不调送，观听者必谓我顾望，有所须待也。"李通担心，前线战事吃紧，有的郡县正准备叛乱，如果不送户调的话，会不会有人说我们也在观望呢？赵俨不同意他的看法，认为事情应该分清轻重，现在应该暂时不征。他还表示，出了问题自己"当为君释此患"。为保险起见，赵俨给留守许县的荀彧写了一封信，信中说：

今阳安郡当送绵绢，道路艰阻，必致寇害。百姓困穷，邻城并叛，易用倾荡，乃一方安危之机也。且此郡人执守忠节，在险不贰。微善必赏，则为义者劝。善为国者，藏之于民。以为国家宜垂慰抚，所敛绵绢，皆俾还之。

赵俨对荀彧说，现在阳安郡应该把征收的绵绢送往朝廷，但是道艰路险，必招致寇贼的袭扰，眼下百姓穷困，周围邻近的郡县一同反叛，阳安郡也面临倾覆的危险，善于治理国家的人一定要藏富于民，安抚百姓，所以朝廷应该怜惜抚慰本郡百姓，将已经收的绵绢全部退还给他们。赵俨说的阳安郡，是曹操分拆汝南郡新设的一个郡，治所就在朗陵县，李通这时还兼任着阳安郡都尉一职。荀彧接到赵俨的信，立即转报给曹操，曹操下令不仅暂停汝南郡、阳安郡的征调，还把前面征收的发还县民。在李通、赵俨等人努力下，许县以南地区的形势慢慢稳定下来，一定程度上解除了曹操的后顾之忧。局势稳定后，李通分兵攻打郡中的匪寇，将他们全部击溃，送上斩获的首级。曹操以汉献帝名义改封李通为都亭侯，正式任命他为汝南郡太守。

袁绍派人拉拢李通时，刘表也没有闲着，也派人去了汝南郡，想把李通拉拢过来，同样被李通拒绝。这说明，刘表嘴上的中立其实也是不坚定的，他也在观察着形势，一有可能就会扑上去。刘表一直在等待机会，但不久他就遇到了麻烦。刘表任命的长沙郡太守张羡在孙坚旧部桓阶的策动下发起反叛，周围的零陵郡、桂阳郡、武陵郡纷纷响应，荆州的江南四郡眼看就要独立。

桓阶是长沙郡人，孙坚担任长沙郡太守时很赏识他，举荐他为孝廉。后来孙坚死在襄阳城外，别人都不敢有所表示，只有桓阶冒死为孙坚发丧。刘表感其义气，没有为难他。桓阶跟张羡关系很好，张羡是南阳郡人，在荆州的江南四郡很得人心，但他性格倔强，刘表不太喜欢，对他也不够尊重。袁曹对决，刘表坐观，桓阶认为现在是一个好机会，可以有所行动。《三国志·桓阶传》记载，桓阶劝张羡：

夫举事而不本于义，未有不败者也。故齐桓率诸侯以尊周，晋文逐叔带以纳王。今袁氏反此，而刘牧应之，取祸之道也。明府必欲立功明义，全福远祸，不宜与之同也。

桓阶认为凡事以礼义为重，袁绍违背礼义，刘表附之，二人将来必然灭亡。桓阶劝张羡一定要深明大义，明辨是非，绝不能与袁绍、刘表同流合污。张羡听后，问道："然则何向而可？"桓阶说："曹公虽弱，仗义而起，救朝廷之危，奉王命而讨有罪，孰敢不服？今若举四郡保三江以待其来，而为之内应，不亦可乎！"桓阶劝张羡投降曹操，把江南四郡联合起来，依靠地理优势先自保，之后等待曹操方面的支援。对于这个大胆的想法，张羡表示接受，于是联络周围的另外三个郡同时举兵反抗刘表，并派出使者北上去见曹操。曹操简直不能相信天底下还有这样的好事，刘表想给自己背后插上一把刀，没有成功，没想到他自己的脊背上先被顶上了一把刀。可是，曹操现在暂时无力分兵支援张羡，那边只能靠张羡自己了。

刘表急攻张羡，本来这一仗得打上一阵，不巧的是张羡突然生病去世了。江南四郡对抗刘表，一多半建立在张羡个人影响力的基础上，张羡一死，江南四郡建立的联盟也就瓦解了。《三国志·刘表传》记载，张羡死后其旧部推举他的儿子张怿为首领，继续与刘表对抗，但被刘表攻破。事败后，桓阶逃匿。后来刘表似乎忘了这件事，或者对桓阶参与张羡叛乱的细节不甚清楚，所以找到了桓阶，打算重用他，甚至准备把妻子的妹妹嫁给他，结成连襟之好，但被桓阶拒绝。《三国志·桓阶传》记载：“久之，刘表辟为从事祭酒，欲妻以妻妹蔡氏。阶自陈已结婚，拒而不受，因辞疾告退。”

荆州南部的叛乱虽然没有成功，但此举在一定程度上牵制了刘表的行动，让他在袁曹对峙时无暇顾及北方。曹操从此记住了桓阶的名字，后来南下荆州，专门让人找到桓阶，并把他留在自己身边任职。曹操当丞相后桓阶担任丞相掾主簿，曹丕称帝后桓阶是首任尚书令，深受曹丕信赖的司马懿那时只是尚书仆射，是桓阶的副手。

五、关中与汉中

围绕即将打起来的官渡之战，曹操与袁绍展开了激烈的外围争夺。南边的情况大体明了，曹操争取到张绣，刘表中立，而袁绍几乎一无所获。除此之外，袁绍还向青州的臧霸、江东的孙策、关中诸将甚至凉州那边都派了使者，但收效都不大。臧霸的态度很坚决，全力支持曹操，“泰山帮”里除昌豨外也都站在了曹操一边，他们集中精兵，布防在青州一线，防止袁军从东面包抄徐州和兖州。至于孙策，他有自己的打算，未必看得上与袁绍结盟。

在关中方面，曹操也取得了进展。之前曹操虽然任命钟繇为司隶校尉，命他管理关中事务，但关中地区实际控制在马腾、韩遂以及大大小小的割据将领手中，钟繇并未到长安上任。建安五年，曹操派尚书郎卫觊以治书侍御史的身份去成都联络益州牧刘璋，以朝廷的名义命他出兵荆州以牵制刘表。从许县前往益州，通常走荆州再溯长江西上，但这条路没法走了，卫觊于是先到了关中，想翻越秦岭山中的栈道去汉中，再从那里去成都。卫觊到长安后发现秦岭山中的栈道已无法通行，只得暂留长安。

关中地区频遭凉州军破坏，大量百姓外出逃亡。现在中原大乱，一些逃出去的百姓又逃了回来，许多难民被关中诸将收容下来，成为私人部曲。卫觊看到这种情况，写信给荀彧，建议在关中设立管理盐政的机构，用盐业专卖收入购买农具、耕牛，组织返乡的百姓耕作，同时将司隶校尉治所迁至关中，这样关中诸将的势力就会逐渐削弱，朝廷对关中也将逐步恢复控制。荀彧把卫觊的建议报告给曹操，被曹操采纳。曹操派谒者仆射赴关中主持盐政，监督专卖，但要将司隶校尉的治所迁至长安却不是一件容易的事，那将引起马腾、韩遂以及其他关中将领的强烈抵抗。曹操最终将司隶校尉治所迁至长安以东的弘农郡，虽然没能进入长安，但对关中的影响力大为增强。宋元之际史学家胡三省指出："时以钟繇为司隶校尉，据《魏略》及《三国志》，繇实治洛阳，盖暂治弘农以招抚关中也。"

有卫觊在长安坐镇，钟繇在弘农郡遥控指挥，曹操对关中的影响力又增进一步。关中以西是凉州刺史部，此时的凉州牧名叫韦端，看到中原地区即将爆发一场决战，他也在思考如何“站队”的问题。韦端派从事杨阜前往许县，观察那里的情况。杨阜返回时路过关中，关中的一些将领问他袁曹相争将来谁胜谁败。杨阜认为袁绍无法成就大业，而曹操一定能胜。杨阜的话影响了关中诸将，也影响到韦端。后来，朝廷征韦端为太仆，韦端的儿子韦康任凉州刺史，杨阜担任州别驾。

卫觊后来被曹操调回，担任尚书。卫觊字伯儒，是河东郡人，才女蔡文姬的第一任丈夫名叫卫仲道，也是河东郡人，有人猜测二人是兄弟，并推测后来的“文姬归汉”正是在卫觊推动下实现的，这是后话。卫觊这次的任务是出使益州，他没能从秦岭山中的栈道到达汉中郡，原因是这些栈道被张鲁下令烧毁了。

张鲁与张修当初奉刘焉之命到了汉中，将其占领。刘焉死后，刘璋袭益州牧，张鲁的势力逐渐坐大，便不太听从刘璋的指令，他觉得刘璋懦弱无能，就袭击了张修，将其杀死，独占汉中。刘璋大怒，杀死了留在成都的张鲁的母亲和弟弟，二人公开决裂。刘璋派中郎将庞羲进攻张鲁，未能取胜。为防范张鲁的进攻，刘璋委任庞羲为巴郡太守，驻守阆中（今四川省阆中市）。庞羲未请示刘璋，就召汉昌的賨人为兵，有人向刘璋诬告庞羲图谋不轨，刘璋起疑。赵韪屡次劝告刘璋，刘璋不加理睬，赵韪也怀恨在心。

刘璋的父亲刘焉生前倚仗的军队是东州兵，刘焉算是一位强人，能镇住东州兵将士。刘璋性格软弱，没有威仪，东州兵逐渐骄横起来，欺压益州百姓，刘璋无法制止。赵韪一向深得民心，受到益州百姓的拥戴。建安五年，赵韪利用益州百姓对刘璋的怨恨起兵反抗，率数万人进攻刘璋。他还给荆州牧刘表送去厚礼，与他联盟。蜀郡、广汉郡、犍为郡都起兵响应赵韪。

益州的这场叛乱虽然最终被刘璋依靠东州兵镇压下去了，但进一步削弱了刘璋的实力。益州是一个重要的军事集团，曹操、袁绍在决战前自然都会想到刘璋。曹操派的人虽然没能到达，但关系不大，因为袁绍的人即便到了益州，刘璋估计也不会有任何实质性表示。对于中原地区的大决战，被内部事务弄得正焦头烂额的刘璋已无力参与，就连“坐山观虎斗”的心思恐怕也没有。

在官渡之战前的“外交”博弈中曹操几乎一分不失，而袁绍虽然四处出击，但颗粒无收。不仅如此，曹操在袁绍的背后还有了意外收获，他拉来了阎柔和鲜于辅。袁绍虽然占据了北方，但也并不是所有地方都属他的势力范围，在幽州刺史部的北部，有一支人马掌握在阎柔、鲜于辅等人手中，他们并不听袁绍的。鲜于辅、阎柔当初联合袁绍共同抗拒公孙瓒，公孙瓒死后，袁绍对阎柔、鲜于辅也竭力拉拢，给予厚遇，但阎柔、鲜于辅经过分析认为袁绍表面强大实际上问题很多，终将被曹操打败，于是他们选择支持曹操。阎柔派人晋见曹操，曹操很高兴，以朝廷的名义任命阎柔为护乌桓校尉。随后，鲜于辅又亲自来到官渡前线拜见曹操，曹操以朝廷的名义任命鲜于辅为右度辽将军。曹操让阎柔、鲜于辅仍驻守在幽州刺史部北部地区，给袁绍背后顶上一把刀。

尽管实力不占上风，但在外围争夺战中连续取得胜利，这让曹操信心大增。西至凉州、关中，东至徐州、青州，以及南面的南阳郡、汝南郡，在这些方向上曹操都有不小的进展，让他可以在与袁绍的对抗中无后顾之忧。曹操之所以能占得先机，除荀彧、郭嘉分析的“四胜”“十胜”因素外，还有一个因素至关重要，那就是曹操“奉天子以令不臣”，尽管这项举措利弊参半，但至少在初期，曹操得到的好处多于不利之处。在一些人眼中曹操是汉朝的司空，代表着天子，站在曹操一边就是站在了天子的一边。而袁绍虽然是汉朝的大将军，但他公然向天子所在地发起讨伐，这种行为形同谋反。

六、丛林中的刺客

这时，一个不好的消息传到了官渡前线，令曹操十分震惊：孙策准备亲自率主力北上，趁自己与袁绍打得难解难分之机偷袭许县。消息传开，曹操的部下均无比担心。

这段时间，孙策在江东的势力越来越大，不仅占有了江南的丹阳郡、吴郡、会籍郡、豫章郡等地，势力还发展到江北的庐江郡。《三国志·孙策传》裴松之注引《吴历》记载，曹操不断接到报告，说孙策又打了胜仗，地盘又在不断扩张。听得多了，曹操终于忍不住说了一句：“猘儿难与争锋也！”“猘”的意思是狂犬，曹操说这话其实并无贬义，是对孙策的羡慕与嫉妒。曹操首要的对手是袁绍，所以对孙策的策略是拉拢，通过和亲、任命官职、封爵等手段先把孙策拉到自己这一边。曹操还给了孙策一项任务，让他打刘表，孙策执行了，不是孙策愿意给曹操当枪使，而是他要报仇。孙坚死于刘表之手，具体来说死于黄祖之手，黄祖此时担任着荆州刺史部所属江夏郡的太守，守着荆州的东大门，孙策既要报仇，又要向西扩张，所以内部事务理顺后即开始了西征黄祖之战。不久前，孙策一举打败了黄祖，他本想乘胜追击，但考虑到庐江郡新附，江东也不稳固，征讨黄祖的时机还不成熟，于是回师。

如果单独面对，曹操倒不怕孙策，但现在曹操主要应对的敌人是袁绍，已经派不出力量去阻挡孙策了，所以大家才感到紧张。要不要分兵防范孙策呢？这是一个两难的选择，防与不防都不稳妥，曹操手下的谋士未能形成一致意见。《三国志·郭嘉传》记载，郭嘉这时说了一番话：

> 策新并江东，所诛皆英豪雄杰，能得人死力者也。然策轻而无备，虽有百万之众，无异于独行中原也。若刺客伏起，一人之敌耳。以吾观之，必死于匹夫之手。

郭嘉认为孙策刚刚吞并了江东，诛杀的都是当地的英雄豪杰，他是一个能让人为之效死命的人，但孙策为人轻率，平时不善于防备，即使他率领百万之众前来，也与他一个人来到中原没什么两样，如果遇到刺客的伏击，那他也只不过是“一人之敌”罢了。在这里，郭嘉做出了一个大胆预言：孙策必定会死于刺客之手！之所以说这个预言是大胆的，是因为一个人好端端的怎么会死于刺客之手呢？但结果正如郭嘉预言的那样，孙策还没有正式北上就遭到了刺客的攻击。更离奇的是，孙策最终不治身亡。

孙策在江东一路高歌猛进，不过他也有一个强劲的对手，就是曹操任命的广陵郡太守陈登。最近以来陈登不断出击，给孙策制造麻烦，这说明曹操与孙策之间表面和好，下面早已动起了刀兵。《三国志·吕布传》裴松之注引《先贤行状》记载，孙策西征黄祖归来，命令二弟孙权率一支人马进攻陈登控制下的匡琦，孙权手下的人马不少，是匡琦城内守军的十倍，城里的人感到很害怕，想弃城而走。陈登厉声阻止道：“吾受国命，来镇此土。昔马文渊之在斯位，能南平百越，北灭群狄，吾既不能遏除凶慝，何逃寇之为邪！吾其出命以报国，仗义以整乱，天道与顺，克之必矣！”陈登下令闭城自守，示弱不战。

陈登很有经验，悄悄到城上观察形势，找出孙权的漏洞，之后命令将士做好准备，趁夜打开南门，直扑孙权的军营。孙权毫无防备，人数虽占优，但一下子乱了起来。陈登手执军鼓为将士鼓劲，孙权大败。陈登又乘胜追击，孙权所部损失惨重。这是孙权第一次独立带兵指挥作战，出师却不利。孙权不甘心，整顿人马再战，陈登不敌，一面派人向曹操求救，一面悄悄在城外十里的地方另立军营，命令大家多准备柴薪，每十步一堆，纵横成行，下令夜里同时起火，然后命人在城上称庆，好像援军到了。孙权的人马望火而惊，陈登指挥曹军杀出来，孙权再次大败。

虽然遇到一些挫折，但并不影响孙策的整体实力，孙策正处在兵强马壮之时。这时已经到了建安五年初，袁曹对决已经拉开序幕。关于形势，孙策的判断与刘表不一样，他认为这是一次难得的机会，想趁曹军主力北上对抗袁绍之机对许县发动突然袭击，把天子抢到自己手中。

但是，主力北上前必须解决后方的问题，要么把陈登消灭，要么把他赶到更远的地方。建安五年春天，孙策率军来到丹徒（今江苏省镇江市），在这里等待运送军粮，打算军粮运到后再向陈登发起总攻。孙策喜欢打猎，在等待的几天空闲时间里，他带着几名随从出去打猎。对于孙策喜欢轻出微行的冒险行为，虞翻曾规劝过多次，孙策嘴上表示接受，但总难改老毛病，这一回就出事了。

孙策发现了一只鹿，领人去追。他骑的是好马，手下人的马追不上，他一个人在前面跑。正在这时，突然从林中冒出来三个人。敌方间谍时常在这一带活动，孙策十分警觉，厉声喝问对方是什么人。这几个人回答说是韩当的部下，在此射鹿。孙策看了看，不认识，他意识到危险，取弓便射，其中一个人应弦而倒。剩下两个人害怕了，举弓与孙策对射，结果有一箭射中了孙策的面颊。孙策手下的人随后赶到，把这两个人杀了。事后得知，这几个人是前吴郡太守许贡的旧部，守在这里就是为了刺杀孙策。许贡一度依附于朝廷任命的扬州刺史刘繇，孙策消灭刘繇后，许贡内心不满，多次向朝廷秘密上报，反映孙策的恶行，建议朝廷征孙策入京，借以削弱孙氏的势力。许贡的奏书被孙策截获，孙策下令将许贡处死。这几个人是许贡的旧部，他们的暗杀行动已策划了多时。《三国志·孙策传》裴松之注引《江表传》记载：

军到丹徒，须待运粮。策性好猎，将步骑数出。策驱驰逐鹿，所乘马精骏，从骑绝不能及。初，吴郡太守许贡上表于汉帝曰："孙策骁雄，与项籍相似，宜加贵宠，召还京邑。若被诏不得不还，若放于外必作世患。"策候吏得贡表，以示策。策请贡相见，以责让贡。贡辞无表，策即令武士绞杀之。贡奴客潜民间，欲为贡报仇。猎日，卒有三人即贡客也。策问："尔等何人？"答云："是韩当兵，在此射鹿耳。"策曰："当兵吾皆识之，未尝见汝等。"因射一人，应弦而倒。余二人怖急，便举弓射策，中颊。后骑寻至，皆刺杀之。

众人将孙策护送回营帐，请随行军医来看，发现伤势很重。这个伤原来还是能治好的，医生叮嘱孙策必须好好养护，一百天内不能刺激伤口。孙策忍不住照了照镜子，发现已经破相。孙策长得很英俊，走到哪里都有很多追捧者，他不能接受这样的现实，捶几大悲，伤口迸裂。

孙策自知难逃这一劫，于是忍住伤痛，把孙权以及随行的张昭、程普等人找来交代后事。孙策有个儿子名叫孙绍，此时年龄不详，但孙策死时只有二十六岁，想必孙绍才几岁，孙吴正在创业的关键时期，不能让一个孩子接班，所以接班人只能在孙策的弟弟中寻找。孙策是孙坚的长子，下面有四个弟弟，孙权是他的二弟，此外还有孙翊、孙匡、孙朗，孙权这时十八岁，孙匡、孙朗年龄稍小，但孙翊已经十六岁了，性格最像孙策，张昭等人认为应当让孙翊接班。

受伤后的孙策进行了反思，他杀伐果绝，顺我者昌，逆我者亡，几年间横扫江东没有对手，但由于杀伐过盛，在江东也树敌过多，此次遇刺也是当年种下的苦果之一。在孙策看来，正是因为孙翊的性格太像自己，才不能把事业交给他，孙策不愿意让自己的悲剧在孙翊身上重演。相比而言，孙权的战绩虽不突出，之前带兵还连打败仗，但他的优点是气度更大、更为仁爱，大事面前又有果断的一面，还能亲贤贵士，会团结人，如果让他接班，更能以相对柔性的姿态协调江东内部，弥补之前的裂痕。

所以，孙策决定交棒给孙权。《三国志·孙策传》记载，孙策指着孙权，希望众人今后善待他的这个弟弟。孙策让人取来自己的印绶，亲手交给孙权，对他说："举江东之众，决机于两陈之间，与天下争衡，卿不如我；举贤任能，各尽其心，以保江东，我不如卿。"《三国志·张昭传》裴松之注引《吴历》记载，孙策还对张昭说："若仲谋不任事者，君便自取之。正复不克捷，缓步西归，亦无所虑。"这大概是孙吴版的"白帝城托孤"，时间比刘备托孤早了二十三年。

建安五年四月四日，孙策与世长辞，年仅二十六岁。这一刻，孙权除了悲痛只有悲痛，脑子里根本想不起别的事，哥哥临终前让他挑起重担，但这是多么沉重的一副担子啊！孙权无心去想未来的事，他的心里只有哀伤，连觉也睡不着。现在形势十分严峻，孙策的死讯尚未对外公布，如果陈登、黄祖这些敌人知道这里发生了变故，就会趁势偷袭，还有那些虽已臣服但一直不稳定的地区，如果感到孙策死后群龙无首，也一定会蠢蠢欲动。作为孙策临终前寄予厚望的“托孤重臣”，张昭看在眼里急在心里。《三国志·吴主传》记载，张昭对孙权说：“孝廉，此宁哭时邪？且周公立法而伯禽不师，非欲违父，时不得行也。况今奸宄竞逐，豺狼满道，乃欲哀亲戚，顾礼制，是犹开门而揖盗，未可以为仁也。”张昭认为现在豺狼满道，应先把礼制放到一边，振作精神。孙权曾被举过孝廉，所以张昭这样称呼他。张昭让人给孙权换了衣服，扶他上马，亲自陪着孙权出巡各军，形势才稍稍安定。

孙策死于许贡门客之手，这一点史书有明确记载。问题是：这是一场由几个仆人为主人报仇的自发行动还是另有隐情？从各方面的史料综合去分析，前一种可能性更大一些，但后一种也不是完全没有可能。毕竟孙策死得太突然，而时间点又太敏感了。如果大胆推测一下的话，也许整个事件幕后有一个策划者，那就是曹操，其具体执行人是郭嘉和陈登。

首先，许贡一直与曹操控制的朝廷保持秘密来往，许贡死后曹操不会就此罢休。许贡生前是吴郡太守，他接替的是盛宪，盛宪是朝廷任命的吴郡太守，推测一下，许贡的吴郡太守可能也是朝廷任命的，正因为如此，一心独占江东的孙策才视之为眼中钉，将其赶下台。许贡想夺回吴郡，他所依赖的还是曹操控制下的朝廷，许贡向朝廷上表，说放任孙策势力继续坐大的话，无论对朝廷还是对曹操都是大患。许贡给曹操出主意，把孙策征调到许县，如果曹操真要这么做，孙策将面临棘手的选择，但这封奏表落入了孙策之手，许贡因此丧命。曹操虽然没能看到这封奏表，但许贡不可能只上过这一封奏表，曹操掌握吴郡的情况，密切联络许贡也是出于一定的目的，许贡被杀对曹操来说是一个损失，他不会不管不顾。

其次，郭嘉对孙策方面的情况了如指掌，显示他在江东有一套有效的情报系统。官渡之战前夕，袁曹对峙正在紧要关头，曹操忽然“听说”孙策要秘密率军北上偷袭许县，这件事也比较蹊跷。偷袭这种事是非常机密的，事先就周告天下那就不叫偷袭了。孙策还没起兵，曹操为何就能侦知如此绝密的情报呢？答案只有一个，那就是曹操在江东有一套情报系统。之后，为打消众人的顾虑，郭嘉对孙策有了一段分析，可谓精准万分，孙策是什么性格，有什么弱点都说得清清楚楚。不仅如此，郭嘉还给孙策安排了被刺客杀死的结局，这不是他的臆想，而是相关计划已经在进行中了。郭嘉时任军师祭酒，情报系统应该归他管，他就是相关计划的幕后策划者。

再次，孙策被杀前曹操曾指令陈登与江东的山匪进行联络，而这些山匪与许贡关系也很密切。陈登奉曹操的指令联络江东山匪严白虎的余党，想在孙策背后搞点事情。《三国志·孙策传》裴松之注引《江表传》记载：“策前西征，登阴复遣间使，以印绶与严白虎余党，图为后害，以报瑀见破之辱。”而许贡被孙策击败后投奔的正是严白虎，这说明陈登与许贡之间也极可能有交集，曹操的策划要想成功，还得有人去执行，前线的陈登最了解情况，他可以通过严白虎余部与许贡及其门客建立长期联系，条件成熟后随时实施相关计划。而且，从效果看曹操借许贡门客之手除掉孙策，比自己直接动手更为有利。

对曹操来说，必欲除孙策而后快，因为这样可以用最小的代价解除东南之忧，让他放心地与袁绍决战官渡。这个目的如果能达到且又不用他亲自出面，那效果就更好了，因为这样可不必与江东孙氏集团马上撕破脸。试想一下，如果是曹操派人找机会把孙策刺杀的，江东无论谁接班，都要兴兵找曹操报仇，那样江东问题依然没有解决。最后的结果对曹操来说简直是最好的：孙策死了，危机解除。曹操一脸无辜的样子，江东则可以消停好几年了。

从孙坚到孙策，他们身上有着共同的基因，结局也很相似。史学家多评论孙坚勇挚刚毅，评论孙策英气杰济，都不是一般人物。但同时也指出，他们父子二人做事都不够严谨，这是他们失败的原因。比如，《三国志》的作者陈寿评价："孙坚勇挚刚毅，孤微发迹，导温戮卓，山陵杜塞，有忠壮之烈。策英气杰济，猛锐冠世，览奇取异，志陵中夏。然皆轻佻果躁，陨身致败。"这或许与他们的出身有关。说到底，孙氏出身于社会底层，也可以说是草根和寒门，与儒学世族崇尚礼法、家教严正不同，寒门较少受拘束，所以他们好驰猎，喜欢酗酒，有时候这些成为他们的魅力和凝聚部下的特长，有时候又成了致命的缺点。

七、少年的手段

曹操得知孙策死了，兴奋之情难以言表，相对于刘表，孙策才是只猛虎，现在孙策死了，短时间内江东难以对曹操构成威胁。曹操此时甚至想借机讨伐江东，并就此征询张纮的意见。就在前一年，孙策派张纮出使许县，结果被曹操留了下来。曹操看中张纮的才干，以朝廷的名义任命他为侍御史，还让张纮兼任九江郡太守，但不让他赴任，希望他留下来帮自己，被张纮以身体有病为由拒绝。

对于曹操提出的伐吴想法，张纮劝他不要这么做。《三国志·张纮传》记载，张纮认为："乘人之丧，既非古义，若其不克，成仇弃好。"张纮劝曹操不如厚遇孙氏。曹操听从了张纮的意见，以天子的名义任命孙权为讨虏将军，仍兼任会稽郡太守。不过，诏令特别强调孙权平时须驻扎在吴县（治所在今江苏省苏州市）。曹操是想提醒江东的新主人：必须守规矩，没有命令不得随意到外面去抢地盘。

其实曹操此时想举兵伐吴是做不到的，不是张纮或者孙权不同意，而是袁绍不让他这么做。袁绍此次倾尽精锐南下，曹操只得把能调动的人马全部压上，即使这样人数上也处于劣势。曹操总体上仍然很被动，别说兴兵讨伐江东，就是分出一支人马去防备江东方向可能发起的攻击也相当吃力。他能做的或许是命令陈登在广陵郡方向主动发起进攻，但陈登还不具备渡江作战的实力。所以，曹操打算进攻江东的那些话可能只是故意放出来的风，目的是向孙权施压。张纮一直想回江东，曹操想了想，干脆任命他为会稽郡东部都尉，让他回去。《三国志·张纮传》认为曹操之所以放张纮回去，是想让他影响孙权，“辅权内附”。

张纮回到了江东，孙权此时在吴县，周瑜已带着所部人马赶到这里奔丧。孙权让周瑜继续担任中护军，张昭继续担任长史，一武一文，共同辅佐。大概直到这个时候，孙权才认真思考落在自己肩上的是多么重的一副担子，对于只有十八岁的他来说，能不能挑起这副担子，心里其实并没有多少底，而更多的人则在观望着。

在江东内部，质疑孙权的声音也不少，主要是他太年轻，之前也没有干出过什么业绩。他能不能领导整个江东的事业，很多人都在观望。孙坚和孙策实行强人统治，手下固然有不少精兵强将，大家都以他们二人为核心，一旦风云有变，核心没了，这支队伍就有瞬间分崩离析的可能，孙坚死后数万人马顷刻间被袁术轻易吞并，就是前例。江东各郡县虽然初步平定，但很多地方的统治并不稳固，各郡县遍布英豪，个个都不是省油的灯，一部分已经归顺的人此刻也在思量着另起炉灶，与孙权还没有形成稳固的从属关系。《三国志·孙权传》记载：

是时惟有会稽、吴郡、丹阳、豫章、庐陵，然深险之地犹未尽从，而天下英豪布在州郡，宾旅寄寓之士以安危去就为意，未有君臣之固。

孙策给孙权留下的地盘大约是五个郡，分别是会稽郡、吴郡、丹阳郡、豫章郡、庐陵郡，前四个郡归服的时间较早些，庐陵郡则是由豫章郡中分出的一部分新成立的郡。会稽郡太守由孙权兼任，丹阳郡太守是孙权的舅舅吴景，豫章郡太守是孙权的堂兄孙贲，庐陵郡太守是孙权的堂兄弟孙辅。此外，还有一个郡也正在纳入孙氏集团控制之中，这就是江北的庐江郡，孙策生前发动了皖城之战，取胜后任命李术为该郡太守。吴景、孙贲对孙坚、孙策一直很忠诚，孙辅就不太好说了，对孙权并不太服气。还有李术，此人野心很大。

论地盘，现在确实不小了，但孙策依靠武力手段平定江东，杀伐无数，被杀者中不乏地方大族豪强，这些人也有相当大的影响力，他们的支持者有的隐没于民间，暂不发声，但复仇之心未死；有的表面上合作，可内心并不情愿。孙策遭遇意外虽然有一定的偶然性，但树敌太多也隐含着这个意外实为必然。外部形势就更不用说了，曹操、陈登、刘表、黄祖等外部强敌此时也无不想趁隙相攻，曹操虽然无法分身，但他不会毫无作为，只要这边有一线机会，曹操就会抓住大做文章。刘表、黄祖的总体实力不亚于曹操，如果主动发难，江东的西面将面临巨大压力。现在，不管外部敌人还是江东的内部，不少人都在盯着孙权看，如果头几脚踢不好，恐怕就有失控的危险。

按照朝廷诏书的要求，办完兄长的丧事后孙权便留在吴县。张昭和周瑜给了孙权很大帮助，作为孙策临终前指定的“左膀右臂”，他们二人都真心实意地愿意帮助孙权渡过难关。张昭以讨逆将军长史的身份向各郡下发文告，要求大家奉令行事，不得妄动，维护地方的稳定。张昭年纪比孙权大得多，孙策生前以师友之礼相待，孙权就把张昭看成自己的师傅，称呼他为“张公”。周瑜以中护军的身份留在吴县，他手下有一支从巴丘带来的人马，在当前的形势下这一点显得格外重要。张纮回到江东后，有些人劝孙权说他曾经接受过曹操的任命，不一定可靠，孙权对此毫不介意。张纮的职务是会稽郡东部都尉，上任不久便被孙权召回，孙权认为会稽郡没有多少事，张纮在那里纯属浪费，于是让他回来协助自己处理军政事务。在张昭、周瑜、张纮等人倾力相助下，江东各郡县基本保持了平静。

孙权刚刚接班，年龄还小，而外方多难，母亲吴氏感到很忧心，她多次以谦逊、感激的言辞嘱咐张纮对孙权尽心辅佐，张纮每次都以书面形式给予答谢回复，并不断反省自己。张纮不仅参与孙权的重要决策，在孙权遇到特殊事情和秘密决议需要章表信函时，也都由张纮和张昭来撰写。孙权称张昭为“张公”，对部下其他人都呼其表字，对张纮则是另一个例外，每次称呼他都叫“东部”，显示出亲切和尊重。

这时发生了李术反叛事件，考验着孙权的智慧和手段。李术是孙策任命的庐江郡太守，孙策攻下皖城，给李术三千人马让他在此防守，但孙策死后李术就开始蠢蠢欲动。之前，李术杀了曹操任命的扬州刺史严象。从名义上说，孙权这个会稽郡太守也在严象管辖之下，严象一上任就以刺史的身份举荐孙权为茂才。李术是庐江郡太守，严象也是他的上司，李术杀严象显得很蹊跷，有人认为这是孙权指使的，但这不太符合孙权此时的处境。

孙权没有实力跟朝廷和曹操公开决裂，所以他老老实实待在了吴县，对朝廷表现得十分恭敬，说他下令让李术去杀严象，并不可能。而且，李术不仅杀了严象，还不听孙权的召唤。这时江东有一些人叛逃，其中不少逃到了李术那里。《三国志·孙权传》裴松之注引《江表传》记载，孙权写信让李术把人交出来，李术回复说："有德见归，无德见叛，不应复还。"孙权大怒，这是对自己的藐视，如果不能收拾李术，他这个江东的新主人再无权威可言。盛怒之下，孙权并没有立即发兵问罪，而是先向曹操进行了禀报。孙权给曹操写了一封信，信中说：

严刺史昔为公所用，又是州举将，而李术凶恶，轻犯汉制，残害州司，肆其无道，宜速诛灭，以惩丑类。今欲讨之，进为国朝扫除鲸鲵，退为举将报塞怨仇，此天下达义，夙夜所甘心。术必惧诛，复诡说求救。明公所居，阿衡之任，海内所瞻，原敕执事，勿复听受。

孙权向曹操报告说，严刺史是您任命的，又是州中推举的将领，李术悍然违反制度，残害州官，应该赶紧把他诛杀，以警告其他不法之徒。孙权还报告说自己将率兵讨伐李术，为朝廷扫除奸恶，李术一定会跑去用假话欺骗您，请务必不要相信。此时曹操与袁绍已进入激战状态，估计没有精力管这件事情，这为孙权向李术下手创造了难得的时机。

建安五年底，孙权举兵攻打皖城。李术自知实力不够，闭门自守，并向曹操求援，因为孙权之前已向曹操打了招呼，而李术杀严象确是事实，更重要的是曹操也无力分兵来管这件事，所以李术没有等来外援。即便如此，李术的皖城保卫战也打得很顽强，城中没了粮食，女人们饿得太厉害，就吞下泥丸充饥。最后皖城还是被攻克，孙权将李术枭首，把他部下三万多人迁往别处。

李术叛乱事件是孙权接班后处理的第一件大事，在张昭、周瑜等人的辅佐和支持下成功地化解了危机，尤其提前做好与曹操的沟通，避免了曹操的干预和借机对江东的渗透。李术被杀，提高了孙权的威信。不过，这件事还存在着许多谜团。李术既然对孙氏谈不上忠心，为何孙策当年会把如此重要的职务交给他？李术又有什么把握，居然敢向曹操派来的刺史下手，难道没有考虑过后果吗？也许李术是陈登那样的人物，眼界很高，志向很大，他至少拥有三万多部曲，说明在孙氏集团中他已经不是一般的人物，看到孙权年轻，刚刚接手，江东动荡不安，他错误判断了形势，也想来一个“并吞江东”，率先发难也未可知。只是他的判断有问题，不具备跟孙权叫板的实力，于是打了败仗。

当然，还存在另一种可能，那就是孙权接班后发现李术不听指挥，但李术也就是依仗有一定实力在孙权面前摆摆谱罢了，并没有造反的打算。孙权想除掉他，就秘密地命他攻击严象。李术没有多想就执行了，结果严象被杀，断绝了他投靠曹操的可能，孙权兴兵，李术灭亡。这样推断也是有理由的，因为如果李术存心反叛，他攻击严象的行为就难以解释，除非他疯了，想同时给自己树起两个强敌。

孙权征李术，所率的主力是同族人孙河所部。孙河是孙坚的族子，与孙权同辈，年轻时就随孙坚征讨四方，此次以威寇中郎将的身份统兵讨伐李术。孙权重新收复皖城，就让孙河兼任庐江郡太守。此战也给孙权带来一个间接损失，前面提到过，严象死后曹操派来一个能干的人当扬州刺史，这就是新任扬州刺史刘馥，刘馥是一把好手，今后会给孙权制造出不少麻烦。

在一部分人眼中孙权并不是接孙策班的唯一人选，甚至也不是最佳人选。当时，比孙权更有人气的是他的三弟孙翊。孙翊原名叫孙俨，之前说过，他的个性最像孙策。孙翊比孙权小两岁，孙策死时十六岁，他的性格很突出：骁勇、彪悍、果断、刚烈。孙权掌权后对孙翊给予了重用，孙翊被任命为偏将军，当时孙氏集团的主要将领多是中郎将、校尉，有的还仅是司马，孙翊是军职仅次于孙权的少数几个人之一。孙权还有两个弟弟，四弟孙匡继承了孙坚的乌程侯爵位，不过他的影响不大，二十岁时就死了；最小的弟弟叫孙朗，也叫孙仁，名字只在个别史书里提到过，事迹不详。

孙坚最小的弟弟孙静有五个儿子，老大名叫孙暠，算起来是孙权的堂兄弟，担任定武中郎将，孙策死时他屯扎在孙坚的封地乌程，听说接班的是孙权，有点不服气，打算拥兵自立。《三国志·虞翻传》裴松之注引《会稽典录》记载，虞翻在富春当县长，听说孙暠的举动后赶紧跑去相劝道："讨逆明府，不竟天年。今摄事统众，宜在孝廉，翻已与一郡吏士，婴城固守，必欲出一旦之命，为孝廉除害，惟执事图之。"孙暠想了想，发现自己还真没有多大把握，于是退回。

这是孙权掌权后发生的一次未遂叛乱，孙暠敢向孙权发起挑战，可能看到了自己尚有一定实力，而且自家兄弟多，想乱中取胜，可惜他似乎既缺雄才又无大略，被虞翻几句话就吓住了。这件事发生后，孙暠的事迹再无记载，想必孙权后来对他采取了措施，剥夺了他的兵权。不过，也许看在叔父的面子上，对孙暠也没有深究，孙暠有两个孙子，一个名叫孙綝，一个名叫孙峻，都是孙吴后期的权臣。

孙暠没有挑事，但孙氏家族里还是有人真的干出来了。这个人是孙辅，孙贲的弟弟，也是孙权的堂兄弟。孙辅以扬武校尉的身份追随孙策征战，在平定丹阳郡之战、皖城之战以及讨伐袁术等战斗中立下战功，他很能打，经常身先士卒。孙策占据豫章郡后，看到这个郡太大，便从中分出一个庐陵郡，大体范围在今江西省南部，孙辅就当了第一任庐陵郡太守。孙辅在庐陵郡干得很出色，不久升任平南将军，还假节、兼任交州刺史。《三国志·孙辅传》记载：

策西袭庐江太守刘勋，辅随从，身先士卒，有功。策立辅为庐陵太守，抚定属城，分置长吏。迁平南将军，假节领交州刺史。

看到这条记载，第一感觉是写错了，因为平南将军地位很高，是“四平”将军之一，高于普通的杂号将军。孙权现在只不过是讨虏将军，属杂号将军，而他手下的孙辅却超过了他，这是不可能的。况且，孙辅还兼任交州刺史，这更不可能。但是，继续往下看就会发现孙辅有这样的头衔似乎并不奇怪。

推测起来孙辅的年龄比孙策大，比孙权更是大得多。孙辅从小跟着哥哥孙贲作战，在孙策开拓江东的过程中，孙辅和孙贲都坚定支持孙策。孙辅的心思跟孙暠差不多，对孙策很服气，对孙权则有点不服气。孙辅决定与孙权分庭抗礼，为了增加成功的把握，他要拉一个外援来做后盾，这个外援就是曹操。《三国志·孙辅传》裴松之注引《典略》记载，孙辅偷偷给曹操写了一封信，这封信的内容不详，但目的是可以推测出来的，那就是想向曹操要援兵，一旦自己跟孙权翻脸，请曹操站在自己这一边。孙辅认为曹操一定会答应，因为对曹操来说这是一个千载难逢的好机会，可以分化瓦解孙氏集团。但曹操最终却没能看到这封信，原因是“行人以告，权乃还”，有人将此事报告给了孙权，正在外面作战的孙权回来了。这里的“行人”不是行路之人，也不是随便一个什么人，而是使者的别称。孙辅派去给曹操送信的人反水，把信交给了孙权，孙权赶紧回来了。孙权立即与张昭商议对策，布置妥当后，佯装不知，把孙辅招来。见面后，兄弟二人说了一些无关紧要的话，正谈论间孙权突然发问：“兄厌乐邪，何为呼他人？”孙辅知道事情败露了，无言以对。为了维护孙氏集团的团结，孙权没有处死孙辅，但把他身边的幕僚亲信全部杀了，把孙辅所部重新整编，分散到其他队伍中，之后将孙辅软禁起来。

表面上看起来曹操似乎对于整个事件毫不知情，其实未必。孙辅暗中勾结曹操是一件大事，不会只写过一封信，暗中或许进行过多次沟通，孙辅突然得到了平南将军、交州刺史的高位，正是曹操拉拢孙辅的手段，或者是交易条件。表奏和遥拜泛滥后，大家可以替朝廷随意任命官职，不过一般来说所任命的官职不能超过表奏人的本职，你若是个郡太守，就不适合再任命别人当刺史，你若只是个县长，也不大可能表奏别人当郡太守，那只会引起世人的笑话。孙权的军职是杂号将军，行政职务是郡太守，他不会，同时也没有必要表奏孙辅为平南将军、交州刺史。孙辅不仅得到了头衔，还得到了一项特权，就是假节。孙权更不可能让孙辅假节，因为职务或许可以空口一说，而节则是一个实实在在的东西，孙权拿不出来。所以，孙辅的新职务可能是有的，但与孙权无关，整个事件的背后都有曹操的影子。孙辅没有成功，缘于他的实力不够强，同时他所在的庐陵郡位置偏南，要到达长江以北曹操的势力范围必须经过豫章郡，所以孙权有机会把他的信件截获。

从李术到孙暠再到孙辅，孙权刚刚掌权就一再遇到挑战，不过这些都被他依靠智谋和雷霆手段一一化解了，显示出与他年龄不相符的沉着和老练。当然，能处理好这几次危机也有赖于张昭、周瑜、程普等人的坚定支持，张昭虽然开始时并没有看好孙权，但孙策临终相托，让他迅速调整了方向，对孙权全力辅佐。经过这几次危机，孙权的威望迅速提升，到孙辅事件为止，本集团内部已经没有人再敢向他发起挑战了。

第八章

官渡之战

200年

一、一篇战斗檄文

建安五年初，袁绍率大军南下，欲与曹操展开决战。出兵前，为进一步制造舆论，袁绍发布了一篇讨伐曹操的檄文。这篇檄文十分有名，载于《后汉书·袁绍传》中，未载撰者何人。唐代李贤等注："据《陈琳集》，此檄陈琳之词也。"陈琳是"建安七子"之一，早年为大将军何进的部属，与袁绍、曹操相识较早。《三国志·王粲传》记载："琳避难冀州，袁绍使典文章。袁氏败，琳归太祖。太祖谓曰：'卿昔为本初移书，但可罪状孤而已，恶恶止其身，何乃上及父祖邪？'琳谢罪，太祖爱其才而不咎。"根据后面这条记载，檄文确为陈琳所作。

这篇檄文收入《文选》时的题目为《为袁绍檄豫州》，开篇有"左将军领豫州刺史郡国相守"，末尾有"州郡各整戎马"之语。李善注引《魏氏春秋》："袁绍伐许，乃檄州郡。"又引《魏志》："琳避难冀州，袁本初使典文章，作此檄以告刘备。言曹公失德，不堪依附，宜归本初也。"根据李善所注以及檄文篇首的话，这篇檄文是袁绍命陈琳写给刘备的，让刘备不要依附曹操，而改投自己。刘备时任左将军、领豫州牧，口气倒是相符的。但这只是一种说法，历代学者多认为这篇檄文是写给曹操控制区官民的：

案《文选》琳为绍檄豫州，盖帝都许，许属颍川郡，豫州部属也。故《选》专以“檄豫州”为言。(《资治通鉴》胡三省注)

《文选》檄首有“左将军领豫州刺史郡国相守”……如为所告之人，则其时偏檄州郡，不应独举豫州，如为立言之人，则檄乃绍之辞，不应称“左将军”云云也。未详其义。(沈家本《诸史琐言》)

《通鉴》作“移檄州郡”，是时备方奔绍，自以“移檄州郡”为是。《文选》“左将军豫州刺史郡国相守”云云，乃以豫州刺史列郡国相守之前，仍为通告文字，《文选》此文篇末有“州郡各整戎马”之语，可证。(卢弼《三国志集解》)

分析一下，这篇檄文的背景应该是这样的：袁绍要讨伐曹操，进攻的重点是许县，许县属豫州刺史部颍川郡，故檄文题目中有“檄豫州”之语；这篇檄文虽是袁绍授意陈琳所作，但假借的是刘备的口气，那时刘备已至袁绍处，袁绍觉得刘备是朝廷任命的豫州牧，未来作战的主要地区恰是豫州，就以刘备之口向豫州刺史部“各郡国相守”发布动员令，让他们“各整戎马”，讨伐曹操；称刘备为“左将军领豫州刺史”似乎与史实不符，《三国志·先主传》记载“先主还小沛，复合兵得万余人。吕布恶之，自出兵攻先主，先主败走归曹公。曹公厚遇之，以为豫州牧”，刘备此时已是豫州牧而不是豫州刺史了，似乎与本檄文内容不符，但那也许是袁绍认为刘备已与曹操对立，所以曹操给的名号不要也罢吧，所以仍称刘备为豫州刺史；开篇“左将军领豫州刺史郡国相守”确实不好理解，如果中间加一个“告”字，变成“左将军领豫州刺史告郡国相守”，就好理解了。综上，这篇檄文应该是袁绍假借刘备之口发布给豫州刺史部各郡国官民，让他们起兵反抗曹操的。

檄文是专门为征战讨伐造势用的，因为是公开的文书，所以只喊口号没有用，而要将论点与论据结合起来，有理有据才能让人信服，这篇檄文充分体现了这方面的特点。它的篇幅很长，约一千三百字，作者下了很大功夫，核心内容是对曹操的种种“恶行”进行声讨，列举了许多曹操的“黑历史”，并不失时机地对袁绍加以颂扬。袁绍曾经被公孙瓒的檄文骂过，但对照一下，陈琳写的这篇檄文更有气势，杀伤力也更大。檄文的开头部分写道：

盖闻明主图危以制变，忠臣虑难以立权。是以有非常之人，然后有非常之事，有非常之事，然后立非常之功。夫非常者，故非常人所拟也。曩者强秦弱主，赵高执柄，专制朝权，威福由己，时人迫胁，莫敢正言，终有望夷之败，祖宗焚灭，污辱至今，永为世鉴。及臻吕后季年，产、禄专政，内兼二军，外统梁、赵，擅断万机，决事省禁，下凌上替，海内寒心。于是绛侯、朱虚兴兵奋怒，诛夷逆暴，尊立太宗，故能王道兴隆，光明显融，此则大臣立权之明表也。

在檄文的开头，袁绍高举道德的大旗，通过以古喻今的方式，将曹操与赵高、吕氏那样窃取国家政权的权臣联系起来，而暗示自己为铲除诸吕的周勃、刘章。檄文说，从前强大的秦国，其国君却很软弱，因为赵高执政，控制政局，自己作威作福，当时的人受到胁迫，不敢直言，最终发生了望夷宫之变，导致灭族之祸，至今背负骂名。到了吕后时期，吕禄、吕产专政，擅自处理政事及宫内事务，控制军队，下级欺凌上级，天下人感到寒心，于是绛侯周勃、朱虚侯刘章愤而起兵，诛讨叛乱，尊立太宗皇帝，所以能国家兴隆，他们也名垂史册，这就是大臣立功的典范。袁绍对曹操和自己首先进行了“历史定位”，划分了正反阵营。之后写道：

司空曹操，祖父中常侍腾，与左悺、徐璜并作妖孽，饕餮放横，伤化虐民。父嵩，乞丐携养，因赃假位，舆金辇璧，输货权门，窃盗鼎司，倾覆重器。操赘阉遗丑，本无懿德，犭票狡锋协，好乱乐祸。幕府董统鹰扬，扫除凶逆。续遇董卓侵官暴国，于是提剑挥鼓，发命东夏。收罗英雄，弃瑕取用，故遂与操同谘合谋，授以裨师，谓其鹰犬之才，爪牙可任。至乃愚佻短略，轻进易退，伤夷折衄，数丧师徒。幕府辄复分兵命锐，修完补辑，表行东郡，领兖州刺史，被以虎文，奖蹙威柄，冀获秦师一克之报。而操遂承资跋扈，肆行凶忒，割剥元元，残贤害善。

檄文中说曹操的祖父曹腾是无恶不作的大宦官，父亲曹嵩是曹腾收养的乞丐的儿子，也尽做坏事，曹操作为“宦官阉人”的后代，继承了爷爷、父亲的所有缺点，所以也是一个恶人。而袁绍与曹操截然不同，董卓专权时袁绍就召集各路诸侯进行讨伐，那时他不计较曹操人品低劣而对他加以重用，本以为曹操是英才，未承想他贪功冒进，打了大败仗，袁绍仍不计较这些，给曹操增兵，表奏他为东郡太守、兖州刺史，可曹操不思进取，肆意残害百姓。

关于曹操的出身，之前已做过叙述与分析。概括言之，曹腾是大宦官，但也做过许多好事，《后汉书·宦者列传》中有记载，而曹嵩应该出自曹氏一族，并非“乞丐携养”，将曹操说成“赘阉遗丑”失于厚道，且与史实不符。不过，“赘阉遗丑”的说法在后世影响甚广，也是曹操最为介意的地方。汉末特别讲究出身，相对于出身“四世三公”的袁绍，曹操的出身确实给他带来了负面的影响，檄文对此加以强化，的确有一定杀伤力。

关于曹操在讨伐董卓行动中的表现，檄文有说对的地方，那就是曹操打过败仗，在处于低谷时袁绍也的确出手相助过，东郡太守是袁绍表奏的，兖州刺史虽然是官民所推举，但背后其实也是袁绍在起作用。但檄文将曹操的失败归于冒进与不明智，这就有些不公平了，当时参加讨伐行动的各路人马畏首不前，只有曹操义无反顾，主动进兵，这种进取精神应该得到肯定。而且，袁绍在这里只讲自己如何帮助曹操却不谈董卓之乱的成因，说起来袁绍在其中应该承担很大责任。至于“割剥元元，残贤害善”，檄文将其作为一个重点，接着写道：

故九江太守边让，英才俊伟，天下知名，直言正色，论不阿谄，身首被枭悬之诛，妻孥受灰灭之咎。自是士林愤痛，民怨弥重，一夫奋臂，举州同声，故躬破于徐方，地夺于吕布，彷徨东裔，蹈据无所。幕府惟强干弱枝之义，且不登叛人之党，故复援旌擐甲，席卷起征，金鼓响振，布众奔沮，拯其死亡之患，复其方伯之位，则幕府无德于兖土之民，而有大造于操也。后会銮驾反旆，群虏寇攻。时冀州方有北鄙之警，匪遑离局，故使从事中郎徐勋就发遣操，使缮修郊庙，翊卫幼主。操便放志专行，胁迁当御省禁，卑侮王室，败法乱纪，坐领三台，专制朝政，爵赏由心，刑戮在口，所爱光五宗，所恶灭三族，群谈者受显诛，腹议者蒙隐戮，百寮钳口，道路以目，尚书记朝会，公卿充员品而已。故太尉杨彪，典历二司，享国极位，操因缘眦睚，被以非罪，榜楚参并，五毒备至，触情任忒，不顾宪纲。又议郎赵彦，忠谏直言，议有可纳。是以圣朝含听，改容加饰，操欲迷夺时明，杜绝言路，擅收立杀，不俟报闻。

这里列举了三件事，分别是杀边让、虐待杨彪和杀赵彦。陈留郡人边让，是汉末足以与孔融齐名的文士。《后汉书·孔融传》记载：“融由是显名，与平原陶丘洪、陈留边让齐声称。”之前说过，大将军何进曾强行征辟边让，蔡邕、孔融、王朗等也与边让交好。边让后来出任九江郡太守，但因战乱而辞官返家，建安年间因为得罪曹操而被杀（参见第二卷第六章）。曹操杀边让的确是一件被人诟病的事，不过，边让既然死于建安年间，那就与张邈、吕布之叛没有关联，檄文认为正是边让被杀才激起了兖州士民的恐惧与反抗，导致张邈、吕布之叛，结果“躬破于徐方，地夺于吕布”，这一点与史实不符，对边让被杀所造成的后果也有夸大之处。杨彪事件前面已经提及，曹操那么做是为了威慑反对者。这里提到的赵彦，曾为汉献帝陈述时策，遭到曹操厌恶，因此被杀。《太平御览》第九十二卷引《汉晋阳秋》记载：“献帝都许，守位而已，宿卫近侍，莫非曹氏党旧恩戚。议郎赵彦尝为帝陈言时策，曹操恶而杀之，其余内外多见诛。”

袁绍抓住以上几点攻击曹操残害忠良，应该说有一定效果，但力度也是有限的，不仅因为这几件事似乎还算不上“罪大恶极”，而且袁绍在这里刻意回避了一点，那就是他同样对杨彪等人没有好感，甚至曾要求曹操杀掉杨彪。《三国志·武帝纪》裴松之注引《魏书》记载：“袁绍宿与故太尉杨彪、大长秋梁绍、少府孔融有隙，欲使公以他过诛之。”倒是曹操，对杨彪、孔融等多有保护，对袁绍说：“当今天下土崩瓦解，雄豪并起，辅相君长，人怀怏怏，各有自为之心，此上下相疑之秋也，虽以无嫌待之，犹惧未信；如有所除，则谁不自危？且夫起布衣，在尘垢之间，为庸人之所陵陷，可胜怨乎！高祖赦雍齿之雠而群情以安，如何忘之？”袁绍见曹操不肯执行自己的命令，“深怀怨望”。袁绍说曹操迫害忠良，他何尝不是？袁绍在这里采取了“选择性记忆法”，将矛头对准曹操，一方面向世人揭露曹操的罪行，另一方面也挑拨许县那些士大夫出身的官员与曹操之间的关系。说完这些，檄文又写道：

又梁孝王，先帝母昆，坟陵尊显，桑梓松柏，犹宜肃恭，而操帅将吏士，亲临发掘，破棺裸尸，掠取金宝，至令圣朝流涕，士民伤怀。操又特置发丘中郎将、摸金校尉，所过隳突，无骸不露。身处三公之位，而行桀虏之态，污国虐民，毒施人鬼。加其细政苛惨，科防互设，罾缴充蹊，坑阱塞路，举手挂网罗，动足触机陷，是以兖、豫有无聊之民，帝都有吁嗟之怨。历观载籍，无道之臣，贪残酷烈，于操为甚。

这里重点讲了曹操盗墓的事。这件事之前曾做过分析，结论是不可能（参见第一卷第八章）。而且，曹操起兵时没有正式名分，曹洪、曹仁等人顶多是司马，为盗墓专门设校尉甚至中郎将也不符合当时的情况。不过，檄文中所说之事在后世影响很大，曹操被人冠上了“盗墓祖师爷”的称号，“发丘中郎将”“摸金校尉”也成为盗墓者的代称。写完这些，檄文又写道：

幕府方诘外奸，未及整训，加绪含容，冀可弥缝。而操豺狼野心，潜包祸谋，乃欲摧挠栋梁，孤弱汉室，除灭忠正，专为枭雄。往者伐鼓北征公孙瓒，强寇桀逆，拒围一年。操因其未破，阴交书命，外助王师，内相掩袭，故引兵造河，方舟北济。会其行人发露，瓒亦枭夷，故使锋芒挫缩，厥图不果。尔乃大军过荡西山，屠各左校，皆束手奉质，争为前登，犬羊残丑，消沦山谷。于是操师震慑，晨夜逋遁，屯据敖仓，阻河为固，欲以螳螂之斧，御隆车之隧。幕府奉汉威灵，折冲宇宙，长戟百万，胡骑千群，奋中黄、育、获之士，骋良弓劲弩之势，并州越太行，青州涉济、漯，大军泛黄河而角其前，荆州下宛、叶而掎其后，雷霆虎步，并集虏庭，若举炎火以焫飞蓬，覆沧海以沃熛炭，有何不灭者哉？又操军吏士，其可战者，皆自出幽、冀，或故营部曲，咸怨旷思归，流涕北顾。其余兖、豫之民，及吕布、张扬〔杨〕之遗众，覆亡迫胁，权时苟从，各被创夷，人为雠敌。若回旆方徂，登高冈而击鼓吹，扬素挥以启降路，必土崩瓦解，不俟血刃。方今汉室陵迟，纲维弛绝，圣朝无一介之辅，股肱无折冲之势，方畿之内，简练之臣皆垂头搨翼，莫所凭恃，虽有忠义之佐，胁于暴虐之臣，焉能展其节？又操持部曲精兵七百，围守宫阙，外托宿卫，内实拘执，惧其篡逆之萌，因斯而作。此乃忠臣肝脑涂地之秋，烈士立功之会，可不勖哉！

这里主要说袁绍及其麾下将士多么英勇、战斗力多么强大，而曹操手下将士中有战斗力的多来自幽州、冀州，他们思念家乡，无心为曹操而战，剩下的兖州、豫州以及吕布、张杨的余党都是受曹操胁迫而战，只要袁绍大军一到，这些人就会投降，曹军就会土崩瓦解。这里还提到一件事，是其他史书所没有提及的：袁绍之前讨伐公孙瓒时，曹操曾暗地发布命令，打算与公孙瓒配合，于是借着皇帝的名义偷袭袁绍，已领兵到了黄河边，正要过河时公孙瓒被消灭了，曹操锋芒被挫，企图未能实现。曹操与公孙瓒暗中结盟的事，在其他史书中没有提及，但袁绍敢于公开揭露，说明其可能性很大。袁绍之所以“控诉”这件事，是因为他觉得自己是汉朝的大将军，去讨伐公孙瓒属于正义行为，曹操作为汉朝的司空，应该支持自己而不是与公孙瓒勾结。这篇檄文的最后写道：

操又矫命称制，遣使发兵，恐边远州郡，过听而给与，强寇弱主，违众旅叛，举以丧名，为天下笑，则明哲不取也。即日幽、并、青、冀四州并进。书到荆州，便勒见兵，与建忠将军协同声势，州郡各整戎马，罗落境界，举师扬威，并匡社稷，则非常之功，于是乎著。其得操首者，封五千户侯，赏钱五千万。部曲偏裨将校诸吏降者，勿有所问。广宣恩信，班扬符赏，布告天下，咸使知圣朝有拘逼之难，如律令。

檄文说曹操派出精兵围守皇宫，对外说是保卫皇帝，其实是拘禁天子。檄文还说，袁绍担心曹操篡位，所以才起兵将其消灭，现在幽州、并州、青州、冀州等四州同时进兵，又给荆州的刘表写信让他起兵，还与张绣相配合，已将曹操包围。檄文承诺：凡能获得曹操人头的，封为食邑五千户的侯爵，赏钱五千万钱；曹操部下将吏有投降的，都不予追究。刘表坐山观虎斗，张绣站在了曹操的一边，袁绍不管这些，依然把二人拉出来为自己造势，那时信息传播并不发达，很多人还不知道刘表、张绣的立场，看到这篇檄文，依然会认为二人与袁绍结盟，将曹操包围了，这正是袁绍想达到的目的。

总之，这是一篇夹叙夹议、有真有假的文章，写得很有气势和煽动性。《太平御览》第五百九十七卷引王沈《魏书》记载，曹操看到这篇檄文时头风正发作中，读完不禁“翕然而起”，惊叹“此愈我疾病”。这篇檄文在后世也有很大影响，南北朝刘勰在《文心雕龙·檄移》中评价：“陈琳之檄豫州，壮有骨鲠，虽奸阉携养，章实太甚，发丘摸金，诬过其虐；然抗辞书衅，皦然露骨矣，敢指曹公之锋，幸哉免袁党之戮也。”

二、关羽“刺颜良”

历史上把接下来发生的这场大决战称为官渡之战，因为其战事主要发生在以官渡为中心的地区。但在出兵时，袁绍的心里压根没有“官渡”这样一个地名，他要打的是“灭曹之战”“统一之战”“许昌之战”，他从自己的大本营邺县出发，目标并不是什么官渡，而是曹操的大本营许县。

袁绍要进攻许县，必须渡过黄河、汴水等河流，还要攻克黎阳、白马、延津等战略要地。为了迎击袁绍的进攻，曹操布下了三道防线：第一道防线是黎阳县（治所在今河南省浚县以东），这里在黄河北岸；第二道防线有两处要点，一处是黄河南岸的白马县（治所在今河南省浚县东南），此处往东就是黄河上的战略要地濮阳，另一处要点是延津（今河南省延津县），此地距离关东联军讨伐董卓的盟誓地酸枣不远；第三道防线是官渡。决战之前，曹操派一小部分人马进驻黎阳，不求与袁军交战，只起到监视敌军、配合南岸行动的目的。同时，命令于禁率两千人驻守延津，命令东郡太守刘延驻守白马，将其余主力布防在官渡一带。

面对十多万袁军的进攻，曹操摆出了多梯次的纵深防御阵形，而不是将主力布防于黄河一线死守，之所以这样安排，是因为力量不足，难以在正面数百里的黄河沿线分兵把守。第二道防线的作用是迟滞袁军的进攻，消耗袁军的有生力量，挫其锐气，然后在第三道防线与袁军展开决战。这样的军事部署也冒了很大风险，因为官渡是许县的最后一道屏障，在前两条防线被敌军攻破后就退无可退了，必须在这里取胜，否则就彻底失败。

建安五年二月，袁绍亲率大军由邺县南下，兵指黎阳县，随行的还有刘备。黎阳自古即是黄河北岸的战略要地，是进行渡河作战的基地，历来有许多大战在这里发生。曹军无意在黎阳与袁绍作战，因为在这里自己的部队难以接续，在实力悬殊的情况下有被敌军全歼的危险，所以曹军未做强力抵抗，很快就撤到了黄河以南。袁绍占领黎阳后，派部将颜良率领先遣部队，渡河攻击南岸的军事要地白马，这项决定却遭到了沮授的反对。《三国志·袁绍传》记载，沮授劝袁绍："良性促狭，虽骁勇不可独任。”沮授看来对颜良有所不满，但是袁绍不听。颜良的情况不详，却很有威名，当时在军中的地位和名望远超关羽、张飞等人。袁绍曾经对沮授很倚重，几乎言听计从，这次却未接受沮授的建议，而事实证明沮授才是正确的。

对于袁绍的这次南征，内部存在着一定分歧，以田丰、沮授为代表的本土派表示反对，矛盾一度公开化。临行前，袁绍将持强烈反对意见的田丰下狱。沮授此时以奋威将军的名义任监军，权力很大，在郭图等人的建议下，袁绍将沮授的监军之权一分为三，分别由沮授、郭图和淳于琼分管。袁绍之所以削弱沮授的兵权，与沮授对此次决战缺乏信心有关。《三国志·袁绍传》裴松之注引《献帝传》记载，袁绍出发前，沮授把本族人召集到一起，把家产分了分，对他们说：“夫势在则威无不加，势亡则不保一身，哀哉！”有一个族弟说：“曹公士马不敌，君何惧焉！”沮授说：“以曹兖州之明略，又挟天子以为资，我虽克公孙，众实疲弊，而将骄主忲，军之破败，在此举也。扬雄有言，‘六国蚩蚩，为嬴弱姬’，今之谓也。”沮授认为曹操深有谋略，加上“挟天子”作为后盾，而袁绍这边刚刚打败公孙瓒，士兵疲弊，主将骄纵，对比之下成败已经很明显了。

建安五年四月，颜良率部渡过黄河，直指白马。白马的曹军不多，只有东郡太守刘延率领的少数人马驻守，曹操决定亲自北上去解白马之围。荀攸提出了不同意见，认为袁绍兵多势盛，不宜强攻，只能智取。荀攸建议先置白马于不顾，主力开赴延津，这里是黄河上最重要的渡口之一，给袁军一种要从这里渡河包抄黎阳的架势，诱使袁军主力向延津对岸一带转移，袁军被调动后，再迅速转进白马。《三国志·武帝纪》记载：

荀攸说公曰："今兵少不敌，分其势乃可。公到延津，若将渡兵向其后者，绍必西应之，然后轻兵袭白马，掩其不备，颜良可禽也。"

荀攸的这个建议具有冒险性，体现在两个方面：一是袁绍看破曹军的企图，不分兵西进；二是袁军虽然分兵，但他们兵力足够多，既能迎击延津之敌，又能加强白马的攻势。当以上这两种情况出现时，结果都是一样的：白马丢失，曹军大败。然而，曹操认真考虑了荀攸的建议，认为在敌强我弱的现实情况下这个建议值得尝试，于是放弃亲自驰援白马的方案，转而进军延津。

袁绍果然中计，将进攻白马的一部分主力调往延津。曹操看到计策成功，便以张辽为主将组成一支轻骑兵，以闪电之势疾奔白马。张辽领命，请求让关羽同行，曹操同意了。关羽投降曹操后与张辽、徐晃二人志趣相投，关系很好。他们三个人都是从敌方阵营归降的，也许是因为有共同的经历，所以更容易谈得来。曹操很欣赏关羽，但发现关羽好像没有久留的打算，还曾让张辽去摸摸关羽的底。《三国志·关羽传》记载，张辽说明意图，关羽叹道："吾极知曹公待我厚，然吾受刘将军厚恩，誓以共死，不可背之。吾终不留，吾要当立效以报曹公乃去。"裴松之注引《傅子》记载，关羽讲了这番话后，张辽心里犯了嘀咕，原话转告，怕曹操生气杀了关羽；不如实转告，又觉得对不起曹操的信任。最后张辽还是如实说了。曹操没有责怪关羽，而是赞扬道："事君不忘其本，天下义士也。"曹操问关羽可能什么时间走，张辽回答："羽受公恩，必立效报公而后去也。"

在白马前线的颜良一直以为主战场在百余里之外的延津，没想到突然有一支劲旅向自己杀来，仓促应战，结果打了败仗。此战关羽立下大功，亲手杀了大将颜良，之后割下颜良的首级纵马而还。《三国志·关羽传》记载：

绍遣大将颜良攻东郡太守刘延于白马，曹公使张辽及羽为先锋击之。羽望见良麾盖，策马刺良于万众之中，斩其首还，绍诸将莫能当者，遂解白马围。

前面说过，汉末三国时代的战争通常体现为阵法、计谋的较量，主将间一对一的"单挑"其实很少发生，但也并非完全没有，关羽亲手杀颜良就是其中之一。这是一件了不起的战绩，关羽在后世扬名，与此战关系甚大。这里有一个细节，关羽不是"斩颜良"而是"刺颜良"，说明他所用武器不是刀，更不是所谓的"青龙偃月刀"。在《三国演义》中，关羽常用的兵器是"青龙偃月刀"，又名"冷艳锯"，有八十二斤重。"偃"的意思是仰面倒下、放倒，有一个成语叫偃旗息鼓，指的就是把旗子放倒、让鼓声停下。"偃月"的意思是把一弯残月"放倒"，也就是弧面在下方、缺口向上，用这个来形容刀的形状。刀身再刻上青龙的图案，在护手与刀身连接的地方用龙头作为装饰，这样的刀就称为“青龙偃月刀”。但是，史书上没有关羽使用“青龙偃月刀”的记载，汉末三国时代也没人使用过这种刀，虽然《三国志·典韦传》中有“韦好持大双戟与长刀”的记载，但当时将士最常用的兵器是矛，吕布杀董卓、关羽杀颜良用的应该都是矛，唐朝以后长柄大刀才逐渐成为交战中的重要武器之一。

三、南阪诛文丑

虽然白马之围解除，但曹操自知袁绍的大军随后便到，于是下令从白马撤军。袁绍果然指挥主力渡河，沮授对此又表示了不同看法。沮授建议不管白马，而是拿下已唾手可得的延津，凭借这里的渡口优势，将主力源源不断运过黄河，之后巩固延津，将其作为一个战略支撑点，进可以直取许县，退可以从容撤回黄河以北。沮授的这番话袁绍特别不爱听，在袁绍看来此行压根没有战败撤回的选项。同时，首战即在白马挫败让袁绍失了面子，在哪里跌倒就要从哪里爬起来，他非要拿下白马找回面子不可。沮授从袁绍处出来，站在河边上叹息说这一去恐怕就回不来了，于是以生病为由请辞，袁绍很生气，把沮授所部交由郭图统率。《三国志·袁绍传》裴松之注引《献帝传》记载：

绍将济河，沮授谏曰："胜负变化，不可不详。今宜留屯延津，分兵官渡，若其克获，还迎不晚，设其有难，众弗可还。"绍弗从。授临济叹曰："上盈其志，下务其功，悠悠黄河，吾其不反乎？"遂以疾辞。绍恨之，乃省其所部兵属郭图。

曹操料定袁绍会命主力来攻白马，他下令白马军民全部随军撤离，但向哪个方向撤却颇费思量。白马属兖州刺史部东郡，沿黄河向东不远就是另一个军事要地濮阳，此时还在曹军手中。再往东就是曹操在兖州刺史部的中心城市鄄城。防守鄄城的是程昱，他手下只有七百名士卒，为了保证中路的安全，曹军分散在各地的人马都已经尽可能地抽调到中线。战役开始前，曹操想给鄄城增派两千人，程昱不同意，认为袁绍有十万人马，自以为所向无敌，现在看到鄄城兵少，必然轻易不来进攻。如果增加人马，袁绍就会认为不能不攻。程昱建议不要管鄄城，曹操接受了这个建议。袁绍听说鄄城没有多少人马，果然放弃对这里的进攻，事后曹操对程昱的胆识和准确判断大加赞赏。《三国志·程昱传》记载：

袁绍在黎阳，将南渡。时昱有七百兵守鄄城，太祖闻之，使人告昱，欲益二千兵。昱不肯，曰："袁绍拥十万众，自以所向无前。今见昱兵少，必轻易不来攻。若益昱兵，过则不可不攻，攻之必克，徒两损其势。愿公无疑！"太祖从之。绍闻昱兵少，果不往。太祖谓贾诩曰：“程昱之胆，过于贲、育。”

程昱的建议确实没错，示弱有时也是一种战术，类似于空城计，鄄城得以保全，多亏没增兵。不过，从全局战略考虑，袁绍如果分兵来攻鄄城，也会减轻中路主战场的压力，通常攻城的一方会数倍于守城的一方，袁绍不攻鄄城，更可以集中优势兵力决战于主战场，程昱的想法也算有得有失吧。现在，鉴于东部防守的薄弱，曹操不可能向东撤退。但也不能轻易撤往官渡的第三道防线，所以曹操做出一个大胆决定：沿黄河向西撤，并且带上白马的所有辎重和百姓。

沿黄河向西就是延津，袁绍的重兵正向这个方向移动，曹操的决定出乎袁绍的意料。袁绍此时的战略应该是弃曹操于不顾，直接向南进攻，那里才是中心战场。但袁绍急于找到曹操本人打一仗，找回失去的面子，于是命令已渡过黄河的主力部队，一部分由郭图率领驻守在刚刚占领的白马，一部分由文丑、刘备率领顺着曹军撤退的方向追击。袁军追到延津以南，在这里遇到了曹操亲自率领的部队。《三国志·武帝纪》记载：“绍于是渡河追公军，至延津南。公勒兵驻营南阪下。”此时袁军的兵力大约有六千人，而曹操只有六百人，形势十分危险。

敌众我寡，兵力对比悬殊，眼看曹操本人凶多吉少。然而，曹操却在延津打了一场漂亮的胜仗。《三国志·武帝纪》记载，当时曹操已经扎了营，听说袁军杀来，让人登上高处侦察，不一会儿有人报告说敌兵来了，大概有几百人。曹操没有动。过了一会儿，又报告说敌兵越来越多，其中骑兵稍多，步

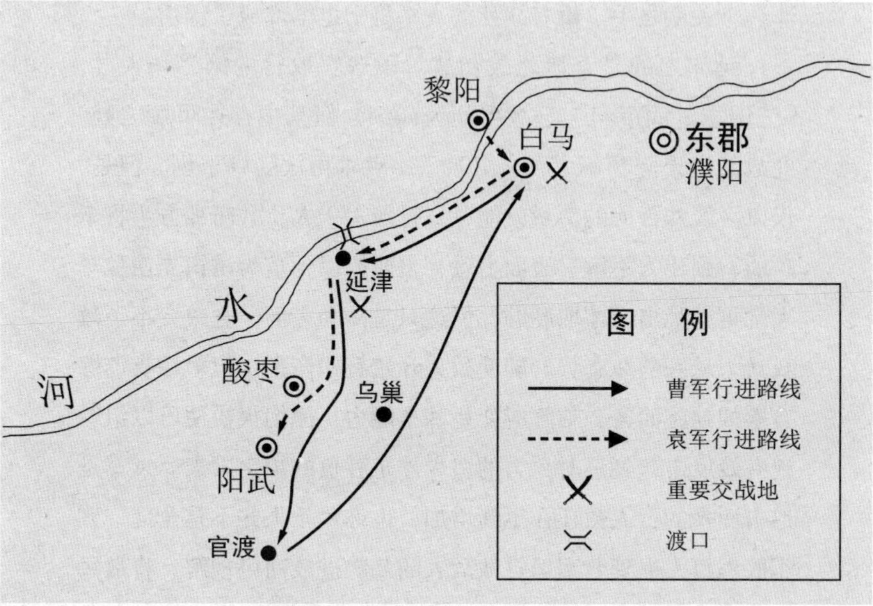

地图10　白马和延津之战示意图

兵不可胜数。曹操说不用再报告了。面对十倍于己的敌人，曹操没有下令撤退，反而下达了一项奇怪的命令，他让大家出营，解鞍下马，同时把从白马带来的辎重摆在道路上。随行的将领们认为敌人骑兵多，不如退到营寨里坚守，等待援军到来，曹操不同意，把目光移向荀攸。荀攸微微一笑说："此所以饵敌，如何去之！"荀攸说出了曹操心里的计谋。这时敌兵眼看快到了，诸将都说该上马了，曹操让大家不要着急。又过了一会儿，敌人的骑兵越来越多，看到路上的辎重，部分人开始忙着清理这些战利品。曹操说"可矣"，曹军全部上马，纵兵杀出，袁军没有防备，大败。在这场战斗中文丑被杀，但并非死于关羽之手，没有战死的袁军将士也全部成了俘虏。

延津之战是官渡之战初战阶段曹军取得的第二场大胜，《三国志·武帝纪》记载得颇为详细，但其中存在可疑之处。此战的结果问题不大，文丑被杀，袁军再次受到重创。但是，仅以区区六百人的力量就能一举打败六千人，并斩敌方主将于阵前，则让人不解。表面上看，是曹操以辎重为诱饵先使敌军大乱再趁乱出击才取胜的，但这只是一个方面，它改变不了敌我兵力悬殊的总态势。即使敌兵开始有些慌乱，但对一支训练有素的劲旅而言，临阵应变是基本能力，他们很快便可以组织起有效反击，到那时兵力的多少才是胜负的决定因素。袁军是追击而来的，人数还在不断增加，也许六千人并不是全部，曹军的六百人退到营寨里打败敌人的几次进攻尚可理解，将敌兵打败并全部俘虏就不可思议了。

遍翻史书，对这个问题都没有详解。分析一下，有几个问题需要注意：一是曹操为什么非要向延津撤退，二是为什么曹操身边只有六百人，三是随曹操撤退的辎重都在，而随军撤退的老百姓去了哪里。如果把这些问题连在一起考虑，似乎可以看出曹操撤向延津是一个精心构思的计划，带上辎重和老百姓也是特意安排的。袁军看到辎重就抢，从而没有提防后面的曹军，造成这一结果的原因是辎重里混杂着大量老百姓，场面十分混乱，像是赶大集。也就是说，做诱饵的不仅是这些辎重，还有老百姓。

曹操向延津撤退的路上，应该有时间进行兵力部署，调集周围的部队向预设战场机动。之前，曹操命于禁率两千人驻守在延津，于禁在此打退过袁军一部发起的进攻，后来与乐进扩大战果至汲县、获嘉县等地，但延津也是重点防御的目标，在此应该驻扎有一定数量的军队。所以，曹军趁袁军抢占辎重突然发起进攻时投入的兵力绝不止六百人，而要多得多，如果短时间内能全歼袁军，人数至少比袁军还要多。《三国志·徐晃传》记载："进至延津，破文丑，拜偏将军。"徐晃时任裨将军，因延津之战有功升为偏将军，这两个军职均高于中郎将、校尉，正常情况下所部至少有数千人，仅徐晃一部就不止六百人。

双方交战的地点是延津的南阪。"阪"即"坂"，指山坡、斜坡，延津以南有这样一个大山坡，称为"南阪"，曹军先到，可以占据山坡的高处，特别适合向下发起冲锋，这正是曹操预先设定的战场。《三国志》等史书之所以没有这些方面的详细记载，是因为它不便回答随军行进的老百姓在此战中的作用，所以炮制出六百人全歼六千人并临阵斩杀名将文丑的神话。

当然，曹操此计也有很大风险，那就是袁绍变得聪明起来，不再向西追，而直接进军官渡。但曹操对袁绍太了解了，他们自青年时代便相识，如今在战场上相见，曹操知道袁绍首战挫败后急于报复的心情，所以只带六百人亲自当诱饵，把袁军主力吸引到延津一带，集中优势兵力迅速将其歼灭。颜良、文丑都是名将，短短几天内被曹军打败并战死，极大鼓舞了曹军士气，也深深震撼了袁军士兵。袁绍被激怒了，他亲率大军渡河，前锋推进到阳武（今河南省原阳县东南）一带。曹操率主力由第二道防线南撤，退守官渡。

四、关羽和赵云回归

白马之战让关羽名气大振，曹操立即以天子的名义拜关羽为汉寿亭侯。这是关羽首次封爵，是一个亭侯，即侯爵中的第三等。对于“汉寿亭”的具体所指，有两种不同解释：一是指“汉寿县的亭侯”，该县在荆州刺史部武陵郡，但一战即封关羽为县侯，可能性似乎不大；二是指“汉寿亭的侯”，亭是县以下的行政单位，但“汉寿亭”在何处无考。

关羽自从与刘备失散后，一直在曹操手下，曹操提拔他为偏将军，格外礼遇优待。曹操为什么这么喜欢关羽呢？有人认为曹操爱才，关羽是人才，不仅是人才，而且是一流的人才，对这样的人曹操向来见一个爱一个。但这个解释还不够，刘备被吕布击破丢失徐州时曹操就见到了关羽，但当时并没有曹操对关羽一见如故、格外器重欣赏的记载。曹操厚待关羽，原因其实与张辽差不多。张辽是吕布集团的旧将，曹操杀吕布后需要有人来统领和整合吕布的旧部，使他们能继续为自己效力。张辽不负厚望，很快成为曹军中战斗力最强的将领之一，张辽手下的人马不会是曹操专为他从别的将领那里划拨来的，也不会全是新招募的，应该就是吕布的旧部。于禁、徐晃也属类似情况，于禁对应的是鲍信，徐晃对应的是杨奉，他们因不同原因别旧主、归新主，所辖也都以旧主的人马为主体，战斗力也都很强，曹操应该觉得这种处置办法最有利。

刘备在徐州失败前手下有不少人马，一度多达数万人。

《三国志·先主传》记载：“郡县多叛曹公为先主，众数万人。”虽然并非全是精兵强将，但仅就数量而言也是非常可观的。刘备失败后曹操“尽收其众”，这部分人马不说有数万，即使只有数千，对曹操来说也是一支重要力量。曹操需要有人去整合、统领这支部队，将他们打散编入其他部队并非最佳方案，派新人去统领也有弊端，因为这两种方法都会使刘备的旧部因失去安全感而不断逃亡。从刘备旧将中选拔一人去统领无疑是最佳方案，这才是曹操对关羽格外器重的原因。

现在，关羽阵前杀了颜良，兑现了当初的承诺，曹操预感到关羽有可能走，所以立即给予厚赏，想留住他。《三国志·关羽传》记载，关羽去意已定，他把曹操赏赐给自己的东西全部封存起来，留下一封信，然后“奔先主于袁军”。有人想追，被曹操制止了，曹操对大家说：“彼各为其主，勿追也。”关羽受到后世追捧，被称为武圣，其实不是他的勇猛无人能比，也不是他能百战百胜，而是他在为人做事方面很到位，不为利所动，而以义为先，做事很讲究，即使离开也让人挑不出错来。曹操对这件事情的处理也得到后世的高度评价，他明知关羽去意已定，仍然激赏其志向，等关羽离开时不去追赶，以成全其忠义，这种胸襟没有相当的气度无法做到。裴松之认为：

曹公知羽不留而心嘉其志，去不遣追以成其义，自非有王霸之度，孰能至于此乎？斯实曹公之休美。

关羽受到曹操的厚遇仍不忘刘备，曹操得关羽而不杀，都可以称为贤，然而这种贤战国的士、君也能做到，关羽报效曹操、封还所赐、拜书而辞，显示出关羽的从容不迫，这才是战国的士们难做到的。曹操能平其心气，不以敌我划界，成就关羽的忠义，更显示出他有古时先王的遗风。

刘备此时应该在距离官渡不远的阳武，所以关羽要从官渡前线出发去找刘备，不用走太远。《三国演义》描写关羽此行很不容易，是连闯曹军若干关隘、连杀曹军若干守将才得以通过的，先过东岭关杀孔秀，此关在何处不详，应介于洛阳与许县之间。之后，关羽过洛阳城杀韩福、孟坦，过汜水关杀卞喜，过荥阳杀王植，过界首黄河渡口时杀秦琪，这就是“过五关，斩六将”以及“千里走单骑”的由来。之后，关羽又南下汝南，最后在古城与张飞相会。以上这些地名所勾勒出的是一条较为混乱的轨迹，甚至包括距离官渡前线数百里远的洛阳，远远脱离了当时的主战场。刘备那时就在对面的袁军大营，关羽要找刘备不需要“过五关，斩六将”，只要事先把路线搞清楚，半天就足以到达。

关羽不仅自己走了，还带上了刘备的两位夫人甘氏和糜氏，可见他事先做了精心准备。由于曹军奉曹操之令没有追赶，所以关羽一行顺利来到袁军控制的地区。关羽刚杀了袁绍的大将，袁绍正在伤心悲痛之中，这时候关羽送上门来，袁绍想必既爱又恨，但也不好说什么，如果追究关羽把他杀了，不仅逼着刘备造反，而且得让曹操笑掉大牙。刘备见到关羽以及失散的两位夫人，自然喜出望外。

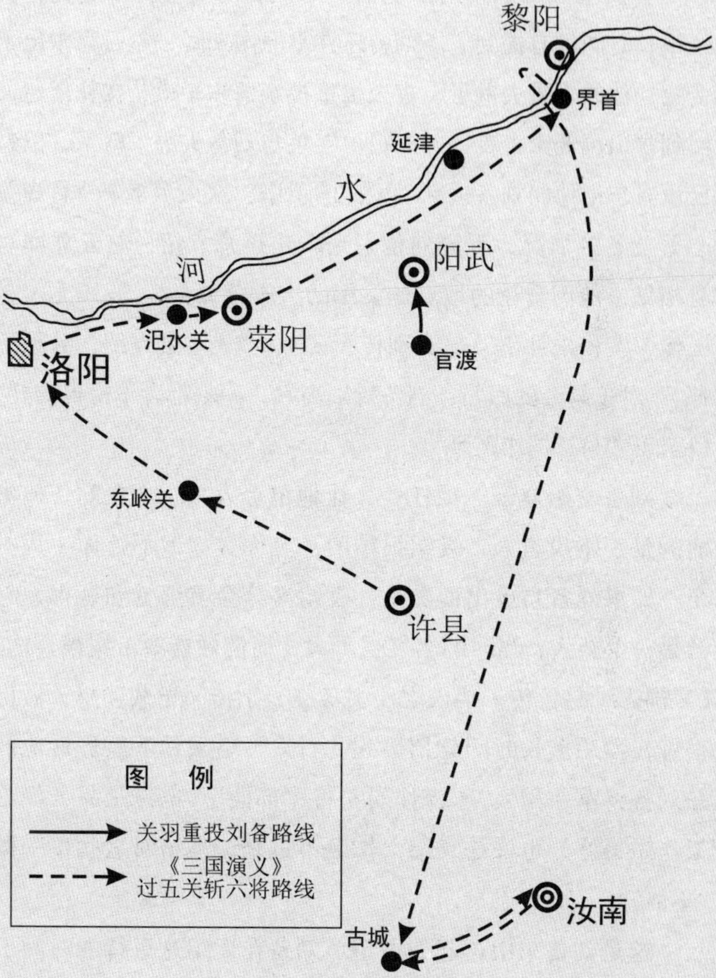

地图11　关羽“过五关，斩六将”与史实对照示意图

在关羽回归前，赵云也回到了刘备身边。关于赵云，已经很长时间没有提到了。刘备还在平原国期间，赵云家中出了变故，他的哥哥去世了，古人很重视亲情和孝道，按礼俗赵云回到常山国老家奔丧，并在很多年里与刘备失去了联系，但赵云没有忘记他向刘备道别时做出的承诺，这么多年来一直在关心着刘备的情况，听说刘备来到冀州投奔袁绍，赵云立即动身相见，他们重逢的地点是袁绍的大本营邺县。《三国志·赵云传》裴松之注引《赵云别传》记载："先主就袁绍，云见于邺。"对于赵云的回归，刘备特别高兴，一刻都舍不得再离开，以至于"与云同床眠卧"。

刘备交给赵云一项任务，让他招募人马。现在刘备最头痛的是手下没有人，袁绍很精明，尊你敬你但不给你一兵一卒。如果刘备自己出面募兵，袁绍必然会有警觉和疑虑，赵云是一个新人，当时的名气也不大，悄悄做这项工作很合适。《三国志·赵云传》裴松之注引《赵云别传》记载，赵云做得很好，没用多长时间就招募到几百人，赵云私下里告诉他们是刘备将军在招人，"皆称刘左将军部曲"。也许是赵云保密工作做得好，也许是袁绍太忙顾不过来，袁绍对这些事一概"不能知"。

这是刘备东山再起的希望。刘备在袁绍这里待的时间不长，但已切实感受到袁绍集团内部的紧张气氛，派系林立，兄弟不和，钩心斗角，互相拆台，四周都是挖坑的人，哪天一不小心就得掉进坑里，如此恶劣的生存环境还不如当初在许县，所以刘备不得不给自己留条退路。

五、曹仁的“闪电战”

连输两阵后，袁绍急了，他率主力进抵阳武，试图寻找曹军主力与之决战，于是继续向前推进，到达鸿沟附近，在官渡与曹军对峙。对曹操来说，虽然连杀袁绍两位重要将领，但战争总体态势仍未改变，前两道防线虽然迟滞了袁军的进攻，通过连赢两阵提振了士气，但也只能向后撤退，官渡作为许县的最后一道战略屏障，只能死守，已无退路。在力量悬殊的形势面前一部分人产生了动摇，还有一小部分人甚至暗中与袁绍联络，随时有叛乱的可能。

更不利的是，就在双方对峙于官渡的时候，许县后方的汝南郡一带出了问题。汝南郡是袁绍的老家，虽然有李通、赵俨等人在这里驻守，让曹操省去不少心，但袁氏在这里也很有根基。《三国志·武帝纪》记载，曹操之前率军由兖州进入洛阳时曾路过汝南郡，当时汝南郡以及相邻的颍川郡黄巾军很兴盛，首领分别有何仪、刘辟、黄邵、何曼等人。曹操指挥人马打败了他们，刘辟、黄邵为于禁所斩，何仪等人投降。汝南郡的黄巾军虽然暂时归顺了曹操，但看到眼前的局面对曹操不利，他们马上活跃起来，在汝南郡起兵叛乱，公开响应袁绍。《三国志·先主传》说这次叛乱的领头人是刘辟，这与《三国志·武帝纪》的记载有矛盾，因为后者说刘辟之前已被于禁杀了。要么前一次刘辟未死，要么这个刘辟另有其人。总之，他们的声势很大，李通、赵俨等无力将其剿灭。袁绍得知这一情况后大喜过望，决定派人前去支援刘辟，给曹操来一个前后夹击。在袁绍看来，如果顺利的话冬天之前就可望拿下许县，结束战斗。

袁绍的想法没有错，但他却做了一个让人无法理解的决定：派刘备带队前往汝南郡。刘备此时随袁绍大军开进到官渡附近，随着赵云、关羽的先后归队，刘备的思路又活络起来，但他思考的不是如何帮助袁绍打败曹操，而是曹操被打败后自己何去何从。刘备明白，因为有曹操所以他是安全的，曹操一旦被消灭，他的灭亡之日也就快到了。袁氏父子虽然待刘备为座上宾，尊礼有加，但刘备知道他们都不是善类，当年韩馥以让位之功在冀州尚无立足之地，自己就更不用说了。所以，刘备一心考虑的是如何尽快脱离袁绍，至于脱离之后如何发展，那就走一步看一步了。

正在这时，袁绍想增援汝南郡的刘辟，刘备一看机不可失，立即向袁绍极力请战。刘备虽然在别人那里做客，但他的消息一向很灵，当初在许县也是这样的情况，由于及时把握了一次机会才得以离开曹操。袁绍连损颜良、文丑，能独当一面的高级将领确实不充足，刘备积极性这么高，袁绍虽不完全放心，但还是同意了刘备的请求。

于是，刘备率部离开官渡前线，绕行陈留郡、陈国等地到达汝南郡，此行关羽、张飞、赵云以及麋竺、孙乾等应该都跟随着。到达汝南郡后，刘备与刘辟等人会合，力量大增。刘备指挥这支人马自南向北攻击，前锋一度到达汝南郡濦强县（县治在今河南省临颍县东南）等地，濦强县距离许县只有数十里，可以算许都的南郊了。留守许县的是荀彧、王必、满宠等人，主力部队都抽调到了官渡前线，防卫力量很薄弱。荀彧一方面加紧备战，另一方面派人火速前往官渡前线向曹操报告情况。曹操在官渡已经很吃力了，根本无兵可抽、无将可派。为了此事，曹操感到很忧虑。《三国志·曹仁传》记载，曹仁看到这种情况，向曹操建议道：

南方以大军方有目前急，其势不能相救，刘备以强兵临之，其背叛固宜也。备新将绍兵，未能得其用，击之可破也。

曹仁认为南面虽情势危急，但无法抽调大批兵力救援，不过刘备手下大多是新从袁绍那里拨来的兵，他刚带这些兵，指挥起来未必顺手，刘辟等人向来见风使舵，不会苦战，如果快速出击，一定能很快将他们击破。曹仁现在正式的职务是议郎兼广阳郡太守，但曹操给他的实际任务是训练和指挥骑兵。这支骑兵是曹军嫡系中的嫡系、主力中的主力，它有一个响亮的名字：虎豹骑。有人认为汉末三国有所谓“四大王牌部队”，分别是公孙瓒的白马义从、吕布的陷阵营、曹操的虎豹骑和刘备的无当飞军，白马义从、陷阵营已分别随公孙瓒和吕布的消失而消失了，无当飞军纵横沙场还是多年以后的事，当下能被称为第一劲旅的只有这支虎豹骑。

曹操本人对骑兵作战一向十分偏爱，在之前与陶谦、吕布、袁术等人的作战中可以看出，他擅长使用骑兵，关键时刻往往能收到出奇制胜的效果，所以他组建了这支战斗力超强的虎豹骑。虎豹骑也是曹操的近卫部队之一，先后由曹仁、曹纯等人指挥，曹休、曹真等曹家下一代青年将领曾在这支部队中服役。这支人马数量不多，大约五千人，但个个都是千挑万选，每有一名缺员，就从上百人里挑选一个补上。关于虎豹骑得名的原因以及内部编制等情况，史书没有详细记载。《秦汉南北朝官印征存》中收录的两枚官印与虎豹骑有关，印文都是“豹骑司马印”几个字。军中的司马相当于现在的团长，这就是虎豹骑两位“团长”的官印，它的意义有两点：一是它从实物的角度再次印证了虎豹骑这支部队的存在；二是它揭示了虎豹骑其实是由虎骑和豹骑两个部分组成的，这两支部队应该有分工上的不同。

现在，曹仁的建议让曹操有了一个想法，在无力抽调正面战场兵力的情况下，可以让曹仁率一支骑兵快速出击，得手后迅速回师，在袁绍没有弄清情况前解决问题，打一个时间差。这又是一次冒险，如果曹仁此行不顺利，不能很快结束战斗，如果袁绍得到消息趁机发起正面强攻，后果都不堪设想。但曹操还是向曹仁下达了奔赴汝南郡的作战命令，原因是除此没有更好的办法。

曹仁没有让曹操失望，他从虎豹骑中选了一部分人马，组成一支人数不多却很精悍的队伍，不带辎重，只带少量干粮，从官渡前线悄悄撤下，之后直扑汝南郡。由官渡到汝南郡有两百多里，按照骑兵的强行军速度，一天一夜即可到达。面对这样一支快速机动的部队，刘备即使在沿途安排有侦察人员也毫无作用，因为这些便衣侦察员未必能跑得过这些骑兵。

所以，当曹仁的骑兵出现在刘备面前时，刘备吃了一惊，他没有想到来的是曹军主力，也没有想到曹操手下最重要的将领之一曹仁能亲自前来。刘备知道自己手下虽然有关羽、张飞、赵云这样的勇将，但兵卒多是袁绍的人，刘辟等人更不堪大用。更重要的是，刘备也没有为袁绍的事业牺牲自己的打算，所以他指挥的人马一触即溃。刘备并没有直接南下荆州投奔刘表，汝南郡失利后他率部回到了袁绍那里，也就是官渡前线。但刘备去意已决，后来汝南郡黄巾军又在龚都率领下响应袁绍，刘备再次请战，又南下与龚都会合，曹操派兵镇压，刘备这一次打了胜仗，杀了曹军将领蔡扬（一作“蔡阳”），那时官渡战事发生戏剧性变化，曹操打败了袁绍。刘备再攻许县已无意义，这才南投刘表。

现在，曹仁得手后不敢停留，立即由汝南郡回师。曹仁没有走东线，而是绕道西边，推测起来，可能是有意从许县附近经过一下，展示一下曹军的铁骑，让后方惶惶不安的人心有所稳定。许县以西有很多山地，如陉山、鸡洛山、梅山等，曹仁率部路过鸡洛山（今河南省新密市境内）时突然与一队袁军遭遇，曹仁指挥人马将其击败。曹仁不知道的是，这是袁绍派出来包抄曹军后路的。原来，刘备南下后，有人建议袁绍不要把希望全放在刘备、刘辟身上，还应该再派一支奇兵南下与刘表联络，使南北夹击曹操的计划更有把握。袁绍开始不同意这个计划，他的人马虽然占有优势，但正面作战的部队兵力也不是特别充足，他的想法还是保证正面作战。但禁不住有人建

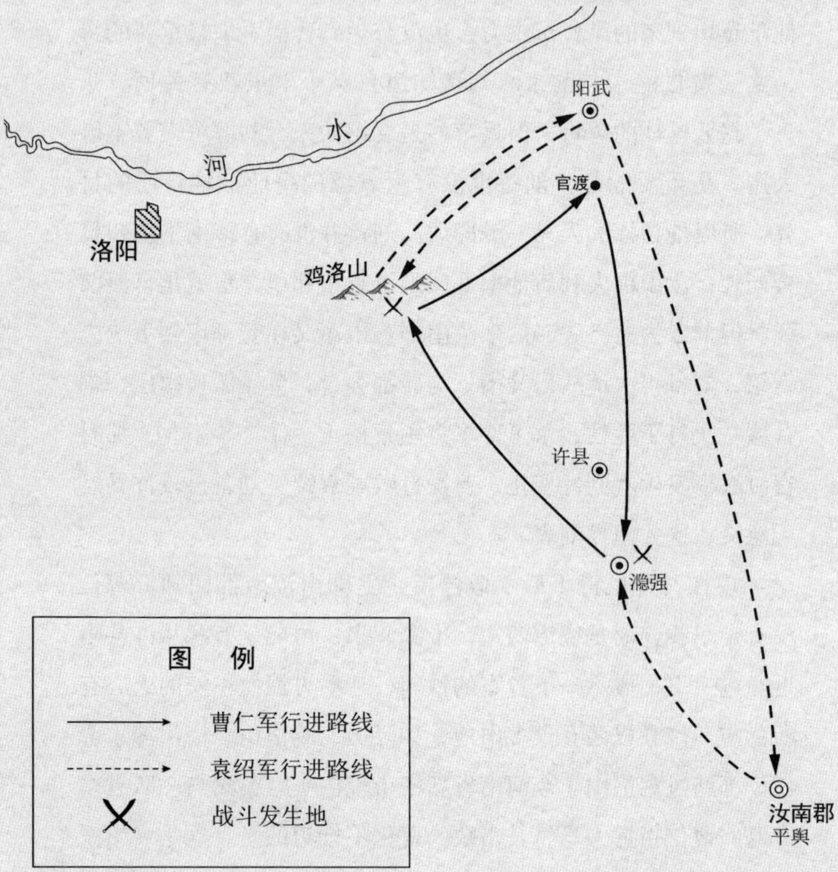

地图12　曹仁救援汝南郡示意图

议，袁绍抱着试试看的想法派遣部将韩荀率一支人马从西面向许县后方迂回，目的地是南阳郡，到那里与刘表配合，组成联军夹击曹操。

韩荀的名气不如颜良、文丑、张郃等人那么大，事迹也不详，但在当时也是与颜良等人齐名的冀州名将。韩荀在鸡洛山巧遇曹仁，但他误以为在这偏僻的山区也有曹军重兵把守，于是不敢恋战，赶紧撤回官渡袁军大营，向袁绍报告情况。袁绍后悔不已，此后不再提分兵出击的事情了。

六、双方陷入苦战

经过数月对峙，到了建安五年八月，袁绍军主力又向前推进了一些，到达官渡的正面。袁绍下令用沙土堆成土丘，在曹营前面呈东西方向展开，长达数十里，以此为依托构筑营寨。为对抗袁军，曹操也分兵筑营，但如此一来兵力不足的问题更加突出了。有的史书认为此时在官渡前线对阵的双方兵力，袁绍有十多万人，曹操不足一万，曹军中的伤兵占到十分之二三。如《三国志·武帝纪》记载：

八月，绍连营稍前，依沙堆为屯，东西数十里。公亦分营与相当，合战不利。时公兵不满万，伤者十二三。

这显然不准确，袁军人数估计得差不多，但曹军人数明显被低估了。裴松之认为：“魏武初起兵，已有众五千，自后百战百胜，败者十二三而已矣。但一破黄巾，受降卒三十余万，余所吞并，不可悉纪；虽征战损伤，未应如此之少也。”这个说法有一定道理，以数千之众对抗十多万敌军确实是难以取胜的，官渡前线的曹军不可能只有一万人，理由至少有三条：一是袁绍构筑的屯营东西达数十里，而曹操能分营相守，说明曹军兵力虽少却不至于只有数千人；二是假如袁军是曹军的十多倍，袁绍应该采取围攻的办法，而不是现在这样两军对垒，让曹军进退自由，屡屡得手；三是后来袁绍失败，很多史料都记载曹军曾坑杀袁军八万人，以八千之众完成坑杀八万人的事情是不可能的，至少史书的这些记载相互矛盾。

不仅如此，袁曹两军的总兵力与他们投入官渡前线的兵力也是两码事。计算袁军的兵力，不能只算他们在官渡前线的兵力，袁绍诸子袁谭、袁熙、袁尚以及外甥高干统率的人马还有不少，不在这十多万人范围内。而计算曹军官渡前线的兵力，也不能把在各地的兵力都算进来，曹军总兵力假如有十万人左右，能用到官渡前线的有三分之一就不错了，因为曹操的控制区有数十个郡国、数百个县需要防守。曹操收黄巾降卒三十万人，如前所述，这仅是一个虚数，实际能编入战斗部队的顶多百分之十。总之，曹军在正面作战的兵力被明显低估了，应当在三万人左右，甚至更多一些。

论兵力，双方较为悬殊；论控制的地盘，曹操的劣势没有那么明显。此时袁绍占有冀州刺史部的全部，幽州刺史部、并州刺史部的大部以及青州刺史部的一部，此外还有兖州刺史部东郡在黄河以北的地区，统计起来大约有三十多个郡国、三百多个县。曹操实际控制着司隶校尉部、徐州刺史部、豫州刺史部、兖州刺史部的大部，以及青州刺史部、扬州刺史部、荆州刺史部各一小部分地区，郡县数与袁绍相当甚至还略多些。但是，曹操对这些地区的控制力不如袁绍，地盘虽大，老的根据地并不多，相当一部分是新占领的地方，有的如汝南郡、关中地区、徐州刺史部等还很不稳定。

袁绍此次南下是经过一段时间精心准备的，他从所控制的各地抽调人马重新编组和训练，组成了一支强大的南下军团，总兵力的确超过了十万人，其中仅步兵就有约十万人，骑兵在一万人以上，还有北方少数民族组成的雇佣兵等近万人。袁军不仅数量上占优，而且组织严密，兵种齐全，从史料中可以查到，此时在袁绍手下担任校尉一级将领的有：步兵校尉马延、越骑校尉王摩、步兵校尉眭元进、屯骑校尉韩莒子、越骑校尉赵叡、步兵校尉蒋奇、长水校尉荀谌、步兵校尉高览、屯骑校尉张郃、越骑校尉韩荀、射声校尉吕旷、步兵校尉张颤。沮授、郭图、逢纪、淳于琼、蒋义渠以及已战死的颜良、文丑等人职务还要高一些，有的是监军，有的是杂号将军，辛评、许攸、苏由等是袁绍的高级参谋。

从上面的名目看，袁军不仅有步兵、骑兵，还有射声校尉营即弓箭兵部队。而骑兵又分屯骑和越骑，屯骑是重装骑兵，人着盔甲，马披重铠，士兵用长枪和马刀，承担冲锋陷阵的任务，也称突骑。越骑是轻骑兵，士兵穿薄甲，配弓箭，承担远途奔袭、追击、搜索以及警戒等任务。还有长水校尉，担负水上作战任务，同时负责架设桥梁、开辟道路以及与攻城相关的土木作业等，类似于水军和工兵的混合部队。

相比之下，由于准备的时间不足、地理分散等，曹军的正规化程度不如袁军。曹军主力部队包括步兵约三个军，屯骑和越骑各一个军，长水和射声各不足一个军。各军内部的编制也不满员，能投入到官渡正面战场的总兵力不足袁军的一半。夏侯惇、曹洪的军职已经升为将军，加上张绣，曹操手下的将军有三位，其余将领的军职为偏将军、裨将军、中郎将、校尉、都尉等。刘辟等人在汝南郡叛乱以及袁绍先后派刘备、韩荀等人南下包抄许县等事件发生后，曹操不得不重新考虑加强后方军事部署的问题，曹洪、曹仁、乐进、李典等人先后被抽调到后方。

官渡之战开始后，曹军的总体兵力部署是：建武将军兼河南尹夏侯惇率步兵五千人守敖仓，并派其中一部分人守在黄河上的渡口孟津；平虏校尉于禁率步兵四千人守原武，并派其中一部分人守获嘉、延津；东郡太守刘延率步兵一千多人守白马，后撤退至官渡；东平国相程昱率步兵七百人守兖州刺史部此时的治所鄄城；曹操亲自率偏将军徐晃、裨将军张辽以及许褚等所部步骑混合部队一万多人守官渡，大本营的主要参谋人员有郭嘉、荀攸、贾诩、董昭、毛玠等人；扬武将军张绣率本部约五千人转战到兖州刺史部方向，与程昱一道防守陈留郡一带；琅邪国相臧霸等“泰山帮”成员防守徐州、青州，掩护右翼，兵力约有一万多人，但不是曹军嫡系；厉锋将军曹洪率一万人左右守卫南阳郡宛县至叶县，防备刘表来袭；广阳郡太守曹仁率数千人守卫颍川郡一带，保证许县的安全；尚书令荀彧总揽许县事务，讨虏校尉乐进、中郎将李典等率步骑数千人协助荀彧；司隶校尉钟繇坐镇关中，负责督运关中的粮草；颍川郡太守夏侯渊负责督运徐州、兖州、豫州三地的粮草；典农中郎将任峻负责督造兵器，并负责各类军用物资的运输。

这场大战最终耗时数月，双方直接调用的兵力十几万人，间接调动的更多达几十万人，这是近年来少有的时间跨度长、兵力异地调动规模大的一次战役，如此复杂繁重的后勤保障是双方此前都没有遇到过的。兵强马壮的袁绍在后勤保障方面也有软肋，随着战事越拖越久，这个问题逐渐暴露出来，虽然他也下了不少功夫，但始终没有处理好。曹操在后勤方面投入的人力更多，荀彧、钟繇、夏侯渊、任峻等人专司其职，在极其艰难的情况下保证前线的需要。

钟繇不仅尽可能将关中的粮草运往前线，还征集两千多匹马送来，对前线的支援作用非常大。有了粮草，运输也是难事，劫敌军的粮道往往是出奇制胜的手段之一，沮授就建议袁绍专劫曹军粮道，使敌人因粮食供应不上而军心动摇、不战而败。除敌军外，四处兴起的流寇也经常打劫军粮。任峻负责粮草运输时就深为流寇袭扰而头疼，最后他总结出经验，运粮时必须集中上千辆运输车才能成行，并且加派兵力予以保护，土匪看到后，想劫粮也不敢动手。

劣势之下的曹军不得不选择主动进攻，以求出奇制胜。但是，两军进入对峙后，曹操指挥人马多次出击都未成功。

建安五年九月里的一天发生了日食。日食作为异常的天文现象，被古人视为凶兆，也被看作上天对人类的一种警告。发生日食后，在许县的汉献帝刘协照例下诏，要求公卿就朝政得失写出专题报告，可以知无不言。刘协同时下诏，要求中央各官署和地方荐举人才，标准是孝行突出，三公每人荐举两人，九卿以及郡国守相、校尉等各荐举一人。刘协的这项举措未必出自曹操的授意，一来在官渡前线的曹操此时应该无心考虑这些事，二来在人才观上曹操主张以才为先，以后又提出唯才是举的用人理念，与以孝为先的传统用人观不太一样。

在距许县不到二百里的官渡前线，两军人马也看到了这次日食。对于战争而言，日食也预示着不吉利，通常情况下，发生日食时交战双方都要停下来，因而日食有时候还起到意想不到的休战作用。最著名的事例发生在公元前六世纪到七世纪间的伊朗高原，当时米底王国和吕底亚王国在哈吕斯河一带激烈交战，战事旷日持久，接连打了五年还没有打完。有一天，两军正在厮杀，忽然发生了日全食，太阳顷刻间被吞没，仿佛夜幕降临，士兵被眼前的景象惊呆了，停止了厮杀。尽管不久之后太阳重新出来，一切恢复正常，但交战双方都认为这是上天因不满战争而发出的警告，于是决定不再打下去了，一场打了五年的战争因为偶遇一次日食而终结。

同样看到了日食的曹操决定反其道而行之，利用敌人认为日食不宜作战的心理发起突然攻击。曹军出击，却无法攻破袁军堆起的土丘，铩羽而还。仗打到这个地步，双方都没有了退路。袁绍仍然志在必得，他向全军下达命令，要求每名将士作战时都随身携带一条三尺长的绳子，准备在战场上活捉曹操时做捆绑之用。

双方陷入艰苦的对峙中，为了取胜，都想了不少办法。袁绍下令在曹军营外堆起土山，支起高高的瞭望楼，凭借“制空权”向曹营射箭。曹营暴露在敌人弓箭手的射程内，营里的人想来回走动，只能蒙着盾牌慢慢走。为了对付高处的弓箭手，曹军将攻城用的抛石车进行了改良，使之射程更远、力量更大，号称霹雳车，抛掷石块，专打袁军瞭望楼和土山上的弓箭手，瞭望楼纷纷被打倒，袁军的弓箭手也轻易不敢到土山上来。袁绍见弓箭兵没有发挥威力，又调来了工兵，向着曹营方向开始隧道作业。袁军干这个活很在行，最终打败公孙瓒攻克易京用的就是地道战，但袁绍不知道的是，曹操对此也很在行，当初在张绣的安众防线面前差点全军覆没，最后也是由工兵突击开挖出一条隧道才得以脱险。所以，曹军对袁军的拿手好戏早有防备，他们的对策是以地道对地道，在营中横向开挖出又长又深的壕堑，袁军的地道挖到这里就暴露了出来。总之，双方都使出了浑身招数，这场仗打得异常艰苦。

七、曹操的解压法

陷入长时间对峙，对曹操来说更为不利。因为官渡更靠近曹操的核心区，压缩了曹操的战略纵深，给后勤补给制造了更大困难。曹军的粮食眼看要接济不上了，这个问题相当严重，一旦不能给士兵开饭，即使宣传鼓动做得再好，部队也没有战斗力，更何况曹军这边士气本来就成问题，士卒叛逃事件时有发生，再没有饭吃的话，一定会不战自败。双方一边在前线僵持，一边都睁大眼睛盯着对方的运粮队，袁绍三番五次派人打劫曹军的运输线，让曹操苦不堪言。曹操也抓住机会，给袁绍的运粮队一次痛击。

曹操得到情报，说袁绍有一支运输队在部将韩猛带领下正向前线开来，运粮车有数千辆之多。曹操问军师荀攸谁能担负突袭袁军运粮队的任务，荀攸说偏将军徐晃可以。徐晃脱离杨奉进入曹营后屡立战功，在攻打吕布以及东征刘备的战斗中表现突出，在不久前进行的白马之战中也充当主力。徐晃的临阵谋略和战斗力让曹操很欣赏，深入敌后攻击袁军的粮道是一件难度很大的任务，仅有勇力不行，还要随机应变，果断处置各种突发事件，在这一点上徐晃完全胜任。

曹操命令徐晃率队出发，同时派史涣为副将随行，这个安排体现了曹操对这项任务的高度重视。史涣日后的名气虽然不如张辽、于禁、徐晃等人大，但曹操对史涣的信任却超过一般人，不仅因为史涣是他的老乡，从己吾起兵就追随他，更主要的是史涣做事稳当，对曹操忠心不二，曹操以后多次派史涣为监军。徐晃和史涣率部出击，劫了袁军的运输队。可惜的是，缴获的粮食虽然很多，却无法运回，只能烧了。

前线缺粮，辛苦的不仅是阵前厮杀的部队，负责运粮的人也同样很难，为了保证供应，他们不分昼夜地从后方紧急运粮上前线。《三国志·武帝纪》记载，为了给负责运粮的官员鼓劲，曹操专门向他们训话："却十五日为汝破绍，不复劳汝矣！"曹操说这些话的时候心里未必有把握，为了稳定军心，他必须装出胜算在握的样子。曹操的压力实在太大了，加上头疼，弄得他常常睡不着觉。现在他满脑子都是粮食问题，整天愁眉不展，虽然夸下十五天破敌的海口，但他知道除非奇迹发生，否则那是不可能的。《三国志·荀彧传》记载，面对这种严峻形势，曹操产生了退兵回许县的想法，为此他给后方的荀彧写了一封信，征求他的意见。荀彧很快回了信，信中写道：

今军食虽少，未若楚、汉在荥阳、成皋间也。是时刘、项莫肯先退，先退者势屈也。公以十分居一之众，画地而守之，扼其喉而不得进，已半年矣。情见势竭，必将有变，此用奇之时，不可失也。

荀彧不赞成撤军，认为现在军粮虽然很少，但还没有到楚汉在荥阳、成皋争胜时那样，当时刘邦和项羽都很艰难，但都不肯先退，因为先退的一方气势必然会受到打击。荀彧认为，现在我们用很少的人马阻挡住了袁军的进攻，扼其咽喉使其不能前进，已经好几个月了，正是关键时刻，形势必将发生变化，一定能等来出奇制胜的机会。曹操认为荀彧说得有道理，又问计于贾诩。《三国志·贾诩传》记载，贾诩认为："公明胜绍，勇胜绍，用人胜绍，决机胜绍，有此四胜而半年不定者，但顾万全故也。必决其机，须臾可定也。"贾诩认为曹操与袁绍相比有"四胜"，但打了近半年仍未能取胜，核心问题在于过于求保险、求万全，当前应该抓住机会奋力一击，则大局可定。贾诩的话看似平常但所指皆为要害，"顾万全"几字可谓石破天惊。有人甚至认为，如果诸葛亮能听到这样的话并认真反思，后面北伐的结果就有可能改写。

荀彧和贾诩都不主张撤退，认为局势已经到了关键时刻，现在需要的是一次出奇制胜的机会。曹操于是放弃了撤军的念头，等待出击的时机，只是这给曹操增加了更大的压力。压力太大，让他头风的毛病加重了。

站在中医的角度看，头是诸阳交汇之处，五脏精华之血、六腑清阳之气都注于头，头痛如果经久不愈就是病症，病因可以分为外感、内伤以及经络瘀阻等方面。如果按照现代医学来看，引起头痛的疾病可能有青光眼、脑肿瘤、脑血栓、脑供血不足以及高血压等。曹操此时四十五岁，正值壮年，他头痛的毛病就是在这时开始加重的，从此落下了病根，一直伴随他二十多年，中间时断时续。根据这个状况来判断，曹操可能得了高血压，不过也有人认为他得的是脑肿瘤。高血压是慢性病，一般不会无端突发，曹操的病应该早有征兆，这一点也有史书的记载来印证。之前说过，袁绍打败公孙瓒后为了向曹操示威，特意命人把公孙瓒的人头装在一只木匣里送给曹操，曹操不知道是什么，打开一看，顿时“自视忽然耳”，也就是突然感到眩晕，以至于瞬时听不到也看不到了，这符合外力刺激下血压瞬间升高的症状。所以，曹操得高血压的可能性更大。

在官渡前线，高血压带来的头疼让曹操睡不着觉，为排解压力，转移头疼带来的痛苦，在夜深人静没有军情的时候，曹操通过阅读《孙子兵法》来舒缓心绪，减轻疼痛。《孙子兵法》的作者是春秋时期吴国将军孙武，他去世后该书得以流传。《韩非子·五蠹》记载：“境内皆言兵，藏孙、吴之书者家有之。”从中可以看出，在战国时期《孙子兵法》已经在社会上流传了。然而，早期《孙子兵法》的传播没有形成高潮，一方面因为当时的传播手段十分落后，另一方面是人们认为《孙子兵法》的核心思想在于“诈”“诡”，与“礼”“义”有矛盾。直到孙武去世一百多年后，他的后代孙膑发展了《孙子兵法》的军事思想，使《孙子兵法》受到更多人的重视，有不少人对《孙子兵法》进行解释、阐发和增补，在孙武最早的十三篇《兵法》外又增加了许多新篇目，《汉书·艺文志》著录的《孙子兵法》多达八十二篇。1972年山东银雀山出土的汉墓竹书《孙子兵法》，除孙武所作的十三篇外还有《吴问》《黄帝伐赤帝》《四变》《地形二》等多篇，应属于八十二篇版本。到汉代，朝廷对《孙子兵法》先后进行了三次较大规模的整理：汉高祖时由张良、韩信牵头，对《孙子兵法》进行“序次”；汉武帝时杨仆“捃摭遗逸，纪奏兵录”；汉成帝时任宏“论次兵书”，把兵书分为“兵权谋”“兵形势”“兵阴阳”“兵技巧”四类，《孙子兵法》列“兵权谋”之首。

东汉末年天下大乱，几乎每天都在打仗，人们迫切需要经得起实践检验的军事著作来指导战争，兵书成为带兵者关注的重点。然而，在秦汉时代，兵书的流传和传播被严格限制，《汉书·艺文志》著录的兵书只不过五十三家。不仅兵书种类不多，而且在流传过程中存在篇目和文字不一、增补和阐释的内容过于繁杂等问题，不利于阅读和理解。以《孙子兵法》为例，孙武“十三篇”以外的篇目文字较为繁杂，价值却远不如“十三篇”，很多只是对孙武军事思想的进一步解释。曹操作为群雄逐鹿时代成长起来的军事家，酷爱兵书，他曾说过：“吾观兵书战策者多矣。”他自然注意到了《孙子兵法》，并对这部著作十分推崇，认为“孙武所著深矣”。但曹操也指出，《孙子兵法》流传过程中存在不少问题，主要在于“世人未之深亮训说，况文烦富，行于世者，失其旨要”。在曹操看来，那些围绕《孙子兵法》增加的文字不仅繁多，而且未能领会原著的核心思想，这影响到《孙子兵法》的进一步传播。为了使《孙子兵法》更加简明扼要，更适合在战争频仍的环境下得以流传，曹操删掉了附加在《孙子兵法》后的各篇章，只保留孙武所作十三篇的内容，对于十三篇中不容易理解的地方，又进行了解说和阐释。唐代诗人同时也是军事家的杜牧在《注孙子序》中指出：

武所著书，凡数十万言，曹魏武帝削其繁剩，笔其精切，凡十三篇，成为一编，曹自为序，因注解之。

曹操将删订并亲自注解的《孙子兵法》编成书册，下发到各级将领手中，供他们学习和掌握，以便临战应用。正是曹操对《孙子兵法》的“再发现”和重新编订，才使得《孙子兵法》有了更广泛的影响力。此后，曹操所编订和注解的《孙子兵法》以单行本形式流传后世，“十三篇”以外的那些篇目逐渐被人们淡忘。在曹操以后，还有很多人对《孙子兵法》进行注解，南宋之前人们公认的还有孟氏、李筌、贾林、杜佑、杜牧、陈皞、梅尧臣、王皙、何氏、张预等十家，但这些注本多以合辑本的形式出现，唯独曹操的注本始终能独立流传。各家注本的合辑，每次又少不了曹操的注本，要么“曹王”合辑，要么“曹杜”合辑，要么“曹杜陈贾孟”合辑。宋朝出现了《十一家注孙子》，曹操列十一家之首。不仅如此，梳理《十一家注孙子》的内容，会发现曹操的注解被后来的注家广泛引用，出现大量“曹公曰”“曹说是也”等，有的只是对曹操注解的重复、附会或解释，显示出曹操在后世《孙子兵法》研究中的独特地位。可以这样说：曹操使《孙子兵法》得到进一步发扬光大，《孙子兵法》之所以在后世产生如此大的影响力，与曹操的独特贡献是分不开的，曹操是孙子军事思想研究的奠基者和开拓者。

现存的《孙子兵法》共十三篇、6040字。曹操对《孙子兵法》各篇均有注解，总计315条、3871字，字数约是原文的65%。从字数上看，曹操的注解没有超过原文，但曹操崇尚的是“简古”风格，文字简练到极致，在当时的书籍传播条件以及战争环境下，这一点有着现实的考虑。曹操对《孙子兵法》的注解大体上有以下几种情况：一是对一些重要且不容易理解的字词进行注释；二是对原著中引用的一些典籍进行征引，指出其出处；三是对当时能看到的各种《孙子兵法》版本进行比对，选出最合理的一种；四是通过引用战例，对《孙子兵法》的军事思想进行验证，并进一步阐释和发展。其中最后一种是重点，也是占据曹操注解分量最重的部分，是曹操注解的精华所在。曹操所作注解更多体现为对《孙子兵法》原著军事思想的解读，有些是根据自身军事实践进行的现身说法，有些则是对《孙子兵法》军事思想的新发展，体现出曹操作为著名军事家的修养和理论创新。

曹操因为看到当时流传的各种版本的《孙子兵法》过于芜杂，所以“撰为略解焉”。“略”是曹操注解的特色，也是其优点，注解与原著风格融为一体，堪称完美，因而受到人们的推崇。宋代将《孙子兵法》在内的七部兵书合编为《武经七书》，除《孙子兵法》外，其他六部兵书只收原著原文，只有《孙子兵法》收录的是带有曹操注解的版本，说明在当时的人们看来，曹操的注解与孙武所著原文有相同的价值和地位，也应该纳入“武经”之中。作为历史上公认的著名军事家，除了对《孙子兵法》进行注解外，曹操还撰述了其他不少军事著作，据《隋书·经籍志》记载，曹操的军事著作还有《续孙子兵法》二卷、《兵书接要》十卷、《兵书略要》九卷等，共计十多万字，这一点从史书记载中也可得到印证，王沈在《魏书》中记载，曹操“自作兵书十万余言”。只可惜，曹操的其他著作都已散佚，只有对《孙子兵法》的注解完整保存下来。从曹操对《孙子兵法》的注解中可以看出，他不仅对《孙子兵法》

有深入研究，而且对《孙子兵法》的军事思想有一定发挥和发展，可以看作曹操军事思想的集中体现。

曹操注解《孙子兵法》的工作完成于何时？史书对此没有确切记载。不过，曹操在注解中列举了许多亲身经历的战例，从时间上看，这些战例截至擒吕布、平徐州，再往后就没有了。曹操后半生每年都在打仗，他亲身经历的很多战事都可以成为经典战役教材，比如马上要发生的乌巢之战就可以作为《孙子兵法·火攻篇》的最好注解，但在这三百多条注解中却没有提及乌巢之战及其以后的所有战役。所以，一般认为曹操对《孙子兵法》的注解工作完成于擒吕布之后、火烧乌巢之前，这恰恰就是官渡之战中双方对峙的阶段。同时，在《孙子兵法》的各篇中曹操对前面几篇注解得都很详细，越往后面越少，最后几篇可以说草草结束了，说明他开始想认真注解一下，但随着自己越来越忙，这件工作也受到了影响。综合以上分析，可以看出在官渡之战双方对峙最激烈的时候，曹操白天指挥打仗，夜晚睡不着，就索性拿起《孙子兵法》，用注释兵法的办法为自己解压。

八、奇袭乌巢

但是，这仍然无法完全排解曹操烦闷的心绪，现在他满脑子想的都是粮食问题，整天愁眉不展。曹操虽然夸下十五天破敌的海口，但他知道除非奇迹发生，否则是不可能的。

一天晚上，当曹操一个人在指挥帐里沉思的时候，奇迹居然来了。《三国志·武帝纪》裴松之注引《曹瞒传》记载，曹操正在洗脚，准备不去想那些烦心事，先去睡觉再说。此时，卫士进来禀报，说外面有一个自称是他老朋友的人求见，叫许攸。许攸？曹操脑子里灵光一闪，他现在不是在对面的袁绍那里当高级参谋吗，怎么深夜至此？曹操是一个极其聪明的人，马上明白了大概，不禁拍着手笑起来："子远，卿来，吾事济矣！"子远，是许攸的表字。曹操来不及擦脚穿鞋，"跣出迎之"。曹操在洛阳就与许攸相识，当时许攸是袁绍手下"奔走之友"的骨干成员，曹操作为他们联络的主要对象之一，经常有来往，许攸跟袁绍、曹操都是朋友。二人相见，既然是朋友，那就不用做什么试探，多余的话也不多说了，谈话直奔主题：

> 既入坐，谓公曰："袁氏军盛，何以待之？今有几粮乎？"
> 公曰："尚可支一岁。"
> 攸曰："无是，更言之！"
> 又曰："可支半岁。"
> 攸曰："足下不欲破袁氏邪，何言之不实也！"
> 公曰："向言戏之耳。其实可一月，为之奈何？"

许攸一开口说的就是粮食问题，这是交战双方最要紧的事。曹操最后说自己的粮食够吃一个月的，其实也是虚数。曹操在说十五天破敌时已经传达了实情，他的粮食不是可以吃一年或半年，甚至也不是一个月，而是只有十来天了。《曹瞒传》记载，许攸听完这些情况，对曹操说："公孤军独守，外无救援而粮谷已尽，此危急之日也。今袁氏辎重有万余乘，在故市、乌巢，屯军无严备；今以轻兵袭之，不意而至，燔其积聚，不过三日，袁氏自败也。"曹操一听大喜过望，这难道就是冥冥之中上天赐予自己的机会？

许攸说出了一件极其重要的机密：袁绍后勤基地的位置及防守情况。乌巢位于今河南省延津县境内，故市地名不详，也应该在这附近，这里位于黄河之南、官渡以北，在袁绍军营的背后。如果真能一把火把这些粮食烧了，短时间内袁军粮草接续不上，军心必然动摇，这真是一招克敌制胜的绝好机会。曹操连夜召开军事会议，与诸将以及各位谋士商议此事。出乎意料的是，大多数人反对袭击乌巢。大家认为许攸此时来投很可疑，弄不好是袁绍使的反间计，还是慎重为好。

是啊，许攸为什么从袁绍那里叛逃呢？原来，许攸曾向袁绍建议分兵进攻曹军，具体方案是，以主力的一部在正面吸引曹军主力，然后分另一部主力悄悄绕到曹军背后直接去进攻许县，把汉献帝掌握在自己手中，反过来以天子的名义讨伐曹操，曹军即使不溃败，也会首尾难顾。许攸的这项建议之前也有人提到过，但袁绍考虑到刘备、韩荀两次分兵出击都以失败告终，所以不再考虑类似方案，就没有听从。按理说，自己的建议没被采纳也是正常的事，不至于因此反目成仇，但恰在此时，许攸家里出了一些事，让他动了叛逃的念头。

袁绍手下文武失和是一个公开的秘密，许攸一向说话口气大、脾气差，不注意团结同事，平时的人际关系一般，与审配还有矛盾。田丰、沮授失势后审配成为袁绍身边最得势的人，他一直在找机会整治许攸。许攸家里的某人这时候犯了法，审配让人把他抓了起来，并扬言要挖后台，许攸又气又怕，干脆叛逃到曹营。不过，对曹营众人来说许攸来投仍然充满了可疑之处，关键是许攸来得太是时候了，带来的情报也太有价值，让人不得不多想。曹操倾向于相信，一来基于他对这个二十多年老友的了解，二来是因为时至今日也只有放手一搏了。在大多数人不赞成出击的情况下，荀攸、贾诩却认为许攸的情报可信，应该抓住机会，毕其功于一役，彻底扭转战局。

曹操命曹洪留守大营，他亲自带队完成奇袭任务，这个决定又让众人吃惊不小。曹操知道袁绍有继续耗下去的本钱，而自己没有了，所以许攸的情报即使有诈，他也要冒险一试。之所以亲自带兵出征，是因为此行只能成功不能失败，如果无功而返，接下来必然要全军溃退。曹操安排荀攸留下来协助曹洪坚守大营，叮嘱他们如遇袁军来攻营，死守就行，然后挑选五千名精兵，由张辽、徐晃等人带领悄悄出发了。

乌巢在官渡以北，位于袁军大营东北方约四十里处，曹军此去必须经过袁军的防地。《三国志·武帝纪》裴松之注引《曹瞒传》记载，为顺利通过，曹操让人准备了袁军的旗帜，在马嘴里塞上小木棍，用布缚住马口，以防夜行途中马匹发出

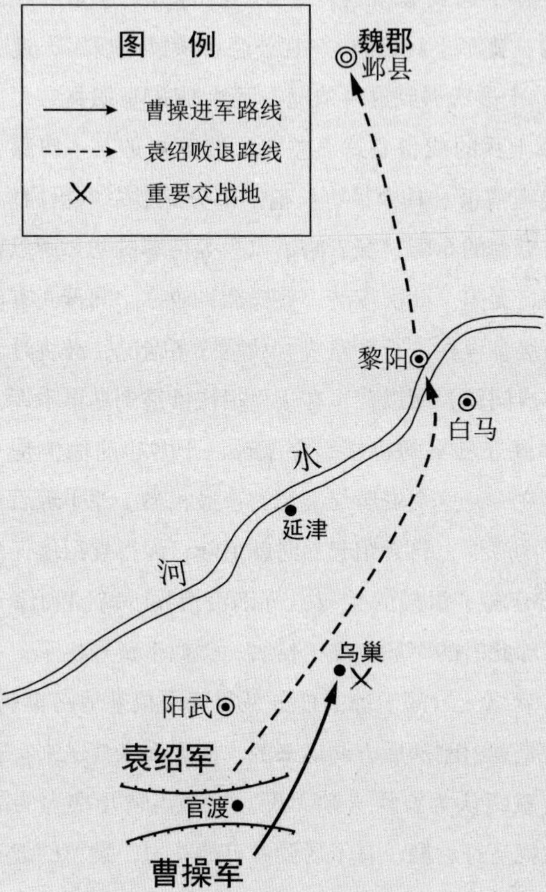

地图13　曹操奇袭乌巢示意图

声响暴露行踪。曹操命令士兵抱了很多柴火，这些都是有专门用途的。路上遇到袁军，袁军根本没有料到这是敌人，问是哪个部的，曹军士兵回答："袁公恐曹操钞略后军，遣兵以益备。"一路上多次遇到这种情况，居然都顺利通过。

袁军士兵的戒备心这么差吗？那倒未必。一切源于许攸送来的绝密情报，其中最有价值的部分除袁军屯粮的位置外，应该还有袁军的布防情况、暗语口令等行军机密，所以曹军才能一路畅行无阻。此次夜袭，曹操命许攸一路同行，有他这个袁军的高级参谋在，行军路线、敌军守备情况、敌将姓名、暗语等都不成问题，所以曹军在夜里很快推进到乌巢附近。

袁军驻守乌巢的将领是淳于琼，十多年前他曾是"西园八校尉"之一，这个资历与袁绍、曹操相当。淳于琼后来跟随袁绍到了渤海郡，自袁绍起兵时就追随，深得袁绍信任。郭图挑拨袁绍分解了沮授的兵权，分别由沮授、郭图和淳于琼统率。淳于琼此时的军职应高于校尉，类似于杂号将军，手下约有万人。袁绍交给淳于琼的任务是负责囤粮基地乌巢的安全，这批粮食是袁绍刚从后方调运来的，由袁谭亲自送来，有了这批粮食，袁绍认为曹操必败无疑。近几年来几次大的战役表明，打仗就是打后勤，有了后勤就有战斗力，袁军的战斗力远超曹军，就是因为它的后勤供应更充足。

曹军出其不意地出现在乌巢袁军营外，下达攻击命令后，将士们奋力拼杀，袁军没有防备，顿时陷入慌乱。曹军攻入袁军大营，带来的柴火派上了用场，他们四处点火，袁军大营顷刻间变成火海。如果放在平时，曹军未必能得手，但此时是夜里，袁军士兵毫无防备，大部分人还在睡觉，被惊醒后根本摸不清情况，也不知道敌人有多少，只见各处都起了火，到处都是喊杀声，哪里还有战斗力！

袁军为什么如此麻痹大意？因为他们远在后方，前面都是友军，根本没料到曹军大队人马能从天而降。但淳于琼毕竟很有作战经验，加上袁军的总人数是曹军的一倍以上，所以在短暂的慌乱之后，他们迅速组织反击，双方展开了激战，淳于琼同时派人向大本营求救。乌巢距袁绍在官渡前线的大本营只有四十多里路，骑快马不用花太多时间就能到达。袁绍接到报告，大吃一惊，立即召集儿子袁谭以及审配、沮授、张郃等人商议对策。《三国志·张郃传》记载，袁绍认为曹操攻击乌巢，他的大本营必然空虚，此时不如置乌巢不顾，直接进攻官渡正面的曹军，让曹操有去无回。袁绍命张郃、高览率所部立即对曹军大营发起攻击，但张郃认为不妥。张郃说：

曹公兵精，往必破琼等；琼等破，则将军事去矣，宜急引兵救之。

张郃倾向于救援淳于琼，确保乌巢粮草不失。郭图则支持袁绍的想法，坚持要张郃先攻曹营。张郃提出，曹营很坚固，之前已经打了很久，也没能攻破，现在仓促之间能不能拿下，实在没有把握，而淳于琼如果被曹军抓住，我们也都得当俘虏啊！按理说，袁绍此时应该慎重考虑一下了，要么重新部署，让张郃等人先救乌巢，要么继续坚持自己的方案，但最好派别人去执行这项任务，因为作为主将的张郃思想已经与自己不统一了。但袁绍仍然坚持命张郃发起正面进攻，而以少部分轻骑驰援乌巢。

曹军在乌巢打得很艰苦。曹操亲自督战，张辽、徐晃等率部拼命厮杀，但始终未能攻破淳于琼的指挥部。《三国志·武帝纪》裴松之注引《曹瞒传》记载，侦察兵向曹操报告说袁绍的援军快到了，左右赶紧建议分兵拒敌，曹操头也不回道："贼在背后，乃白！"曹军将士殊死战斗，终于在敌人援军到来的前一刻将淳于琼的指挥部攻破，前后俘虏袁军一千多人。之后，曹操组织人马回击袁军援兵，将其打退。此战中，曹军临阵斩杀的袁军将领有眭元进、韩莒子、吕威璜、赵叡等人，这些人可能是淳于琼手下校尉、都尉级别的将领，而淳于琼本人则是被活捉的。曹操为震慑敌兵，下令将俘虏的鼻子割去，把牛马的唇舌也割了，"以示绍军"。

这种残忍的做法是一种心理战术，目的是让敌人害怕。果然，袁军将士"皆怛惧"。《三国志·武帝纪》裴松之注引《曹瞒传》记载，在这些被割去鼻子的俘虏中居然也包括袁军主将淳于琼，这未必是曹操的命令，可能是乱军之中淳于琼被抓，大家都不认识他，跟其他俘虏一样挨了一刀。淳于琼被带到老朋友曹操面前时已经血流满面了，曹操有些吃惊："何为如是？"淳于琼忍着痛回答道："胜负自天，何用为问乎！"曹操念及都是老朋友，不想杀他。在一旁的许攸插话道："明旦鉴于镜，此益不忘人。"曹操想了想，许攸说的话也有道理，还是下令把淳于琼杀了。许攸看到老同事遇难，不来帮着求情就算了，还在背后补一刀，看来袁绍真没有把队伍带好，手下多是落井下石之辈。

九、袁军大溃败

在淳于琼部被攻破的同时，张郃、高览所部也没能得手。袁绍这才清醒过来，没有听张郃的建议全力增援乌巢是多么失策。即使曹军的一部分主力离开大营，但一定会留下足够人马防守，并且会做好充分准备，曹军大营已连攻数月不下，现在想几个时辰就攻破，谈何容易？《三国志·张郃传》记载，郭图竭力劝袁绍发起正面进攻，眼见判断错误，于是乱找理由为自己开脱，向袁绍报告说："郃快军败，出言不逊。"郭图的潜台词是张郃因自己判断正确而沾沾自喜。明智的领导一定会从失败中总结教训，勇于承认决策失误，并会想办法进行弥补。可惜袁绍不是那样的好领导，他就吃郭图这一套。

郭图这个人其实是有些本事的，当初正是他凭借三寸不烂之舌说动韩馥让位，为袁绍立了大功。但从本质上说，郭图只是一名策士，在袁绍集团内部既不属于田丰、沮授那样的本土实力派，也不是颜良、张郃这样带兵出身的将领。郭图要保住自己在袁绍阵营中的地位，必须有一些特别手段。郭图的特别手段就是踩着别人的肩膀往上走，他攻击沮授，结果有了带兵权；攻击许攸，赶跑了一个强劲对手；现在又攻击张郃，丝毫不考虑现在到了什么时候，也不考虑会不会把张郃逼反。

张郃又恨又怕，跟高览一商量，干脆倒戈算了。二人于是焚烧掉攻城器具，来曹营前投降。《三国志·荀攸传》记载，这时曹操还没有回来，守营的曹洪不敢相信，荀攸说："郃计不用，怒而来，君何疑？"这也许是史家之言，张郃的计策是什么？袁绍有没有采纳？张郃为什么生气？这些情况当时的荀攸是来不及掌握的。但荀攸仍然能判断出张郃是真降还是假降，因为张郃下令把攻城的器具都烧了，这就是真降的证明。曹洪于是接受张郃、高览的投降。

曹操回到大营，见到张郃特别高兴，把张郃比作殷商时的微子、楚汉时的韩信，任命他为偏将军，以汉献帝的名义封都亭侯。袁绍手下原来还有一位更有名的将领，就是在界桥之战中大败公孙瓒"白马义从"的麴义，但他没有出现在官渡之战中。《后汉书·袁绍传》记载："麴义自恃有功，骄纵不轨，绍召杀之，而并其众。"麴义以下，袁军中就属张郃、高览以及已战死的颜良、文丑最有名，后世有人将他们合称为"河北四庭柱"，意思是袁绍控制区的四根柱子，可见分量不一般。四根柱子中两根倒了，两根到了敌人那里，袁绍的基业垮了，袁军自然开始崩溃。

其实袁绍的力量仍然很强大，拥有跟曹操抗衡的实力。袁绍的三个儿子和一个外甥手里都握有重兵，只要先安全回到冀州，仍可以很快发起有效反击。可是这一切来得太突然了，对于袁军将士而言，这一天简直是噩梦连连，先是传闻囤粮基地遭劫，粮食被烧光，淳于琼等人被杀，后来看到一些手捂鼻子从乌巢跑回来的士兵，一个个惨不忍睹，大家都惊骇不已。紧接着，听说张郃、高览二位将军率领所部集体投降了曹军，大家根本不敢相信，但看到刚刚投降过去便杀了个回马枪的弟兄，大家都明白了。赶紧跑吧，跑慢了鼻子也没了！袁军不再抵抗，而是慌不择路地大逃亡，袁绍和儿子袁谭甚至来不及穿戴整齐，仓皇出逃。《三国志·袁绍传》记载："绍众大溃，绍与谭单骑退渡河。"《后汉书·袁绍传》的记载更为详细：

绍与谭等幅巾乘马，与八百骑渡河，至黎阳北岸，入其将军蒋义渠营。至帐下，把其手曰："孤以首领相付矣。"义渠避帐而处之，使宣令焉。众闻绍在，稍复集。

看来袁绍有些惊魂未定，逃过黄河，已基本安全了，可他就连自己的部将都不相信了。在黄河南岸，没有跑掉的袁军将士都做了俘虏，事后统计，曹军仅俘虏就抓了好几万人。郭图打仗不行，跑路比较有眼色，紧跟袁绍父子，侥幸保住一命。而沮授没有那么幸运，也做了曹军的俘虏。《三国志·袁绍传》裴松之注引《献帝传》记载，沮授以前就跟曹操相识，他被人绑了来见曹操，一路大喊大叫："授不降也，为军所执耳！"见了面，曹操想招降他："分野殊异，遂用圮绝，不图今日乃相禽也！"沮授说："冀州失策，以取奔北。授智力俱困，宜其见禽耳。”曹操不放弃，劝沮授：“本初无谋，不用君计，今丧乱过纪，国家未定，当相与图之。”沮授道：“叔父、母、弟，县命袁氏，若蒙公灵，速死为福。”沮授说自己的亲人都在冀州，如果念及旧情，就从速把我处死吧。这是沮授的悲哀，生时未逢明主，身处绝境时也只有选择死，他在路上之所以大喊大叫，为的是别让大家误以为他投降了，如果袁绍认为他投降了曹操，他的亲人必然遭难。但曹操很欣赏沮授，还是不想杀他。在曹操眼中沮授是荀彧、贾诩那样的人才，能力和人品都是一流。曹操叹息道：“孤早相得，天下不足虑！”曹操一再厚待沮授，但沮授只求一死，他被关押了起来，但一次次试图逃跑，曹操无奈，只好把他杀了。在官渡之战中曹军究竟俘虏了多少袁军？《三国志·武帝纪》《三国志·袁绍传》等均没有明确记载，裴松之注引《献帝起居注》中有曹操事后向汉献帝上的一份奏疏，详细报告了官渡之战的战果。这份奏疏还回顾了以往的一些历史，透露出许多有趣的信息：

大将军邺侯袁绍前与冀州牧韩馥立故大司马刘虞，刻作金玺，遣故任长毕瑜诣虞，为说命录之数。又绍与臣书云：“可都鄄城，当有所立。”擅铸金银印，孝廉计吏，皆往诣绍。从弟济阴太守叙与绍书云：“今海内丧败，天意实在我家，神应有征，当在尊兄。南兄臣下欲使即位，南兄言，以年则北兄长，以位则北兄重。便欲送玺，会曹操断道。”绍宗族累世受国重恩，而凶逆无道，乃至于此。辄勒兵马，与战官渡，乘圣朝之威，得斩绍大将淳于琼等八人首，遂大破溃。绍与子谭轻身迸走。凡斩首七万余级，辎重财物巨亿。

曹操在这份奏疏中说，袁绍之前与韩馥谋立已故大司马刘虞，刻制了金玺，派遣原任县县长毕瑜到刘虞那里劝进，后来袁绍又给自己写信说可以把都城迁到鄄城，然后考虑另立他人为帝，袁绍还擅自铸造金银印章，俨然跟天子一样，孝廉、计吏都前往拜见他，还打算接受袁术的“大位”。曹操的这些说法，应该都是事实。曹操报告，自己乘圣朝之威，在官渡之战中斩杀袁绍手下将领淳于琼等八人，以及以下将士七万余人，缴获辎重财物数以亿计。这里没有列出其他七位被斩杀将领的名字，他们应该是颜良、文丑、韩猛、眭元进、韩莒子、吕威璜、赵叡。《三国志·袁绍传》还记载，袁绍手下没有来得及逃过黄河的将士，想通过诈降的办法稳住曹操，但被识破，曹操“尽坑之”。对于战果，裴松之注引张璠《后汉纪》另有记载：“杀绍卒凡八万人。”《资治通鉴》把以上这些信息进行了综合，写道：“余众降者，操尽坑之，前后所杀七万余人。”

以上这些记载似乎隐含着这样的意思：袁军士兵投降后，曹操把他们全都坑杀了，一共有七万多人。这虽然并不符合史实，却在后世影响很大。其实，陈寿和裴松之都没有说过官渡之战后曹操坑杀袁军士兵七万多人的事，《献帝起居注》和《后汉纪》也没有明确记载。曹操之所以坑杀降卒，是因为他们诈降，按理说只有参与诈降的士卒才会被坑杀，张郃、高览所部属于战场倒戈，还有一些真心投降的，应该都不在此列。

说七万多人全部诈降而被坑杀，既没有这样的记载，也不符合情理。所以，即使是说过曹操在泗水河畔坑杀了数十万人的《资治通鉴》，在此处也未明言曹操把七万多降卒全活埋了，说曹操坑杀了七万多人纯粹是对上述各种信息的胡乱嫁接。事实上，动辄活埋数万名降卒的事情不仅不合乎人性和伦理，不合乎曹操此时作为朝廷司空的身份，更不合乎胜利一方的利益。人力资源是此时最稀缺的资源，曹操未必是一个不杀生的善人，但他没有必要浪费宝贵的资源，使用降将降卒一向是曹操的政策，他没有见到降卒就杀的习惯。或许曹操坑杀了不少降卒，因为他们诈降，一怒之下活埋他们是可能的，但这应该是一小部分人。

曹操的战利品除了俘虏和大量的军用物资外，还有两类特别的东西。一类是袁绍随军带来的图书、珍宝，袁绍是来打仗的，哪还有闲情雅致看书赏古玩？其实这是袁绍刻意带来的，如前所述，当初把郑玄请出来随军也是同样的想法，袁绍想的是一口气拿下许县建立新朝廷，朝廷的体制、礼仪、官制等都要来个新面貌，所以带来了不少图书资料，还有摆在未来皇宫里的用具等，现在这些都成了曹操的战利品。还有一类是袁军的公文、书信等档案资料，其中不乏绝密档案，袁绍败得很突然，来不及带走也来不及销毁，全落到曹军手中。《三国志·武帝纪》以及裴松之注引《魏氏春秋》等记载，许县朝廷乃至曹操军中有不少人跟袁绍暗通款曲，写了很多信，这些都是通敌的罪证，曹操平生最恨的就是叛徒，现在有了确凿证据，正好秋后算账。可曹操却当着众人的面一把火把这些书信都烧了，据说看都没有看一眼。曹操对众人道："当绍之强，孤犹不能自保，而况众人乎？"此举让很多悬起心的人又把心放下了，大家不得不佩服曹操心胸博大，再也没有其他想法了。

至此，发生在建安五年的官渡之战以曹操军事集团的意外胜利而告终。曹操打赢了官渡之战，有人简单地归结为"以弱胜强"，但这是结果，却不是"弱"能胜"强"的原因。归纳起来，曹操能战胜袁绍有以下几点原因：一是曹操的"弱"并非完全弱，在军事上，曹操相对于袁绍而言是"弱"的，但在政治上却比袁绍"强"，朝廷在曹操手里，曹操在政治上占有主动权；二是袁绍的"强"也并非完全强，曹操当时占领的地盘没有袁绍多，这是劣势，但地盘大在某种程度上也是包袱，要分出很多兵马去防守，袁绍还是进攻的一方，这就让他的战线拉得很长，部分程度上抵消了他的"强"；三是袁绍十分轻敌，曹操一度是他的附属，他内心里有些看不起曹操，但在初战阶段又连失颜良、文丑，袁绍有些恼羞成怒，这影响到他对形势的客观判断和正确部署；四是袁绍集团内部不团结，袁绍手下人才不少，但大家心不齐，内斗严重，互相拆台，使正确的意见得不到支持，最终还逼走了许攸，反观曹操集团，内部较为团结，没有钩心斗角的事情；五是曹操抓住袁绍的薄弱点果断出击，许攸带来袁绍的机密情报，在情况不明的形势下这也可能是袁绍的诈降计，关键时刻曹操很果断，相信了许攸，在袁绍最薄弱的地方猛然出击，导致袁军大溃败。

官渡之战改写了历史走向。战前，更多的人认为袁绍能打败曹操，之后统一北方，继而统一全国。官渡之战的结局打破了袁绍的梦想，未来能统一北方的人看来非曹操莫属。不过，袁绍退往黄河以北后，其势力范围仍包括冀州、并州、青州、幽州的大部分地区，曹操想统一北方，仍然需要艰苦的努力。对于四十五岁的曹操来说，挑战仍然存在，稍有疏忽，结局还将翻转。近年来曹操接连打败了吕布、袁术、刘备、袁绍等人，但谁又能保证他一定是常胜者呢？

附录 历史大事记（196—200年）

汉献帝建安元年（196）

一、曹操击破汝南颍川黄巾军

曹操在兖州站稳脚跟后向外扩展势力，汝南郡、颍川郡黄巾军何仪、刘辟、黄邵、何曼等部各有兵数万，曹操率兵进击，在许县一带击破何仪等军，势力发展到豫州一带，朝廷拜曹操为建德将军。

二、袁术进攻刘备，吕布趁机夺取徐州

袁术从淮南起兵进攻刘备，刘备留张飞镇守下邳，亲自率军进至盱眙、淮阴一线迎战袁术。双方各有胜负，僵持不下。陶谦旧部曹豹与张飞发生矛盾，张飞杀曹豹，下邳城中混乱，中郎将许耽引吕布袭取下邳，张飞兵败逃走，下邳被吕布占领。刘备闻知，急忙带兵回救，军至下邳，不战自退。刘备收合散兵，与袁术再战于广陵，又大败。刘备军粮断绝，退无所归，于是请降于吕布。吕布以刘备为豫州刺史，使其屯

军于小沛。袁术派纪灵率步骑三万多人征讨刘备，刘备向吕布求援，吕布辕门射戟，为刘备解围。

三、曹操迎汉献帝迁都至许县

曹操派曹洪至洛阳迎接汉献帝，董承等据险阻挡。汉献帝回到洛阳后，杨奉、韩暹、董承等互相猜忌不和，董昭假作曹操书信给杨奉，说愿做杨奉外援。杨奉大喜，表曹操为镇东将军。曹操带兵进入洛阳，汉献帝以曹操领司隶校尉、录尚书事、假节钺。在董昭建议下，曹操将汉献帝迎至许县，遂以许县为都。曹操以亲信充任皇宫宿卫，专断朝政，汉献帝备位，百官总己而听。

四、孙策继续开拓江东，攻占会稽郡

孙策率兵进攻会稽郡，会稽郡太守王朗派兵扼守固陵，孙策数攻不克。孙静建议派兵从固陵以南数十里的查渎发起奇袭，孙策依计而行。王朗大惊，派原丹阳郡太守周昕率兵迎战。周昕被孙策军杀死，王朗军大败，虞翻等保护王朗从海路逃至东冶。孙策军追击，再破王朗，王朗投降。孙策自任会稽郡太守，又攻破严白虎等部，占有会稽郡。

五、曹操在许县屯田

为解决军粮供应问题，曹操利用破汝南、颍川黄巾军时缴获的物资和俘虏的人口，在许县附近屯田，次年即获粮食百万斛。曹操下令各州郡皆置屯田官，招募百姓屯田。

六、郭嘉进入曹营

曹操颇为器重的谋士戏志才去世，伤心之余曹操写信给荀彧，让他推荐一位可以接替戏志才的谋士，荀彧于是将好友郭嘉推荐给曹操。曹操与郭嘉共论天下大事后大喜，任命郭嘉为军师祭酒，为四方征战出谋划策。

汉献帝建安二年（197）

一、曹操南征张绣

春天，曹操为解除许县的威胁，率兵进攻驻扎在宛县的张绣。曹军进至淯水，张绣率全军投降。曹操欲纳张绣的婶子为妾，激起张绣不满。张绣反叛，袭击曹军。曹军大败，曹操的长子曹昂、侄子曹安民、部将典韦等战死。曹操收合散兵，退回许县。当年十一月，曹操再次南征张绣，将许昌以南的失地收复，张绣退至穰县。

二、袁术称帝，孙策与袁术绝交，吕布大败袁术

袁术在寿春自称"仲家"，以九江郡太守为淮南尹，设置公卿百官，依天子礼仪郊祀天地，正式僭越称帝。孙策给袁术写信劝阻，袁术不听，二人绝交。袁术遣使者至吕布处，告知称帝之事，请吕布履约将女儿嫁给自己的儿子。在沛相陈珪及儿子陈登劝说下，吕布将已经出发的女儿由半路追回，将袁术的使者押往许县，曹操以朝廷的名义任命吕布为左将军。袁术派兵讨伐吕布，吕布反击，袁术军大败。

三、曹操击破袁术

袁术率军攻打陈国，诱杀陈王刘宠，占有其地，对许县构成威胁。曹操亲率大军东征，袁术退回淮南。曹操挥师进击，大破袁术军，斩杀袁术手下将领多人。袁术先败于吕布，再败于曹操，势力大减。

四、孙策继续开拓江东，击破陈瑀等

邹他、钱铜、王晟等各聚众万人，依险据守，不肯归附孙策。孙策攻破邹他等人。曹操派议郎王誧携带汉献帝的诏书给孙策，任命其为骑都尉，袭父爵乌程侯，兼任会稽郡太守，命他与吕布、陈瑀等一起讨伐袁术。孙策认为职务太低，派人向王誧示意，王誧当即以汉献帝的名义任命孙策代理明汉将军。

五、朝廷拜袁绍为大将军

曹操慑于袁绍的势力，将自己的大将军名号让给袁绍。朝廷派将作大匠孔融持节至冀州，拜袁绍为大将军，同时督冀、青、幽、并四州。

六、刘备诱杀杨奉

杨奉、韩暹协助吕布击破袁术后留驻下邳，二人想往荆州投奔刘表，吕布不许。刘备厌恶杨奉为人，设计于宴席间将其缚杀。韩暹势单力孤，率十余骑奔往并州，途中被人所杀。

七、钟繇督关中诸军

曹操表钟繇为侍中守司隶校尉，持节督关中诸军。这时关中有大小势力数十股，各自为政，其中以韩遂、马腾实力最强。钟繇写信给韩遂、马腾等人，陈说利害。韩遂、马腾等不敢与曹操对抗，各遣子为质，表示服从朝廷，关中暂得安定。

汉献帝建安三年（198）

一、曹操再征张绣

曹操再次进兵南征，围张绣军于穰县。张绣据城坚守，曹军久不能下。刘表派兵援救张绣，准备断绝曹军退路。这时有消息说袁绍派兵将偷袭许县，曹操急忙退军，至安众，张绣随后追击。曹操命军士连夜凿险阻为地道，使辎重先撤，然后将精兵埋伏在后。张绣、刘表等军倾力来追，曹军伏兵俱起，大败追兵。

二、刘备投奔曹操

吕布军攻破小沛，刘备弃妻子而逃，投奔曹操，被曹操以朝廷名义任命为豫州牧，又供其军粮，增其将士，使其收合散兵，共同东击吕布。

三、曹操攻灭吕布

曹操亲率大军东征吕布，攻占彭城，随即进兵至下邳。十二月，吕布军处境危急，这时军中生变，侯成、宋宪、魏续等将领无心作战，缚住陈宫等出降曹操。吕布见大势已去，出城投降。曹操将吕布、陈宫、高顺杀死，收服吕布部将张辽，之后回师。

四、刘备来到许县

消灭吕布后，曹操表奏刘备为左将军，将其带回许县。刘备失去自由，形同被软禁，整日以种菜等麻痹曹操。

五、曹操表孙策为讨逆将军

孙策派正议校尉张纮向朝廷进贡，曹操打算结交孙策，推荐并任命孙策为讨逆将军，封吴侯。曹操还把侄女许配给孙策的弟弟孙匡，又为儿子曹彰娶孙贲的女儿。

汉献帝建安四年（199）

一、袁绍消灭公孙瓒，占据北方四州

盘踞幽州多年的公孙瓒被袁绍打败，困于易京，最终引火自焚。消灭公孙瓒后，袁绍占有冀、青、幽、并等北方四州，兵精粮足，准备凭借强大实力进取中原。

二、曹操攻取河内郡

曹操率大军进临黄河，派将领曹洪、史涣攻取河内郡。原河内郡太守张杨被部将杨丑杀死，眭固又将杨丑杀死，归附袁绍，驻军于射犬。曹洪、史涣攻击射犬，斩杀眭固。曹操亲率大军过黄河，围攻射犬，原河内郡长史薛洪等投降。曹操任命魏种为河内郡太守，控制了这一战略要地。

三、袁绍谋攻曹操

袁绍挑选精兵十万，战马万匹，准备南攻许县。消息传到许县，曹操积极备战。曹操进军黎阳，派臧霸进攻青州，以巩固右翼，防止袁绍军从东面夹击，又命于禁屯军黄河南岸，监视袁绍军动向。曹操军主力则分兵扼守在官渡一线，准备迎战袁绍。

四、张绣归降曹操

袁绍遣人招降张绣，在谋士贾诩劝说下，张绣率军投降曹操。曹操大喜，拜张绣为扬武将军，又表奏贾诩为执金吾，封都亭侯，并为儿子娶张绣的女儿。张绣的投降使曹操免除了许县南面的威胁，对后来与袁绍的决战十分有利。

五、袁术吐血而死

袁术自立为帝后，接连被吕布、曹操打败，实力大减，派人联络袁绍，欲前往投奔。袁术从寿春北上，路经下邳时被曹

操派出的刘备、朱灵等部截击，只得退回寿春。不久，袁术吐血而死。

六、孙策袭取庐江郡

孙策见庐江郡太守刘勋势力渐盛，于是起了兼并之心。孙策设计将刘勋主力调至海昏一带，之后命孙贲等率兵驻守彭泽，自己与周瑜率主力攻占刘勋的大本营皖城。刘勋急忙回军，被孙贲等截击。刘勋大败，北上投奔曹操。

汉献帝建安五年（200）

一、刘备在徐州起兵，失败后投奔袁绍

刘备拦阻袁术后进占下邳，不肯再回许县。刘备袭杀曹操任命的徐州刺史车胄，重新占据徐州，命关羽驻守下邳，自己驻守在小沛。附近郡县纷纷背叛曹操，归附刘备，刘备势力大盛，兵力达数万人。刘备派人与袁绍联合，相约进攻曹操。曹操派刘岱、王忠率兵进讨徐州，被刘备击败。曹操亲自东征，刘备不战而逃，关羽被俘。刘备逃往青州，之后投奔袁绍。

二、孙策平定豫章郡，大败黄祖

孙策进攻江夏郡太守黄祖，黄祖不敌，被打败。孙策又率军进攻豫章郡，在虞翻劝说下，豫章郡太守华歆投降。

三、孙策遇刺，孙权继立

孙策完全控制了江东地区，听说曹操与袁绍正在交战，于是准备秘密北上袭击许县，迎接汉献帝。孙策驻军丹徒，等待粮草齐备后北上。因去山中打猎，被刺客所伤，伤重不治，临终前将弟弟孙权托付给张昭等人。孙策死后，孙权继承了